FITZ HUGH LUDLOW

DER HASCHISCH-ESSER

Fitz Hugh Ludlow
Der Haschisch-Esser

Herausgegeben
von Michael Horowitz

Mit 22 Illustrationen
von Sätty

Sphinx Verlag Basel

AUS DEM AMERIKANISCHEN
VON EVA GÜLDENSTEIN

CIP-Kurztitelaufnahme der Deutschen Bibliothek
Ludlow, Fitz Hugh:
Der Haschisch-Esser / Fitz Hugh Ludlow. Hrsg. von Michael Horowitz. Mit 22 Ill. von Sätty. [Aus d. Amerikan. von Eva Güldenstein] – Basel: Sphinx-Verlag, 1981.
Einheitssacht.: The hasheesh eater ‹dt.›
ISBN 3-85914-608-4

1981
© 1981 Sphinx Verlag Basel
Alle deutschen Rechte vorbehalten
Originaltitel: The Hasheesh Eater
© 1981 Michael Horowitz
© 1975, 1981 Sätty
Lektorat: Irmtraud Dümotz
Gestaltung: Charles Huguenin
Umschlaggestaltung: Thomas Bertschi
Lithos: Jo Fink, Basel
Gesamtherstellung: Rombach + Co., Freiburg
Printed in Germany
ISBN 3-85914-608-4

INHALT

Einführung	7
Vorwort	13
Einleitung	15
Der Haschisch-Esser	19
Der Weg in die Nacht	21
Im Schatten der Askulap	31
Im Reich der Träume	35
Kaschmir und China in der Dämmerung	43
Die Stunde der Macht der Finsternis	55
Die Nacht der Apotheose	67
Vos non vobis – Worin der Pythagoräer ein Zuschauer ist	77
Der Schatten des Bacchus, der Schatten des Thanatos und der Schatten der Schmach	91
Nimium – Amrita Kelch der Enthüllung	97
Das Buch der Symbole	105
Heute Zeus, morgen Prometheus	109
Eidola Theatri und der Prinz von Wales	115
Heil Dir! Pythagoras	123
«Dann öffnete Shiva sein Auge und blickte zornerfüllt auf den Verdammten»	129
Ein Schwur vor dem Tribunal des Wahnsinns	139
Im Sog der Gezeiten	145
Mein steinerner Wächter	151
Auferstehung	155
Der Pythagoräer sagt seinem Lehrmeister Adieu und macht sich selbständig	159
Den Doktor betreffend; nicht Southeys, sondern meinen	167
Die große Entsagung	175
Die Hölle des wilden Wassers und die Hölle der weiblichen Treulosigkeit	179
Der Visionär. Ein Kapitel, zu dem der Zutritt für Unbefugte verboten ist	181
Die nachfolgende Hölle	187
Der Haschisch-Esser Eine Bibliographische Notiz	191
Fitz Hugh Ludlow – Der Lebenslauf	192
Ludlow und Der Haschisch-Esser Ein Bibliographischer und Kritischer Kommentar	194

EINFÜHRUNG

«Dass mir dieses Geheimnis (und viele andere) offenbar wurde, ist der Lohn meiner Berauschung mit diesem heiligen Kraut, dem Gras der Araber...»
Aleister Crowley, *The Book of Thot*

Der junge amerikanische Schriftsteller, der im Sommer des Jahres 1870 in Genf eintraf, machte keinen gesunden Eindruck. Seine hellblauen Augen blickten gehetzt, bedroht von dem Gefühl des nahen Endes. Fiebriger Schweiss liess sein schütter werdendes rotbraunes Haar an seiner breiten Stirne kleben. Speichel befleckte seinen üppigen Vollbart. Sein schmächtiger Körper wurde von Zeit zu Zeit von heftigen Hustenanfällen geschüttelt. Und doch bewahrte er eine würdevolle Haltung, in seinem exquisit geschneiderten, hochmodischen New Yorker Anzug. Ein Monokel und ein kleines Kruzifix baumelten an einem Silberkettchen um seinen Hals. Sein Benehmen war höflich und ehrerbietig, gelegentlich unterbrochen von warmherzigem Lachen oder aufblitzender Paranoia.

In seinem Koffer befanden sich die verschiedensten Opiumpräparate, zwölf Flaschen eines Gegenmittels, an dessen Entwicklung er selbst mitgearbeitet hatte, sowie Cannabistinkturen in dunklen Fläschchen und eine Schachtel mit dem «Arabischen Zauberkraut» – Haschisch –, das er in New York für einen Dollar gekauft hatte. (Zehn Jahre später hätte der Schriftsteller wohl auch ein Fläschchen mit Cocainum hydrochloricum bei sich gehabt.) Kein Polizeiorgan, gleich welchen westlichen Landes, hätte ihm je wegen Besitzes eines dieser Stoffe Schwierigkeiten gemacht.

Er litt an Lungentuberkulose, die später auch als «Krankheit der Schriftsteller des 19. Jahrhunderts» bezeichnet wurde. Von seiner zweiten Frau und seiner ihm treu ergebenen Schwester begleitet war er in die Schweiz gereist in der verzweifelten Hoffnung, in den Kurbädern der Alpen Heilung zu finden. Sein Zustand verschlechterte sich jedoch zusehends, und er konnte keinen Schritt aus dem Zimmer tun. Er war nicht imstande, den Virginiatabak in seiner geliebten Meerschaumpfeife zu rauchen, und auch die Haschischbonbons blieben unberührt, während er immer grössere Dosen Laudanum (Opium in Alkohollösung) einnahm, um die Schmerzen, die ihn Tag und Nacht peinigten, aushalten zu können.

Als einige Exemplare seines neuesten Buches, eines Reiseberichtes über die abenteuerliche Durchquerung der Präriegebiete Amerikas und der Rocky Mountains, die er gemeinsam mit dem deutschstämmigen Landschaftsmaler Albert Bierstadt im Jahre 1863 unternommen hatte, aus New York eintrafen, heiterte ihn das ein wenig auf. Von seinen beiden treuen Pflegerinnen unterstützt und ermutigt, begann er, seine veröffentlichten und unveröffentlichten Gedichte zu ordnen, indem er sie seiner Schwester aus dem Gedächtnis vortrug, und diese sie in einem Notizbüchlein festhielt.

Er fühlte sich einigermassen wohl, so dass die kleine Schar seinen 34. Geburtstag in ihrer Suite feiern konnte. Der Direktor des Hotel de la Paix arrangierte das obligate Geburtstagsessen und engagierte einen Musiker, der irische und Schweizer Volkslieder spielte. Ohne Wissen der Frauen hatte der Schriftsteller vor Beginn der Festlichkeiten ein Haschischbonbon gegessen – das erste seit langer Zeit. Zum ersten Mal seit Wochen waren seine Sinne hellwach, und er gab sich ohne Vorbehalte seiner Vision hin, als sich gegen Abend die leuchtende Gestalt eines uralten Mannes vor seinen Augen formte. Das Entsetzen des Schriftstellers wandelte sich in ungeheure Erleichterung und überschäumende Freude, als er seinen geliebten Führer Pythagoras erkannte, dem er zum ersten Mal in einer Haschischvision seiner Jugendzeit begegnet war und dessen Schriften ihn empfänglich gemacht hatten für die Philosophie des höheren Bewusstseins und für die Lehre von der Metempsychose – der Seelenwanderung, der frühesten Reinkarnationsform des Westens –, die für ihn zu einem tiefen Glauben geworden war, echter als der christliche Glaube seines Vaters.

Sein Tod am darauffolgenden Tag blieb von der Weltpresse, die randvoll war mit den neuesten Meldungen über den Deutsch-Französischen Krieg, unbemerkt. Die beiden trauernden Frauen kehrten mit der sterblichen Hülle des Schriftstellers nach Amerika zurück. Nur wenig mehr als ein Jahrzehnt war seit dem Tode De Quinceys vergangen; erst drei Jahre zuvor hatte Baudelaire diese Welt verlassen. An dem Tag, als der amerikanische Schriftsteller in Genf verstarb, wurde ein junger, armseliger Dichter namens Rimbaud aus einem Pariser Gefängnis entlassen, in dem er eine Woche lang eingesessen hatte, weil er davongelaufen war. Der berühmte Dumas, dessen Roman *Der Graf von Monte Christo* die Phantasie der amerikanischen Jugend beflügelt hatte, überlebte ihn um ganze drei Monate.

Sein Verleger in den Staaten schrieb in der führenden Literaturzeitschrift einen Nachruf auf den Schriftsteller. Er liess durchblicken, dass der zügellose Genuss von Haschisch und Opium die Karriere des Schriftstellers zerstört und wahrscheinlich zu seinem vorzeitigen Ableben beigetragen habe. Ein ganzes Jahrhundert lang sollte dies die offizielle Version bleiben. Die inoffizielle Ansicht liess sich wohl am besten mit den Worten eines kalifornischen Bekannten wiedergeben. «Fitz Hugh Ludlow war ein gewohnheitsmässiger Haschischesser. Er war mehr als nur ein bisschen verrückt, aber er hat einige gute Sachen geschrieben.»

Ludlow war einer der bedeutendsten Männer, die im Verlauf des neunzehnten Jahrhunderts über das Erlebnis der Bewusstseinserweiterung schrieben. Sein aufsehenerregendes und nur allzu bekanntes erstes Buch, das er im erstaunlichen Alter von neunzehn Jahren verfasste und mit einundzwanzig Jahren veröffentlichte, ist das erste vollständige Werk über den Haschischrausch in englischer Sprache. Aufgrund tiefwurzelnder sozialer und politischer Vorurteile in bezug auf die Droge – noch verschärft durch die strengen gesetzlichen Bestimmungen im Westen – dauerte es ungefähr hundert Jahre, bis *The Hasheesh Eater* (Der Haschisch-Esser), der 1857 das erste Mal veröffentlicht wurde, den ihm gebührenden Platz neben Thomas De Quinceys *Confessions of an English Opium Eater,* 1822 (Bekenntnisse eines englischen Opiumessers) und Charles Baudelaires Buch *Les Paradis Artificiels,* 1860 (Die künstlichen Paradiese) als ein Klassiker der Literatur zum Thema selbstinduzierter Bewusstseinsveränderung mit Hilfe psychoaktiver pflanzlicher Stoffe und ihrer Derivate fand.

Obwohl amerikanische Siedler, einschliesslich zweier Präsidenten der Vereinigten Staaten, Hanf wegen seiner vielfältigen Verwendungsmöglichkeiten anpflanzten und auch die Medizin in gewissen Bereichen ihren Nutzen daraus zog, war Frankreich vor der Ära Ludlow das einzige westliche Land, in dem der Stoff ein Mittel war, das Bewusstsein mit dem Ziel zu verändern, sich zu einem neuen Menschen zu entwickeln und schöpferische Kräfte freizusetzen. Eine Gruppe von Schriftstellern (Baudelaire, Gautier, Dumas, Nerval, Hugo, Musset, Balzac), Malern, Bildhauern und Architekten schlossen sich zum «Klub der Haschischin» zusammen und veranstaltete in den frühen vierziger Jahren des neunzehnten Jahrhunderts in den eleganten Räumen des Hotels Pimodan auf der Insel Saint-Louis wöchentliche Soireen. Bei diesen Anlässen, bei denen die Gäste zugleich Spender und Geniesser einer exquisiten Küche und klassischer Musik waren, stellte der Psychiater J. J. Moreau de Tours das algerische Haschisch *(Dawamesc)* zur Verfügung. Zur selben Zeit etwa führte in Indien der schottische Arzt W. B. O'Shaughnessy erneut die Verwendung von Cannabis in der westlichen Medizin ein. Während der Aufstände des Jahres 1848 zogen die französischen Studenten mit Fahnen durch die Strassen, auf denen sie für den Genuss von Haschisch und Äther plädierten. Doch nichts deutet darauf hin, dass die Kunde von den Experimenten der Literaten oder von den Studentenunruhen schon damals bis an die Küsten Amerikas drang.

Ludlow lernte den Begriff Haschisch kennen, als er die Übersetzungen einiger abendländischer und orientalischer Werke las: *Die Märchen von Tausend und Einer Nacht* mit ihren Haschischgeschichten, wo Traum in Traum übergeht, Dumas *Der Graf von Monte Christo* mit seiner Schilderung eines Haschischrausches und *Die Reisen des Marco Polo,* in denen der Reisende den Anführer der legendären «Assassinen» Hassan-ibn-Sabah kennenlernt, von dem behauptet wird, er habe sich des Haschischs bedient, um seine kriegerischen Anhänger seinem Willen zu unterwerfen und sie unter Kontrolle zu halten. Ausserdem hatte Ludlow zwei Artikel gelesen, deren Verfasser amerikanische Schriftsteller waren, die Anfang der fünfziger Jahre des neunzehnten Jahrhunderts in Damaskus mit Haschisch Versuche gemacht hatten – der eine von ihnen war der berühmte Reiseschriftsteller Bayard Taylor. Ludlow, der gelehrte Sohn eines protestantischen Geistlichen, der in einer Kleinstadt weit entfernt von New York lebte und damals noch keine zwanzig Jahre zählte, war sich bestimmt nicht darüber im klaren, dass er an der Grenze westlichen Bewusstseins stand, als er – vielleicht aus Langeweile und Neugier, angestachelt durch die Lektüre aussergewöhnlicher Geschichten des Orients – die heimatliche Apotheke betrat und ein Stück «einer olivbraunen Substanz, die in der Konsistenz wie Pech war und stark aromatisch duftete», probierte.

Ludlow steigerte die Dosis, bis er Erlebnisse hatte wie: die Verwandlung seines Heimatdorfes und später seiner Universitätsstadt in unglaubliche nahöstliche, afrikanische und asiatische Landstriche, die er mit Hilfe übermässig hoher Dosen von Cannabis indica, das gesetzlich erlaubt und billig war, in seiner Phantasie durchstreifte. Im Verlauf von anderthalb Jahren ass er bis zu fünfzig Gran (oder vier Gramm) Haschisch, wobei er es über einen Zeitraum von sechs Monaten täglich einnahm. Diese starken Dosierungen wiesen einen Gehalt an THC (Tetrahydrocannabinol – der Wirkstoff im Cannabis) auf, der ungefähr dem Genuss von sechs oder sieben starken Marihuana-Zigaretten südostasiatischer Provenienz oder eines Klumpen nepalesischen *Temple ball* entspricht. Zudem wurde die Wirkung dieser grossen Mengen Haschisch noch dadurch verstärkt, dass sie gegessen und nicht geraucht wurden, was zur Folge hatte, dass Ludlows Ego teils integriert, teils desintegriert war, so, als ob er starke Psychedelika zu sich genommen hätte.

Ausserdem besteht die Möglichkeit, dass das Haschisch, das ihm zur Verfügung stand, mit Opium versetzt war; es bewirkte jedenfalls, gleich einem reinen Opiat, eine Lähmung seines Willens. Hin und wieder, vor allem nach Einnahme einer besonders grossen Dosis des Extraktes, beschreibt er den Wunsch, der Schwere und Ernsthaftigkeit des Denkens des neunzehnten Jahrhunderts gänzlich zu entfliehen, wie ein Reisender, der seine inneren Räume erkundet und nach einer in höchstem Masse unwirklichen Fahrt am Totpunkt des pythagoreischen Kosmos anlangt (Learys «neurogenetischer Schaltkreis»), wo er, von Schrecken erfüllt, aber auch fasziniert, seinen eigenen Tod und seine Wiedergeburt miterlebt.

Obwohl es ihm gelegentlich gelang, einige seiner Kommilitonen zum Mitmachen anzuregen, fühlte er sich in seinem sozialen Umfeld doch zunehmend isoliert. Oft überkam ihn auf seinen Haschischtrips eine solch ungeheure Einsamkeit, dass es fast schon an Wahnsinn grenzte. Das lag daran, dass er fast immer allein war, wenn er Haschisch zu sich nahm, nicht in Gesellschaft eines anderen Menschen, einer Gruppe oder einer Bewegung, und damit sehr abhängig von seiner eigenen seelischen Verfassung. Er war der gefallene Sohn, er war verdammt; aber er hatte die unendliche Pracht der «vielen Welten» geschaut, die anderen Wirklichkeiten eines vielschichtigen Bewusstseins, die sich ihm durch das «Sesam, öffne dich» des Haschisch gezeigt hatten.

Der Autor berichtet uns, dass er den *Haschisch-Esser* auf Anraten seines Arztes geschrieben habe, in dem Bestreben, sich selbst zu heilen und einem weiteren Genuss von Haschisch vorzubeugen. Da es zum Thema seiner Droge kein geeignetes Buch gab, wählte Ludlow als Vorbild die allseits bekannten *Bekenntnisse eines englischen Opiumessers,* Prototyp der Sparte «Drogenbekenntnisse» in der Literatur. Dadurch, dass Ludlow den Amerikanern seine persönliche, subjektive Erfahrung mit der mittelöstlichen Traumdroge Haschisch vermittelte, brachte er eine Entwicklung in Gang, die sich fast ebenso nachhaltig auswirkte wie das Buch seines Lehrers De Quincey in Europa, dass das Interesse seiner und späterer Generationen an der Traumdroge Schlafmohn (nepenthe) des Fernen Ostens weckte. (Natürlich waren es Ärzte und Alchimisten wie Paracelsus und Sydenham, O'Shaughnessy und Moreau, die die Droge und ihre Herstellung eigentlich entdeckten und aufzeichneten, lange bevor die Berichte in der Literatur auftauchten – obwohl die Zeitspanne im Falle von Haschisch nicht so gross war.)

In einem kürzlich in *High Times* erschienenen Artikel schreibt M. R. Aldrich von den «Meistern der Sucht» und erwähnt unter anderen Coleridge und De Quincey, Baudelaire und Cocteau, Crowley und Burroughs: süchtige Schriftsteller, die allein durch die schöpferische Kraft ihrer Intelligenz den Sieg über ihre Sucht davontrugen. Ludlow der Pythagoräer ist ihnen hinzuzurechnen. Obwohl Haschisch, anders als Opium, nicht suchterzeugend ist, behandelt *Der Haschisch-Esser* die psychologischen Aspekte der Sucht, ein Gebiet, das dem Autor in anderer Form noch vertraut werden sollte. Fitz Hugh begann nämlich Opium zu nehmen, um sich von den Beschwerden seiner Lungenkrankheit, die er sich im Jahre 1863 zugezogen hatte, Erleichterung zu verschaffen. Mit der Zeit interessierte er sich für die Opiumsucht vom medizinischen Standpunkt aus und versuchte, andere Süchtige zu heilen oder ihnen wenigstens einigermassen auf die Beine zu helfen. Die wichtigsten Schriften, die er gegen Ende seines Lebens verfasste, setzten sich mit dem Opiumproblem auseinander. Er war vielleicht der erste, der das wahre Wesen der Drogensucht erkannte und öffentlich gezielte Gegenmassnahmen empfahl, so zum Beispiel einen Aufenthalt in einem Inselsanatorium; als Ersatz für das suchterzeugende Opium wollte er den Drogenabhängigen Cannabis verabreichen. Überdies entwickelte er zusammen mit einem Arzt ein Gegenmittel gegen das Opium, doch das ganze Unternehmen endete in Streitigkeiten mit dem Geschäftspartner.

Für jemand, der sich augenscheinlich ständig mit Drogen und allem, was damit zu tun hat, beschäftigte, war Ludlow geradezu erstaunlich aktiv und in seinem literarischen Schaffen sehr produktiv. Noch während seiner Schulzeit schrieb er ein grösseres Werk; in führenden Zeitschriften veröffentlichte er Kurzgeschichten und Gedichte, die grosse Beachtung fanden; er beherrschte sieben Sprachen; an seiner Alma mater verfasste er eine Doktorarbeit und promovierte zum Doktor der Rechte. Er war ein draufgängerischer Journalist, der hoch zu Ross den wilden Westen Amerikas durchquerte, mitten durch das Gebiet feindlicher Indianerstämme, um das erste umfassende Interview mit Brigham Young, dem Führer der Mormonenbewegung, zu erhalten; er war es auch, der das interessante kulturelle Phänomen – Kalifornien nach dem Goldrausch – unter die Lupe nahm und darüber berichtete.

Im Verlauf seiner heldenhaften Reise sah sich der Autor eines Tages plötzlich von seinen Begleitern getrennt und von einer Herde von tausenden von stampfenden Büffeln in die Enge getrieben. Er wendet blitzschnell sein Pferd, streckte den Leitbullen mit einem Schuss zu Boden, was die Herde auseinanderstieben liess, und rettete damit sein Leben. Ludlows Biograph Peter Vogel meinte dazu: «Die Geschichte eines Mannes, der sich, nachdem er zwei Gramm Haschisch zu sich genommen hat, auf einem kleinen Fleckchen Land inmitten eines tosenden Meeres von stampfenden Büffeln wiederfindet, ist wohl einmalig in der amerikanischen Literatur.» Und, genau genommen, wohl auch in der Weltliteratur.

Ludlows Leserschaft hatte nichts gegen seine stilistischen Übertreibungen und den sentimentalen Schluss einzuwenden. Dass das Thema tabu war, machte den *Haschisch-Esser* zur Sensation und sicherte ihm einen grossen Anfangserfolg: vier Auflagen in einem Zeitraum von vier Jahren. Haschisch war jedoch in erster Linie eine Freizeitdroge der künstlerischen Elite, und die Zahl der Leser des Buches nahm rapide ab und beschränkte sich auf die paar vereinzelten Haschischesser in den Vereinigten Staaten, von denen nur wenige Ludlows Werk nachzuahmen suchten, jedoch bei weitem nicht an ihn herankamen. De Quincey hingegen fand eine ungeheuer grosse und getreue Leserschaft von Opiumessern und Laudanumtrinkern, denn diese Drogen gehörten zu den wichtigsten schmerzstillenden Mitteln der damaligen Zeit – für beinahe jedes Leiden wurden sie verschrieben –, und ihr Genuss war von viel grösserer gesellschaftlicher und politischer Bedeutung als der von Haschisch. Die positive Neubewertung von Ludlows Leistung im Verlauf der letzten zwanzig Jahre geht Hand in Hand damit, dass das «Gras der Araber» in grösserem Masse zur Verfügung steht und der Konsum zunimmt – obwohl er gesetzlich weiterhin verboten ist – nicht nur in den Vereinigten Staaten und Westeuropa, sondern gleichermassen in den kommunistisch regierten Ländern des Ostblocks.

Ein Buch wie *Der Haschisch-Esser* übt seine Anziehungskraft wohl vor allen Dingen auf die Liebhaber von Cannabis aus, wie z. B. Aleister Crowley, der zu Beginn des zwanzigsten Jahrhunderts Haschisch als Meditationshilfe verwendete und der dadurch, dass er Auszüge aus Ludlows Buch in seinem *Equinox* von 1910 abdruckte, dafür sorgte, dass es allmählich wieder in weiteren Kreisen bekannt wurde. Im Jahre 1937, achtzig Jahre nach dem ersten Erscheinen von Ludlows Meisterwerk, wurde Marihuana in den Vereinigten Staaten verboten. Es entbehrt wohl nicht einer gewissen Ironie, dass Mediziner und Soziologen – mit dem Studium der Droge und ihren Verwendungsmustern beschäftigt – gerade zu diesem Zeitpunkt vermehrt Rat bei Ludlow suchten, um die Wirkungen der Droge auf den einzelnen zu verstehen. Ungefähr zur selben Zeit begann man, bei der

Behandlung von Heroin- und Morphiumsüchtigen die Vorschläge Ludlows aus den sechziger Jahren des vorigen Jahrhunderts in die Tat umzusetzen. Auch Dichter und Romanschriftsteller der Beat-Generation – die wohl in erster Linie dafür sorgten, dass das Marihuana-Rauchen aus Jazz-Kreisen Eingang in die Universitäten fand – und die Befürworter von Psychodelika nach ihnen begannen Ludlow für sich zu entdecken und druckten seine «erstaunlichen Rauschgiftgeschichten» in ihren eigenen Publikationen ab.

Fitz Hugh Ludlow wagte sich als einziger seiner Zeit mutig an die Erforschung veränderter Bewusstseinszustände – hervorgerufen durch grosse Cannabisdosen –, lange bevor Millionen von Marihuanarauchern dafür sorgten, dass die Massenmedien tagtäglich über dieses Thema berichteten. Hundertelf Jahre nachdem der junge amerikanische Schriftsteller in der Schweiz starb, liegt uns nun die erste Übersetzung dieses epischen Werkes unwirklicher Literatur in eine andere Sprache vor. Dass Basel der Verlagsort ist, könnte passender nicht sein, wurden doch hier die wichtigsten Untersuchungen der Neuzeit über bewusstseinsverändernde Drogen gemacht.

Michael Horowitz
Leiter der Fitz Hugh Ludlow Memorial Library, San Francisco, 1980

VORWORT

Ich habe für Vorworte ebensowenig übrig wie meine Leser. Sollte dieser Teil des Buches, von dem man nachgerade weiss, dass er meist ungelesen bleibt, irgend jemandes Aufmerksamkeit auf sich ziehen, wird sein Blick gewiss nicht weiterschweifen, um festzustellen, dass meine Entschuldigung für dieses Vorwort kurz ist. Es ist nur ein einziger Gedanke, dem ich hier Raum geben möchte. Ich bin mir dessen voll bewusst, dass die nachfolgenden Seiten, sollten sie je gelesen werden, jenen Lektüre sein werden, die bereits De Quincey schätzen und lieben gelernt haben. Nicht dass ich mir auch nur einen Augenblick anmassen würde, die Erzählkunst dieses höchst wunderbaren und begnadeten Träumers mit der meinigen zu vergleichen; in seinem wie in meinem Leben jedoch gibt es eine gemeinsame Erfahrung; aber gerade die ist es, um derentwillen Menschen ein Buch dieser Art aufschlagen. De Quinceys Weg führte über alle Grenzen und Einschränkungen des alltäglichen Lebens hinaus in eine Welt hellsten Lichts und tiefsten Schatten – in ein Reich, das den Umfang durchschnittlichen Denkens bei weitem überschreitet, ja ihn sogar verletzt. Mein eigener Werdegang – wenngleich der Bericht über ihn nicht an den des «Opiumessers» herankommt, auch keinerlei zeitliche Übereinstimmung besteht und nur selten Parallelen zu seinem Werk zu finden sind – hat mich dennoch durch Gefilde geführt, die ebenso grossartig, unbekannt und geheimnisvoll waren wie die seinen, und jene leiten soll, die bereit sind, diesem Weg zu folgen, der sie aus den ausgetretenen Gedankenpfaden hinausführt. Ich weiss im voraus, dass auch der aufgeschlossenste und nachsichtigste Leser, der nach der Lektüre der *Confessions* auf meine Geschichte gestossen ist, dazu neigen wird, die beiden zu vergleichen, nach Ähnlichkeiten zu suchen und, wenn er solche findet, sie darauf zurückführen wird, dass ich, zumindest unbewusst, den berühmten, älteren Autor nachgeahmt habe. Welche Herabsetzung dies für mich bedeutete, kann ich mir selbst gegenüber nur höchst ungern eingestehen, da ich doch verständlicherweise von dem Wunsche beseelt bin, das Buch möge Erfolg haben.

Wenn ich einer solchen Situation zuvorkommen kann, so will ich es versuchen, und zwar, indem ich in einigen kurzen Schilderungen darlege, in welcher Art und Weise dieses Werk zustande kam.

Ich sage offen und ehrlich, dass ich De Quincey in einem Mass verehre, dass, wäre Nachahmung nicht schändlich, und er überdies unnachahmlich, ich keinen Meister des Stils kenne, in dessen Fussstapfen ich lieber zu treten versuchte; doch zum ersten handelt es sich, wie dieses Buch beweist, um eine Zusammenfassung von Erfahrungen und Erlebnissen, die, weit davon entfernt, erfunden zu sein, unter meinen Händen zu einer Schilderung wurden, die in ihrer Unzulänglichkeit höchst unbefriedigend für mich ist. Die Tatsache, dass ich Wahrheiten aus meiner ureigensten Erinnerung schöpfe, soweit sie überhaupt *in Worte* zu fassen sind, muss mich davor schützen, der Nachahmung bezichtigt zu werden, wenn eine solche Behauptung jemand anderem zu Ohren kommen sollte als dem, der aus meinem Becher des Erwachens getrunken hat.

Zum zweiten sind, um den *Stil* kopieren zu können, Studien, Sorgfalt und Rückgriffe auf das angebliche Modell unerlässlich. Nun gut; nicht eine der Seiten dieses Buches aber wurde je ein zweites Mal geschrieben. Es wurde vom ersten Entwurf abgedruckt und musste, bedingt durch anderweitige Beschäftigung, Krankheit und Sorge, ohne weitere Überlegung, wenn auch von seiten des Autors nur widerwillig, aus der Hand gegeben werden. Überdies habe ich, vom Beginn meiner Arbeit bis zu deren Abschluss, davon abgesehen, einen Blick auf die *Confessions* zu werfen, weil ich eifrig darauf bedacht war, eine Paraphrasierung des Unnachahmlichen zu vermeiden.

Mein Gedächtnis aber sagt mir, dass gelegentlich tatsächlich Ähnlichkeiten bestehen, sowohl im Bezug auf die Geschehnisse selbst wie auch in der Art der Schilderung. Zu der Ähnlichkeit der Geschehnisse zähle ich zum Beispiel die Erkenntnis, die im Erleben beider zu finden ist, dass nämlich die ins Gedächtnis eingeprägten Erinnerungen unauslöschlich sind – die Palimpsesteigenschaft des Gedächtnisses, wie De Quincey sie grossartig nennt. Ich akzeptiere die Ähnlichkeit und behaupte, dass wir beide das gleiche gesehen haben. Den Einblick, den er durch das Opium gewann, habe ich durch das Haschisch erreicht. Mit fast den gleichen Symbolen wie De Quincey hat auch ein nach Haschisch verrückter Freund von mir die Dinge gesehen, wie in diesem Buch berichtet wird, und so ist auch allen anderen, die in Temperament und Begeisterungsfähigkeit einander gleich sind, diese Vision zugänglich. Von einer Stadt wie zum Beispiel New York berichtet ein Fremder nicht in der Weise, dass er aus den Schilderungen der vielen, die ihr Vorhandensein bestätigen, abschreibt, sondern indem er erklärt: «Es gibt diese Stadt.» In gleicher Weise erkläre ich die Tatsache, indem ich sage: «Diese Tatsache besteht.»

In bezug auf die Ähnlichkeit im Vorgehen, womit ich die rein handwerkliche Seite meine, bin ich mir nur der einen Tatsache bewusst, dass ich meine Erzählung in Abschnitte über den Genuss und die Abstinenz von Haschisch unterteile und in Betrachtungen über die Erscheinungen nach der Aufgabe des Genusses, wobei der letztgenannte Abschnitt – um einem etwaigen Angriff zuvorzukommen – in seinem Rang vielleicht der Suspiria vergleichbar wäre; aber auch der vollendetste Zoilus unter den Überkritischen müsste zugeben, dass ich mit dieser Anordnung der Natur folge, die ihren Anfang nimmt, fortschreitet und sich dem Ende zuneigt und in ihrem Fortschreiten die Vergangenheit widerspiegelt, so dass ich auch in dieser Hinsicht nicht den Eindruck eines Nachahmers erwecken dürfte.

Wenn ich jedoch in irgendeiner Weise beeinflusst worden bin von der Erinnerung an das Vorgehen des grossen Visionärs (und es stimmt, dass ich die Ähnlichkeit des Vorgehens verringert haben mag, indem ich den chronologischen Ablauf ausser acht liess), bin ich überzeugt, dass dieser Einfluss meinen eigenen Bemühungen nur dienlich gewesen sein kann.

Wie jeder Barde, der von Helden singt, dem blinden, alten Harfner von Ionien auf jenem unsterblichen Pfad widerhallender Gesänge folgt, die Griechenland als erstes unsterblich machten, das Epos, nicht die Elegie, für die Erzählung seiner Schlachten wählend, so muss seit jener Zeit ein jeder Mensch, der die Geheimnisse der grossen Seele, die er in sich trägt, erschliesst, so weit ihm dies nur möglich ist, den Weg wählen, den Thomas De Quincey gegangen ist, und nicht aus purer Widerspenstigkeit ablehnend vor dem Pfade verharren, den der grosse Pionier zugänglich gemacht hat für alle.

Wenn ich daher De Quincey in irgendeiner Form – es sei denn in untertäniger Weise – gefolgt zu sein scheine, so bin ich stolz darauf. Sollte es auch nur einen Menschen geben, der nicht die Gnade fühlt, die der schützende Einfluss dieses wahren Poeten jedem Denker und Gelehrten gewährt, der Wahrheit, Schönheit und Musik der englischen Sprache liebt, so bitte ich ihn darum, mir seinen Anteil daran abzutreten, und damit sind schon Vorwort und Gebet

des Haschisch-Essers,
des Sohnes von Pythagoras,
zu Ende.

EINLEITUNG

Die einzigartige Kraft und die ungeheure Phantasie, die alle Erzählungen aus dem Morgenland kennzeichnet, vor allem aber die berühmteste unter ihnen, die Märchen aus 1001 Nacht, waren mir schon von frühester Kindheit an stets ein Quell nicht endenwollenden, köstlichen Staunens. Das Buch mit den Erzählungen aus Arabien und der Türkei findet in den westlichen Ländern nur wenige nachdenkliche Leser, die sich damit zufrieden geben, die kühnen Höhenflüge in die unbekannten Gefilde der Phantasie lediglich zu bewundern und die geheimnisträchtigen Seiten, die sie verzaubert haben, wieder zu schliessen, ohne den Einflüssen nachzuforschen, die das menschliche Denken in so ungewöhnliche Bahnen gelenkt haben. Früher oder später taucht die Frage nach den Ursachen dieses Phänomens auf, und nur wenige – sehr wenige unter uns – sind in der Lage, diese Frage richtig zu beantworten.

Wir versuchen, die östliche Erzählweise nachzuahmen, doch es gelingt uns nicht. Unser Geist findet keinen Zugang zu den merkwürdigen, unbegangenen Seitenpfaden des Denkens; selbst unsere höchsten Höhenflüge bewegen sich immer noch in einer Atmosphäre, die geschwängert und schwer ist von der Last und dem Grau des Alltags. Es gelingt uns nicht, eine Erklärung zu finden für jene sturmumtosten Gipfel der Erhabenheit, die sich entlang des Weges der orientalischen Märchen auftürmen, oder für jene Schönheiten, die gleich den Flüssen des Paradieses wohlklingend danebenherplätschern. Uns allen wurde beigebracht: «Die Kinder des Ostens leben unter einem sonnigeren Himmel als ihre Brüder im Westen; sie sind die Hüter einer jahrhundertealten Tradition; ihre halbzivilisierte Phantasie ist frei von den Fesseln der Logik und der Lehrmeinungen.» All dies galt aber einst auch für die Ionier, und doch schuf Homer keine Eblis, sang er von keiner phantastischen Reise auf den Schwingen der Genien durch die Unendlichkeiten eines rosafarbenen Äthers. Zwar gab es im Verlauf der Geschichte in Frankreich, Deutschland und England Perioden, in denen das archaische Denken der Alten Welt mit all seinen Charakteristika in vollster Blüte stand, doch wann entströmte der Laute der Barden, Minnesänger oder Troubadoure je auch nur der Nachhall orientalischer Musik? Der Unterschied lässt sich nicht mit Klima, Religion oder Sitten und Gebräuchen erklären. Nicht das Übernatürliche im arabischen Märchen ist unerklärlich, sondern die eigentümliche Stellung, die das Übernatürliche darin einnimmt, im Schönen wie auch im Schrecklichen.

Ich sage unerklärlich, weil es das für mich, wie für alle in meiner Umgebung, jahrelang auch war. Später, glaube ich und kann das heute mit aller gebotenen Bescheidenheit behaupten, fand ich den Schlüssel zu diesem Geheimnis, nicht aufgrund einer Hypothese und auch nicht dank logischer Überlegungen, sondern weil ich eben jene Gefilde geheimnisvoller Erfahrungen durchwanderte, die schon die Sandalen der ruhmreichen alten Träumer des Ostens durchstreift haben. Ich habe auf denselben Kuppen der Phantasie gestanden wie sie, habe dem Gemurmel von Melodien gelauscht, das aus ihren verzauberten Quellen emporstieg, oh ja, bin in die Zauberhöhlen hinabgetaucht, wohin kein Lichtstrahl zu dringen vermag, und war mit ihren Dämonen im unaussprechlichen Schweigen der abgrundtiefen See gefangen; teuer habe ich mir das Recht erkauft, vor die Menschen hinzutreten, mit der Karte meiner Wanderungen in der Hand, und ihnen darzulegen, woraus der Stoff ist, aus dem die orientalischen Geschichten gewoben sind.

Das Geheimnis liegt im Gebrauch von Haschisch. Wenige Worte werden genügen, um zu erklären, was Haschisch ist. In nördlichen Breiten wird die Hanfpflanze (Cannabis Sativa) fast ausschliesslich zur Herstellung von Bastfasern verwendet und ist dank dieser Eigenschaft ein hauptsächlicher Bestandteil von Matten und Seilen. Unter südlicher Sonne verliert dieselbe Pflanze ihre faserige Beschaffenheit und sondert statt dessen ein dunkles, grünliches Harz ab, das mengenmässig etwa einem Drittel ihres Gesamtgewichtes entspricht. Zwischen dem

Hanf aus nördlichen und dem aus südlichen Ländern besteht kein Unterschied, lediglich das Klima übt eine andere Wirkung auf die Pflanzensäfte aus; dennoch haben Naturforscher, verwirrt durch die mengenmässig wesentlich stärkere Absonderung der gummiartigen Substanz bei der letzterwähnten Pflanze, ihr den Namen Cannabis Indica gegeben, um sie von ihrem Bruder aus den kälteren Regionen zu unterscheiden. Das Harz des Cannabis Indica ist das Haschisch. Seit undenklichen Zeiten wussten alle Völker des Ostens um seine stark stimulierenden und betäubenden Eigenschaften; überall in der Türkei, Persien, Nepal und Indien ist es bis heute für die Menschen aller sozialen Schichten ein alltägliches Genussmittel. Mannigfaltig ist die Art und Weise, wie es zur Anwendung gelangt. Manchmal ist es in dem Zustand anzutreffen, in dem es aus dem reifen Stengel quillt – als rohes Harz; dann wieder wird es zusammen mit zerlassener Butter, Honig und Gewürzen zu einer haltbaren Masse verarbeitet, und manchmal wird aus den Blütenspitzen und Wasser oder Arrak ein Getränk gebraut. Bei all diesen Formen erfolgt die Einnahme durch Schlucken. Die getrocknete Pflanze dagegen wird in unseren Kreisen wie Tabak in Pfeifen geraucht oder gekaut.

Egal wie es zubereitet wird, die höchst bemerkenswerten Veränderungen im körperlichen wie im seelischen Bereich sind stets typisch für Haschisch. Eine Reihe von Versuchen, welche Männer, die über ein ausserordentliches Wissen auf medizinischem Gebiet verfügen, in den letzten zehn Jahren zumeist in Kalkutta durchgeführt haben, zeigen, dass Haschisch alle bekannten Symptome von Katalepsie, ja sogar von Trance hervorzurufen vermag.

Da es jedoch in den Ländern, in denen Versuche damit gemacht worden waren, tagtäglich in reichem Masse als angenehmes Stimulans Verwendung fand, verlor die wissenschaftliche Forschung ohne Zweifel das Interesse daran, und mit der Zeit begann man es als eine Möglichkeit unter vielen anzusehen, eine Berauschung der Sinne herbeizuführen, betrachtete man es als eine der Möglichkeiten, nach denen die Menschen überall auf der Welt immer wieder suchen. Hin und wieder hat ein Reisender auf seinem Bummel durch den Bazar es zum Verkauf angeboten bekommen und, aus purer Neugierde, von dem Hanfe gekauft, um seine Wirkung am eigenen Leibe zu erproben; doch den Ergebnissen dieses Versuches wurde nicht mehr Anerkennung zuteil als eine Seite oder ein Kapitel in einem Reisetagebuch, und damit wurde das Phänomen Haschisch mit einem Ausruf des Erstaunens für alle Zukunft aus dem eigenen Bewusstsein und dem der Öffentlichkeit verbannt. Nur ganz wenige der ständig in den Ländern des Ostens lebenden Ausländer haben je regelmässig dem Genuss von Haschisch gefrönt, und von den wenigen ist mir kein einziger bekannt, der seine Erfahrungen seinen Mitmenschen übermittelt oder sie als Gegenstand wissenschaftlichen Interesses angesehen hätte.

Meine persönliche Bekanntschaft mit dieser Droge, die sich in der Tat über einen beträchtlichen Zeitraum erstreckte und mich die Phänomene sowohl im physischen wie im psychischen Bereich in jeder nur möglichen Variante erleben liess, versetzt mich in die Lage, ja, sie hat mich lange Zeit fast dazu getrieben, einen breiteren Kreis damit vertraut zu machen und so eine grössere Anzahl von Leuten zu erreichen, die an derartigen Untersuchungen interessiert sind. Daher wage ich es, diese Erfahrung – als Schlüssel zu einigen der eigentümlichsten Erscheinungen im östlichen Denken und als Erzählung für aufmerksame Betrachter des geheimnisvollen Netzwerks wechselseitiger Einflüsse, die Leib und Seele des Menschen miteinander verbinden – den kritischen Augen einer breiten Leserschaft zu unterbreiten, wobei ich ganz energisch in Abrede stellen möchste, dass auch nur das Geringste an meiner Geschichte erfunden ist, und versichere, dass, was immer an Wunderbarem in Erscheinung treten mag, ein Teil jener Wahrheit ist, die ich hier mit einfachen Worten darstelle. Ich bin mir dessen bewusst, dass ohne dieses Dementi vieles, ja praktisch alles, was ich sage, «cum grano salis» genommen wird. Es ist darum mein Wunsch, dass von allem Anfang an völlig klar ist, dass meine Erzählung auf reinen Tatsachen beruht und in keiner Weise übertrieben ist, wobei ich die Begebenheiten genauso wiedergebe, wie sie sich mir eingeprägt haben, ohne einen zusätzlichen Federstrich, der etwa aus einer nachträglichen Laune heraus, um die Spannung zu erhöhen oder die Wirkung abzurunden, hinzugefügt worden wäre. Was immer an Wunderbarem sich auf diesen Seiten zeigen mag, ergibt sich allein aus dem Gegenstand meiner Darstellung und nicht aus meiner Art, jenen darzustellen.

Meine Geschichte läuft in chronologischer Reihenfolge ab. Ich beginne bei meinem ersten Versuch mit Haschisch, einem Versuch, zu dem mich ganz einfach die Neugierde getrieben hat; sodann ist es mein Bestreben im einzelnen darzulegen, wie sich mein Motiv für den Genuss der Droge schrittweise veränderte und der Forscherdrang einer verzauberten Sehnsucht nach einer unheimlichen, nicht fassbaren Ekstase wich; ich will davon berichten, wie diese Ekstase allmählich und mit jedem Tag stärker von den Schatten ebenso unaussprechlicher Qualen verdunkelt wurde, trotz allem aber dies Doppelleben, wenn auch unheilschwanger, von nie gekannten Reichen geistiger Aktivität kündete. Im nachfolgenden Abschnitt meiner Erfahrung überdeckt die Qual, mit Ausnahme vereinzelter Momente, das Glücksgefühl vollkommen, ohne jedoch damit der Faszination des Konsums im geringsten Abbruch zu tun. Im letzten Abschnitt erfährt man von der abrupten Aufgabe des Drogenkonsums, welches der Grund dafür war, und welche Leiden mit dieser Selbstverleugnung einhergingen.

Ich verfolge mit dieser Erzählung nicht nur ein ästhetisches oder wissenschaftliches Ziel; denn obwohl ich mich nicht damit aufhalten werde zu moralisieren, ist es doch mein innigster Wunsch, dass immer wieder die eine Lehre zum Ausdruck kommen möge, ohne die die Menschheit in den Schulen rein gar nichts lernen kann: Die Seele welkt und von ihrer vollen Entfaltung siecht sie dahin zum tatsächlichen Ende ihres Seins, wenn sie von sinnlichem Genuss gleich welcher Art beherrscht wird. Die Kette, die sie gefangen hält, mag noch für lange Zeit ihren Glanz bewahren – so mancher Tag mag noch verstreichen, bevor die Fesseln sie schmerzen – doch die ihr von der Natur geschenkte Kraft und Stärke verzehrt sich langsam und heimtückisch, und wenn am Ende diese Gefangenschaft zur Qual wird, dann vielleicht wird sie erwachen und mit unfassbarem Entsetzen bemerken, dass eben jene Kräfte, die sie zu ihrer Befreiung brauchte, für immer ihrem Zugriff entglitten sind.

Der Haschisch-Esser

Der Weg in die Nacht

Der Laden meines Freundes Anderson, des Apothekers, war für mich stets von einer eigentümlichen Faszination umgeben, was ihn schon früh zu meinem Lieblingsaufenthaltsort werden liess. Die ganze Atmosphäre des Raumes, geschwängert mit den verschiedensten Düften der Dinge, die da heilen oder vor Krankheit schützen, verbreitete eine köstlich duftende Aufforderung zum wissenschaftlichen Sinnieren, wie sie bereitwilliger nicht hätte aufgenommen werden können, selbst wenn sie mit dem Wohlgeruch von Weihrauch geworben hätte. Schon allein die Salbentöpfe übten mit der Zeit einen immer grösseren Zauber auf mich aus, wie sie da friedlich nebeneinander auf ihren eichenen Regalen standen, gleich einer Versammlung bescheidener Philanthropen, die in ihrem stummen Herzen eine ganze Fülle von Erneuerungsvorschlägen für die Menschheit trugen. Ein kleines Refugium am hinteren Ende des Ladens – durch einen roten Vorhang vor den entweihenden Blicken derer abgeschirmt, die der Heilkunst unkundig waren – beherbergte zwei Stühle für den Doktor und mich und eine Bibliothek, in der alle Meister der Heilkunst in Gestalt ihrer Stellvertreter aus Leder und Papier vereint waren und viel freundlicheren Umgang pflegten, als man es sonst bei einer Versammlung gleichgestimmter Geister unter anderen Voraussetzungen anzutreffen gewohnt war. Auf einem einzigen Quadratmeter brachten Pereira und Christison in konzentrierter Form all den Reichtum ihres Wissens und Forschens zusammen, während Dunglison und Brathwaite Seite an Seite danebenstanden. Und dann gab es noch das Dispensarium, das einen Hauch von Geschäftstüchtigkeit und Büro ausstrahlte und in dem alle Einzelheiten der materia medica vereint worden waren zu einer wissenschaftlichen conversazione; da sie nun aber aneinander und an ihrer Gesellschaft solchen Gefallen gefunden, hatten sie sich entschlossen zu bleiben – mochten sie auch noch so dichtgedrängt beieinander stehen – und eine Sitzung ohne Ende abzuhalten. In einer unscheinbaren Nische, die wie ein Vorplatz von den Gemächern des der Heilkunst mächtigen Mannes abgetrennt war, befand sich ein flacher Behälter, der, wenn man den Deckel lüftete, den Blick auf eine Reihe sorgfältig geordneter Pinzetten, Sonden und Lanzetten freigab, welche meines Freundes Recht auf das Vertrauen einer vollblütigen Gesellschaft verbriefte; denn wenngleich ihm auch weitverbreiteter Ruhm versagt blieb, war er doch kein

«Cromwell, schuldlos an seines Vaterlandes Blut.»

So manche Stunde habe ich hier gesessen, vertieft in die Angaben über die Geheimnisse des menschlichen Lebens und die Geschichte der Versuche seiner Erhaltung. Hier liess ich mich fesseln von den Einzelheiten der Experimente in Chirurgie und Medizin, die mich ebenso intensiv erfüllten wie die verschiedensten Situationen und Krisen des Verliebtseins; hier vor allen Dingen war es auch, dass ich, ohne Rücksicht auf meine eigene Sicherheit – in einer Art und Weise, die einem Quintus Curtius zur Ehre gereicht hätte – die Wirkung all der unbekannten Drogen und chemischen Präparate, die überhaupt in einem Labor hergestellt werden können, am eigenen Leib ausprobierte. Jetzt sass ich da, hielt mir das Chloroformfläschchen unter die Nase und jagte auf den Schwingen eines erregenden und immer schneller ablaufenden Lebens dahin, bis mir gerade noch genug Kraft verblieb, die Flüssigkeit an ihren Platz auf dem Regal zurückzustellen, um dann geniesserisch in jene köstliche Apathie zurückzusinken, die mich noch wenige flüchtige Augenblicke lang umfing. Dann wiederum war es Äther anstelle des Chloroforms – die Unterschiede in ihrer Wirkungsweise wurden genauestens notiert – oder sonst ein Anregungs- oder Betäubungsmittel, ein Opiat oder Stimulans, das zum Gegenstand meiner Experimente wurde, bis ich wie bei einem Spiessrutenlaufen die ganze Reihe seltsamer Wirkstoffe durchprobiert hatte, an die ich nur irgendwie gelangen konnte.

All diesen Versuchen lag als vordringlichstes Ziel nicht der Genuss sondern die Erforschung der Wirkstoffe zugrunde, so dass ich im Verlauf meiner unbesonnenen Untersuchungen nie das Opfer irgendeiner Sucht wurde. Da nun der Kreis vollendet war, und ich alle mir nur möglichen Versuche gemacht hatte, liess ich das Experimentieren sein und legte die Hände in den Schoss gleich einem Alexander der Arzneikunde, für den es keine Drogenwelten mehr zu erobern gab.

Eines Morgens, es war im Frühling des Jahres 185-, erschien ich zu meinem gewohnten Plauderstündchen beim Doktor.

«Hast Du schon», wollte er wissen, «meine neuesten Errungenschaften gesehen?»

Ich blickte in der angedeuteten Richtung hinüber zu den Regalen und sah eine Reihe hübscher Kartonzylinder, in denen sich Phiolen mit den verschiedensten Extrakten befanden, hergestellt von Tilden und Co. Sie waren seit meinem letzten Besuch neu dazugekommen. Fein säuberlich der Grösse nach aufgestellt, standen sie da vor mir, eine kleine Mannschaft heilkräftiger Scharfschützen, wie sie sich dem Auge eines Liebhabers nicht schöner hätte darbieten können. Ich trat entschlossen näher an die Regale heran, um sie sogleich eingehend zu betrachten.

Ein kurzer Blick zeigte mir, dass es sich grösstenteils um alte Bekannte handelte. «Conium (Schierling), Taraxacum (Löwenzahn), Rhabarber – und? Was ist das? Cannabis Indica?» «Das», erwiderte der Doktor und blickte mit väterlicher Liebe auf seinen neuen Schatz, «das ist ein Präparat aus ostindischem Hanf, ein hochwirksames Mittel bei Kiefersperre.»

Diese Worte stachelten mich dazu an, das kleine Fläschchen herunterzuholen, und, nachdem ich die grüne Umhüllung entfernt hatte, machte ich mich daran, nähere Bekanntschaft mit dem Inhalt zu schliessen. Der breite, flache Korken war in Windeseile entfernt, und es bot sich mir der Anblick eines oliv-braunen Extraktes von pechiger Konsistenz, von dem ein ausgesprochen aromatischer Duft ausging. Mit der Spitze meines Taschenmessers nahm ich ein Quentchen und wollte es mir gerade auf die Zunge legen, als der Doktor ausrief: «Halt ein! Willst Du Deinem Leben ein Ende setzen? Dieses Zeug ist ein todbringendes Gift.» «Wahrhaftig!», erwiderte ich, «ich könnte nicht behaupten, dass ich in dieser Richtung eine bestimmte Absicht verfolge»; und mit diesen Worten korkte ich das Fläschchen wieder zu und beförderte den Extrakt mit allem, was dazugehörte, zurück aufs Regal.

Die verbleibende Zeit meines morgendlichen Besuches im Heiligtum verbrachte ich damit, im Dispensarium über «Cannabis Indica» nachzulesen. Die Summe all meiner Entdeckungen sowie eine Menge zusätzlicher Informationen fand ich in dem grossartigen, leichtfasslichen Werk *Johnston's Chemistry of Common Life* wieder. Da es allerorten erhältlich ist, will ich nur insoweit auf das Ergebnis meiner Nachforschungen an jenem Morgen eingehen, als ich im folgenden die drei Schlussfolgerungen erwähnen möchte, zu denen ich gelangte.

Zum ersten hatte der Doktor sowohl recht als auch unrecht; recht insofern, als eine genügend grosse Dosis der Droge – vorausgesetzt sie blieb im Magen – den Tod herbeiführen würde, so wie jedes andere Rauschmittel auch, und ein regelmässiger Genuss sich letzten Endes stets als höchst schädlich für Geist und Körper erwiesen hatte; unrecht hatte er insofern, als geringe Mengen niemals den sofortigen Tod zur Folge hatten, und Millionen Menschen zu dieser opiumähnlichen Droge griffen und sie tagtäglich genossen. Zweitens handelte es sich um das Haschisch, auf das sich die Orientreisenden bezogen hatten und das Gegenstand eines der anschaulichsten Kapitel aus der Feder Bayard Taylors war, ein Kapitel, das Monate zuvor meine Neugierde und Bewunderung erregt hatte. Drittens hatte ich die Absicht, der Liste meiner früheren Experimente ein weiteres hinzuzufügen.

Um diesen letzteren Entschluss in die Tat umsetzen zu können, wartete ich, bis mein Freund sich entfernt hatte, damit ihn mein seiner Meinung nach selbstmörderisches Unterfangen nicht erschrecken möge, dann entkorkte ich mein kleines Fläschchen von neuem und entnahm dem aufreizenden Gefäss eine Dosis, die einem 10 Gran-Gewicht (1 Gran = 0,063 Gramm) die Waage zu halten vermochte. Ich verliess mich auf die Behauptungen von Pereira und dem Dispensarium und schluckte diese Menge ohne die geringste Angst vor der gefährlichen Wirkung.

Jetzt sass ich da, hielt mir das Chloroformfläschchen unter die Nase und jagte auf den Schwingen eines erregenden und immer schneller ablaufenden Lebens davon...

Wenn ich der Tatsache gebührend Rechnung trug, dass ich mein Haschisch nicht auf nüchternen Magen zu mir genommen hatte, dann sollte sich seine Wirkung innerhalb der nächsten vier Stunden zeigen. Die Zeit verstrich, ohne dass ich auch nur die geringste Wirkung verspürte. Ohne Zweifel war meine Dosis zu gering gewesen.

Um nur ja die grösste Vorsicht walten zu lassen, liess ich einige Tage verstreichen, ohne das Experiment zu wiederholen, dann nahm ich, ebenso heimlich wie zuvor, eine Dosis von fünfzehn Gran. Wie schon beim ersten Mal zeigte sich auch diesmal keinerlei Wirkung.

Nun erhöhte ich die Dosis ganz allmählich um jeweils fünf Gran bis auf dreissig Gran, die ich eines Abends kurz nach dem Mahle zu mir nahm. Ich war nun schon beinahe sicher, dass ich auf Haschisch überhaupt nicht ansprach. Ohne im geringsten damit zu rechnen, dass diesem letzten Versuch mehr Erfolg beschieden sein könnte als den vorangegangenen, ja ohne überhaupt zu begreifen wie sich die Wirkung der Droge bei jenen zeigte, deren Experiment von Erfolg gekrönt war, brach ich auf, um den Abend im Hause eines lieben Freundes zu verbringen. Bei Musik und Unterhaltung verbrachte ich gemütliche Stunden. Die Uhr schlug zehn und rief mir in Erinnerung, dass seit der Einnahme der Dosis drei Stunden verstrichen waren, und noch immer zeigte sich nichts Ungewöhnliches. Ich war versucht anzunehmen, dass dieses Experiment ebenso ergebnislos verlaufen würde wie die Vorangegangenen.

Aber – was bedeutete dieses plötzliche Erschauern? Ein Schlag, gleichsam von einer unsichtbaren Kraft ausgehend, durchzuckte ohne jede Vorwarnung meinen ganzen Körper, raste bis in die Fingerspitzen, bohrte sich in mein Gehirn und erschreckte mich so sehr, dass ich fast vom Stuhl aufsprang.

Kein Zweifel. Das Haschisch übte seine Wirkung aus, und ich befand mich in seiner Gewalt. Nacktes Entsetzen überschwemmte mich – da kam etwas auf mich zu, womit ich nicht gerechnet hatte. In diesem Augenblick hätte ich alles darum gegeben – alles, was ich hatte oder hoffte zu haben – wenn ich mich nur wieder in dem selben Zustand befunden hätte wie drei Stunden zuvor.

Ich empfand keinerlei Schmerz – nicht die kleinste Faser tat mir weh – und doch senkte sich eine Wolke undefinierbarer Fremdheit auf mich herab, umhüllte mich wie eine undurchdringliche Wand und schnitt mich von allem ab, das mir lieb und vertraut gewesen war. Liebe Gesichter umgaben mich, seit langem wohlvertraut und doch hatten sie keinen Zugang zu dieser Welt, die ich allein betreten hatte. Ein phantastisches Leben hatte sich mir aufgetan, an dem sie nicht teilhaben konnten. Wenn Seelen je zurückkehren und über dem häuslichen Herd schweben, an dem auch für sie einst ein Platz gewesen, dann blicken sie gewiss auf ihre Freunde wie ich damals auf die meinen blickte. Und waren mir ihre Körper zwar ganz nahe, so waren ihre Seelen doch unendlich weit entfernt und dies war eine Konstellation, die meinen Bedürfnissen in dieser Stunde der Wahrheit ganz und gar nicht entgegen kam. Ich erlebte eine Einsamkeit, wie sie trotz der scheinbaren Geselligkeit nicht grösser hätte sein können.

Trotz allem sprach ich; man richtete eine Frage an mich und ich gab Antwort; ich lachte sogar über eine witzige Bemerkung. Doch es war nicht meine Stimme, die da sprach; möglich, dass es vor langer Zeit an einem fremden Ort einmal meine Stimme gewesen war. Eine Zeitlang bemerkte ich nichts von dem, was um mich herum vorging, dann kehrte langsam und verschwommen die Erinnerung an die letzte Bemerkung, die gefallen war, zurück, wie Traumfetzen, die nach vielen Tagen wieder auftauchen und über die wir uns den Kopf zerbrechen, wo wir ihnen schon begegnet sein könnten.

Den ganzen Abend über hatte der Wind im Kamin gesäuselt; das Säuseln wurde lauter und klang wie das beständige Dröhnen eines riesigen Rades, das sich immer schneller drehte. Eine Zeitlang schien dieses Dröhnen von überall her zu widerhallen. Ich war überwältigt davon – ich ging darin auf. Allmählich kam das Rad zum Stillstand, das eintönige Dröhnen wich dem pulsierenden Brausen einer grossen Kirchenorgel. Das An- und Abschwellen dieses unsäglich feierlichen Klanges erfüllte mich mit einer Trauer, die das menschliche Mass bei weitem überschritt. Ich schwang in diesem klagenden Rhythmus mit, wie eine Seele mit der anderen mitschwingt. Und dann, ganz überzeugt davon, dass alles, was ich hörte und empfand, auch wirklich war, warf ich aus meiner Einsam-

Bewegt von einem heiligen Ernst begann ich meine Reise ohne Ende.

keit einen Blick nach draussen, um die Wirkung der Musik auf meine Freunde zu ergründen. Und wirklich – wir lebten in völlig verschiedenen Welten. Auf keinem der Gesichter fand sich auch nur die Spur von Verständnis.

Es mag sein, dass ich mich etwas seltsam benahm. Plötzlich hielt ein Paar emsiger Hände inne, das den ganzen Abend über flink und geschäftig mit einer kleinen Sticknadel auf einem Geviert aus rosa und blauer Seide hin- und hergeeilt war, und seine Besitzerin blickte mich unverwandt an. Oh weh! Ich war entlarvt – ich hatte mich verraten. Voller Entsetzen wartete ich, jeden Moment konnte das Wort «Haschisch» fallen. Nein, die Dame richtete nur eine Frage an mich, die in Zusammenhang mit der vorangegangenen Unterhaltung stand. Mechanisch wie ein Automat begann ich zu antworten. Wieder vernahm ich den fremden und unwirklichen Klang meiner Stimme, der mich zur Überzeugung brachte, dass ein Anderer sprach, aus einer anderen Welt. Ich sass da und lauschte; die Stimme fuhr fort zu sprechen. Zum ersten Mal erlebte ich, wie sehr Haschisch alles Zeitmass veränderte. Das erste Wort meiner Erwiderung beanspruchte so viel Zeit wie sie für den Ablauf eines ganzen Schauspiels ausgereicht hätte; beim letzten Wort wusste ich überhaupt nicht mehr, wann in der Vergangenheit ich den Satz begonnen hatte. Er mochte Jahre in Anspruch genommen haben. Ich befand mich in einem anderen Leben als jenem, das ich lebte, als ich dem Anfang des Satzes lauschte.

Die Zeit dehnte sich aus, der Raum weitete sich. Im Haus meines Freundes stand ein bestimmter Fauteuil stets für mich bereit. Ich sass darin, kaum einen Meter von dem grossen Tisch entfernt, um den sich die ganze Familie scharte. Der Abstand wurde rasch grösser. Die ganze Atmosphäre schien sich auszudehnen und verlor sich in der Unendlichkeit der Räume, die mich umgaben. Wir befanden uns in einem riesigen Saal, am einen Ende sassen meine Freunde, und am anderen ich. Decke und Wände strebten in einer gleitenden Bewegung in die Höhe, gleichsam beseelt von einem Drang zu unaufhaltsamem Wachstum.

Oh nein! Ich konnte es nicht ertragen. Bald würde ich in der Unendlichkeit des Raumes ganz allein sein. Und mit jedem Augenblick wuchs in mir die Überzeugung, dass ich beobachtet wurde. Damals wusste ich noch nicht, dass dieses Misstrauen allen irdischen Dingen und auch den Menschen gegenüber, kennzeichnend ist für den Haschischrausch. Das habe ich erst später gelernt.

Im Verlauf meiner verwickelten Visionen bemerkte ich, dass ich ein Doppelleben führte. Ein Teil von mir wirbelte widerstandslos auf der Bahn dieser ungeheuerlichen Erfahrung entlang, der andere Teil blickte von oben herab auf sein Ebenbild, beobachtete, überlegte und wägte heiter und gelassen alles ab, was sich vor ihm abspielte. Dieses ruhigere Selbst litt mit dem anderen mit aus Sympathie, doch niemals verlor es seine Selbstbeherrschung. In diesem Augenblick mahnte es mich zur Heimkehr, weil sonst die stetig stärker werdende Wirkung des Haschisch mich dazu verleiten könnte, etwas zu tun, das meine Freunde vielleicht erschrecken würde. Die Logik dieser Bemerkung leuchtete mir ein – mir war als stamme sie von jemand anderem – und ich stand auf, um mich zu verabschieden. Ich ging auf den grossen Tisch zu. Mit jedem Schritt wurde die Entfernung grösser. Ich nahm all meinen Mut zusammen wie für eine lange Fusswanderung. Immer noch wichen die Lichter, die Gesichter, sogar die Möbel, vor mir zurück. Endlich, fast wie in Trance, erreichte ich sie. Es wäre müssig, eine Vorstellung davon vermitteln zu wollen wie lange mein Abschied dauerte, ja der Versuch wäre nicht nur müssig, sondern gänzlich unmöglich, wenn jemand noch nie eine ähnliche Erfahrung gemacht hat. Endlich stand ich auf der Strasse.

Unendliche Weiten breiteten sich vor mir aus. Ein Ausblick ohne Fluchtpunkt bot sich mir, die nächste Strassenlampe schien meilenweit von mir entfernt zu sein. Ich war dazu verdammt, erbarmungslose Weiten zu durchwandern. Eine Seele, eben der Knechtschaft des Körpers entflohen, unterwegs zu dem letzten sichtbaren Gestirn und darüber hinaus, hätte von diesem ganz neuen, erhabenen Gefühl der Entfernung nicht mehr überwältigt sein können als ich in diesem Augenblick. Bewegt von einem heiligen Ernst begann ich meine Reise ohne Ende.

Nach wenigen Augenblicken schon vergass ich alles um mich herum. Ich lebte in einer

Meine Sinneseindrücke wurden allmählich überwältigend – es war nicht Schmerz, den ich fühlte, sondern ein ungeheuerliches Geheimnis, das mich umgab und mich erfüllte.

wundersamen inneren Welt. Ich befand mich einmal hier, einmal dort und sogar die Daseinsformen wechselten. Mit meiner Gondel glitt ich über die mondhellen Lagunen Venedigs. Berggipfel an Berggipfel türmte sich auf vor meinen Augen, und die höchsten, mit Eis bedeckten Zinnen blitzten purpurn im Glanz der Morgensonne. In der urweltlichen Stille eines unberührten tropischen Waldes breitete ich, ein riesiger Farn, meine gefiederten Blätter aus und schwankte und wippte im von würzigen Düften schweren Wind hoch über einem Fluss, dessen Wellen Wogen von Musik und Wohlgerüchen verströmten. Meine Seele fand sich als Pflanze wieder, die in einer seltsamen, nie erträumten Ekstase erschauerte. Nicht einmal Harun al Raschids Palast hätte mich dazu bewegen können, ins Reich der Menschen zurückzukehren.

Ich will auf all die Verwandlungen während dieses Spazierganges nicht näher eingehen. Hin und wieder tauchte ich aus meinen Träumen empor in die Wirklichkeit, wenn ein altvertrautes Haus sich mir förmlich in den Weg stellte und mich aufschreckte. Der ganze Heimweg war eine einzige Folge von Erwachen und dem Zurückgleiten in eine Geistesabwesenheit und Verzückung, bis ich in die Strasse einbog, in der ich wohnte.

Hier zeigte sich eine neue Erscheinung. Ich war eben wohl zum zwanzigsten Male aus meiner Versunkenheit aufgeschreckt und blickte mit weitgeöffneten Augen umher. Ich erkannte alles um mich herum und begann zu überlegen, wie weit es nach Hause sei. Plötzlich trat aus der kahlen Wand neben mir eine vermummte Gestalt und stellte sich mir in den Weg. Schneeweisses Haar hing dem Mann in filzigen Locken bis auf die Schultern, auf seiner Achsel trug er eine schwere Last, wie der mit Sünden prall gefüllte Sack, den Bunyan seinem Pilger auf den Rücken gelegt hat. Da mir seine Art missfiel, trat ich einen Schritt zur Seite und wollte an ihm vorbei meinen Weg fortsetzen. Dank diesem Wechsel meiner Position fiel das Licht einer nahen Strassenlampe nun voll auf sein Antlitz, das bis dahin gänzlich im Dunkel verborgen gewesen war. Oh unaussprechliches Entsetzen. Niemals, nicht bis ans Ende meiner Tage, werde ich dieses Gesicht je vergessen. Jeder Zug seines Gesichtes war Ausdruck eines Lebens voll der verabscheuungswürdigsten Verbrechen; abgrundtiefe Bosheit blickte mir entgegen und eine starre Verzweiflung, wie sie nur jemand überkommen kann, für den der Tag der Sühne nahe ist für eine Tat, die keine Sühne kennt. Die ideale Verkörperung von Shelleys Cenci, hätte er einem Dämonenmaler Modell sitzen können. Nur ihn anzuschauen, gab mir das Gefühl gotteslästerlich zu werden und in panischer Angst begann ich davonzulaufen. Mit knochiger Hand hielt er mich zurück – es war, als ob Krallen sich in mein Handgelenk bohrten – nahm langsam die Last von seinen Schultern und legte sie auf meine Achseln. Ich schüttelte sie ab und stiess ihn weg. Schweigend kam er zurück und legte mir die Last von neuem auf den Rücken. Wieder stiess ich ihn von mir und schrie auf: «Mann, was willst du?» In seiner Stimme lag dieselbe Bösartigkeit wie zuvor in seinem Antlitz, als er erwiderte: «Du *sollst* meine Last mit mir tragen», und sie mir zum dritten Male aufbürdete. Zum letzten Mal schleuderte ich sie beiseite und stiess ihn mit aller Kraft von mir. Er taumelte und stürzte; noch ehe er wieder auf den Beinen war, hatte ich mich schon ein ganzes Stück von ihm entfernt.

Die Aufregungen des Kampfes mit der Erscheinung hatten die Wirkung des Haschisch gewaltig gesteigert. Ich barst schier vor nicht zu bändigender Vitalität; die Kraft eines Riesen lag in meinem Schritt. Heisser und schneller ging mein Atem; ich schien zu keuchen wie eine riesige Maschine. Elektrische Energie wirbelte mich voran, ohne dass ich Widerstand zu leisten vermochte; ich hatte Angst, dass sie die Hülle meines Körpers sprengen und davonschiessen würde, und nichts zurückliess als ein zerstörtes Skelett.

Endlich war ich zu Hause. Während meiner Abwesenheit war ein Verwandter aus Übersee eingetroffen und wartete nun darauf, dass ich ihn begrüsste. Die Ungezwungenheit in den vertrauten Gesichtern daheim und der grelle Schein eines Leuchters, der seine Strahlen in den Raum ergoss, liessen mich ein wenig aufwachen und mir wurde klar, dass ich auf der Hut sein musste, um meinen Zustand nicht zu verraten; mit ungeheurer Anstrengung unterdrückte ich alle meine Empfindungen, ging auf meinen Freund zu und sagte, was bei solchen Gelegenheiten üblich ist. Da aber meine Auseinandersetzung mit dem Übernatürlichen erst so kurze Zeit zurücklag, blickte ich verstohlen in die Runde, um aus den Gesichtern der anderen abzulesen, ob ich nicht vielleicht doch einem Phantom die Hände schüttelte und mich nach dem Befinden einer imaginären Familie erkundigte. Nachdem ich keinerlei Anzeichen von Erstaunen feststellte, fühlte ich mich sicherer, führte die Begrüssung zu Ende und nahm Platz.

Nicht lange und ich musste alle Kraft zusammennehmen, um das Geheimnis zu bewahren, das ich auf keinen Fall preisgeben wollte. Meine Sinneseindrücke wurden allmählich überwältigend – es war nicht Schmerz, den ich fühlte, sondern ein ungeheuerliches Geheimnis, das mich umgab und mich erfüllte. Ich konnte in mich hineinsehen und dank dieser entsetzlichen Fähigkeit alle Lebensvorgänge, die im Normalzustand unbewusst ablaufen, sehr lebhaft und deutlich wahrnehmen. Durch das dünnste Häutchen und die kleinste Vene konnte ich den Fluss des Blutes in jedem Augenblick seines Fortströmens verfolgen. Ich wusste, wann sich welche Klappe öffnete und wieder schloss; jeder meiner Sinne war abnorm wach und gespannt; der Raum war erfüllt von einer grossen Herrlichkeit. Der Schlag meines Herzens war so deutlich zu vernehmen, dass ich überrascht war, dass jene, die mir zur Seite sassen, nichts davon bemerkten. Oho, und nun wurde mein Herz zu einem grossen Springbrunnen, dessen Fontäne mit gewaltigem Rauschen in die Höhe schoss, gegen meine Schädeldecke schlug wie gegen eine riesige Kuppel und dann mit dröhnendem Getöse wieder in sich zusammenfiel. In immer rascherer Folge lösten Emporschiessen und Zusammenstürzen einander ab, bis ich nichts mehr zu unterscheiden vermochte und der Strom zu einer ständig sich ergiessenden Flut anschwoll, deren Gebrüll in allen Teilen meines Körpers widerhallte. Ich gab mich verloren, denn mein Urteilsvermögen, das immer noch unversehrt über meinen pervertierten Sinnen stand, sagte mir, dass es in wenigen Augenblicken zu einer Stauung kommen müsste und dem Geschehen mit meinem Tod ein Ende gesetzt würde. Doch mein Lebenswille liess es nicht zu, dass ich die Hoffnung fahren liess. Ein Gedanke durchzuckte mich: konnte es nicht sein, dass dieser rasche Pulsschlag im Grunde nur Einbildung war? Ich beschloss, der Sache nachzugehen.

Ich begab mich auf mein Zimmer, zog die Uhr heraus und legte die Hand aufs Herz. Eben jene Anstrengung, die ich unternahm, um die Wirklichkeit zu erfassen, brachte es mit sich, dass sich meine Wahrnehmung allmählich normalisierte. Während ich mich aufmerksam beobachtete, wurde mir langsam klar, dass mein Puls nicht so rasch schlug wie ich angenommen hatte. Aus einem steten Dahinfliessen wurde nach und nach eine rasche Abfolge heftiger Schläge, dann verlangsamte sich der Puls, verlor an Heftigkeit, bis mir schliesslich der Sekundenzeiger sagte, dass der Puls im Durchschnitt neunzig Schläge pro Minute betrug. Unendlich beruhigt liess ich von der Untersuchung ab. Fast umgehend begann ich erneut zu halluzinieren. Wieder erfasste mich die Furcht vor einem Schlaganfall, vor Blutungen, einer Vielzahl namenloser Tode; ich sah mich, wie man mich am Morgen fand, steif und kalt, und wie jene, die mich fanden, doppelt bekümmert waren, ob des Geheimnisses, das mein Ende umgab. Ich redete mir gut zu. Ich benetzte meine Stirn mit Wasser – doch all das half nicht. Es gab nur noch eine Möglichkeit: ich musste zu einem Arzt gehen.

Mit diesem Entschluss verliess ich meinen Raum und ging bis zu dem Treppenabsatz. Die ganze Familie hatte sich zur Ruhe begeben, und der Gasbrenner unten in der Diele war abgedreht. Ich blickte die Treppe hinunter: sie verlor sich in unendlichen Tiefen; es würde Jahre dauern, bis ich ihr unteres Ende erreichen würde. Das fahle Himmelslicht fiel durch die schmalen Scheiben links und rechts der Eingangstüre und verströmte ein dämonisches Licht mitten in der Dunkelheit des Abgrundes. Niemals würde ich es dort hinunter schaffen! Verzweifelt liess ich mich auf der obersten Stufe nieder.

Plötzlich kam mir ein grossartiger Gedanke. Sollte die Entfernung unendlich sein, dann war ich unsterblich. Das musste versucht werden. Ich begann den Abstieg, müde, so müde, begann eine Jahre währende meilenweite Reise. Meine Eindrücke von dieser Reise wiederzugeben, wäre lediglich eine Wiederholung dessen, was ich über die Zeit unter Haschischeinfluss gesagt habe. Ab und zu hielt ich inne, um zu rasten, einem Reisenden gleich, der beim Gasthof am Wege einkehrt, dann wieder mühte ich mich abwärts durch die dunkle Einsamkeit, bis ich endlich ans Ziel kam und auf die Strasse hinaustrat.

Im Schatten des Äskulap

Beim Haus des Doktors angelangt zog ich an der Glocke, vergass jedoch augenblicklich wieder, wen ich verlangen wollte. Kein Wunder, denn ich stand auf der Treppe eines Palastes in Mailand – nein (und ich musste über meinen Irrtum lachen) vor dem Aufgang zum Londoner Tower. Also würde mich meine Unkenntnis der italienischen Sprache nicht weiter aus der Fassung bringen. Doch wen sollte ich verlangen? Diese Frage brachte mir wieder zu Bewusstsein, wo ich mich wirklich befand, doch brachte sie mich der gesuchten Antwort in keinster Weise näher. Wen sollte ich verlangen? Ich begann die verzwicktesten Hypothesen aufzustellen wie Fallen, um die Lösung meines Problems darin einzufangen. Ich betrachtete die umliegenden Häuser; wusste ich, wer nebenan wohnte? Damit kam ich auch nicht weiter. Wessen Tochter hatte ich erst tags zuvor aus eben diesem Haus zur Schule gehen sehen? Sie hiess Julia – Julia – und ich ging alle Kombinationen durch, die es mit diesem Namen gab, von Julia Domna bis Giulia Grisi. Ah! Nun wusste ich ihn – Julia H.; und natürlich trug ihr Vater denselben Namen. Während dieser geistigen Wühlarbeit hatte ich die Glocke ein halbes Dutzend Mal gezogen und dabei das Gefühl gehabt, dass man mich eine halbe Ewigkeit warten liess. Als das Dienstmädchen die Haustüre öffnete, keuchte sie, als ob sie um ihr Leben gerannt wäre. Ich wurde hinauf zu Dr. H.'s Zimmer geleitet, wo er sich nach einer langwierigen Operation zur Ruhe gelegt hatte. Ich versperrte die Tür mit einer zur Wahrung meines Geheimnisses entschlossenen Haltung, die in ihm den unangenehmen Gedanken aufkeimen lassen musste, ich hätte es auf sein Leben abgesehen, und ging auf seine Lagerstatt zu.

«Ich möchte Ihnen etwas verraten», begann ich, «etwas, das um nichts in der Welt jemand anders zu Ohren kommen darf. Schwören Sie mir, dass Sie ewig schweigen werden?»

«Ich schwöre; worum geht es denn?»

«Ich habe Haschisch genommen – Cannabis Indica, und ich habe Angst, dass ich sterbe.»

«Wieviel haben Sie denn genommen?»

«Dreissig Gran.»

«Lassen Sie mich 'mal Ihren Puls fühlen.» Er legte seinen Finger auf mein Handgelenk und zählte langsam, während ich dastand und darauf wartete, mein Todesurteil zu vernehmen. «Sehr gleichmässig,» erklärte der Doktor nach kurzer Zeit, «nur eine Spur erhöht. Haben Sie Schmerzen?» «Überhaupt keine.» «Es ist alles in Ordnung mit Ihnen; gehen Sie nach Hause und legen Sie sich schlafen.» «Aber, besteht nicht – besteht nicht – die – Gefahr, dass ich – einen – Schlaganfall – erleide?» «Pah!» sagte der Doktor; und nachdem er seine Meinung zu meinem Fall so recht à la Abernethy (engl. Chirurg, gest. 1831, der Krankheiten mittels Diät behandelte. *A. d. Ü.*) kundgetan hatte, legte er sich wieder nieder. Meine Hand lag am Türknauf, als er mich zurückrief: «Warten Sie noch einen Augenblick, ich werde Ihnen ein Pulver mitgeben und wenn die Angst Sie auf dem Heimweg von neuem überfällt, dann können Sie es als Beruhigungsmittel nehmen.»

Ich tat, wie mir geheissen, und gleich einem Donnergrollen schien meine Stimme aus allen Ecken und Winkeln des Hauses zu widerhallen. Entsetzen packte mich ob des Lärms, den ich verursacht hatte. Im Laufe der Zeit erfuhr ich, dass dies nur eines der vielen Phänomene ist, die auf die durch das Haschisch hervorgerufene, gesteigerte Empfindlichkeit der Sinnesorgane zurückzuführen sind. Einmal, da ich einen Freund gebeten hatte, mir Einhalt zu gebieten, sollte ich im Zustand des Entrücktseins in einem Kreis von Personen, die ich von meinem Zustand nichts ahnen lassen wollte, laut oder unflätig schwatzen, ertappte ich mich dabei, wie ich vor Verzückung schrie und sang und ihm dann vorwarf, er habe mir seinen Freundschaftsdienst vorenthalten. Ich wollte ihm nicht glauben, als er mir versicherte, ich hätte kein vernehmbares Wort von mir gegeben. Die Intensität der Gemütsbewegung hatte das äussere Ohr auf dem Weg über das innere Ohr erreicht.

Ich ging ins Zimmer des Doktors zurück und stellte mich ans Fussende seines Bettes. Es herrschte absolute Stille in dem Raum, und die Dunkelheit wäre undurchdringlich gewesen, wenn ich nicht ein kleines Lämpchen in der Hand gehalten hätte, das Licht spenden sollte bei der Zubereitung des Pulvers sobald es gebracht wurde. Doch nun umfing mich nach und nach ein noch grösseres Mysterium. Ich befand mich in einer abgelegenen Kammer im obersten Teil eines riesigen Gebäudes, und das ganze Bauwerk unter mir wuchs unaufhörlich in die Höhe. Höher als die höchste Zinne von Bels Babylonischem Turm – höher als der Ararat – weiter, immer weiter hinauf in den einsamen Dom von Gottes unendlichem Universum türmten wir uns unablässig hoch. Die Jahre flogen vorbei: ich hörte das rhythmische Rauschen ihrer Schwingen in der abgrundtiefen Dunkelheit rings um mich, Zyklus um Zyklus, Leben um Leben drehte ich mich weiter, ein Stäubchen in Raum und Ewigkeit. Plötzlich kehrte ich aus dem Weltenkreis meiner Wanderungen zurück, stand wieder am Fussende des Bettes, und ein Schauder des Erstaunens durchlief mich, als ich merkte, dass die unermessliche Zeitspanne, die verstrichen war, uns beide unverändert gelassen hatte. Das Dienstmädchen war noch nicht aufgetaucht.

«Soll ich sie noch einmal rufen?» «Warum, Sie haben sie ja eben erst gerufen.» «Doktor», gab ich feierlich zur Antwort, und mein Ton musste jemandem, dem nicht bewusst war, was ich fühlte, mehr als bombastisch erscheinen, «ich will nicht annehmen, dass Ihr mich täuscht, aber mir ist, als sei seither genügend Zeit verstrichen, um alle Pyramiden wieder zu Staub zerfallen zu lassen.» «Ha! ha! Sie sind sehr amüsant heute abend», meinte der Doktor, «doch da kommt sie schon und sie soll etwas bringen, das Ihnen in dieser Situation hilft und Ihnen das Vertrauen in die Pyramiden wiedergibt.» Er gab dem Mädchen seine Anweisungen, und sie ging wieder aus dem Zimmer.

Da kam mir der Gedanke, meine Zeitrechnung mit der anderer Leute zu vergleichen. Ich blickte auf meine Uhr, sah, dass der Minutenzeiger auf viertel nach elf stand, steckte sie wieder in meine Hosentasche und überliess mich erneut meinen Träumereien.

Sogleich sah ich mich als Zwerg, von einem grässlichen Zauberer gefangengehalten – ich wies dem Doktor diese Rolle zu – in den Domdanielischen Höhen (erdichtete unterseeische Höhle aus arabischen Märchen, *A. d. Ü.*) «auf dem Grund des Meeres». Hier war ich dazu verdammt, bis zur Auflösung aller Dinge die Lampe zu halten, die diese unergründliche Finsternis erhellte, während mein Herz, gleich einer riesigen Uhr, feierlich die verbleibenden Jahre der Zeit schlug. Während dieses Bild verschwand, hörte ich in der Einsamkeit der Nacht draussen das Geräusch einer wunderbar bewegten See. In einem unaufhaltsamen Rhythmus wälzten sich die Wogen heran, bis sie gegen die Grundmauern des Hauses schlugen; mit solcher Wucht klatschten sie gegen das Haus, dass auch der oberste Stein noch erzitterte, mit Zischen und hohlem Gemurmel verliefen sie sich dann auf dem gewaltigen Busen, dem sie entstiegen waren. Auf der Strasse marschierte nun mit wohlabgemessenem Schritt ein Heer unter Waffen. Nur das laute Poltern ihrer Schritte und das Klirren der ehernen Rüstung unterbrach die Stille, ansonsten gab es kein Gespräch, keine Musik, sie zogen dahin wie ein Bataillon Toter. Es war die Armee der vergangenen Jahrtausende, die da an mir vorbei in die Ewigkeit marschierte. Eine gottähnliche Herrlichkeit verzehrte meine Seele. Ich war versunken in einem bodenlosen Abgrund der Zeit, aber Gott war meine Stütze und ich war während aller Veränderungen unsterblich.

Nun, in einem anderen Leben, kam es mir wieder in den Sinn, dass ich vor langer, langer Zeit auf die Uhr geschaut hatte, um die Spanne zu messen, die ich durchlief. Es drängte mich, erneut einen Blick darauf zu werfen. Der Minutenzeiger stand genau zwischen der fünfzehnten und der sechzehnten Minute nach elf. Die Uhr musste stehengeblieben sein; ich hielt sie an mein Ohr; nein, sie lief noch. Ich hatte diese unendlich lange Kette von Träumen in dreissig Sekunden durchwandert. «Mein Gott!» rief ich aus, «ich befinde mich in der Ewigkeit.» Angesichts dieser ersten wundervollen Offenbarung über das unendliche Zeitmass der Seele und ihrer eingeborenen Fähigkeit zu ewigem Leben stand ich da, zitternd und voll atemlosen Staunens. Bis zu meinem Ende wird dieser Augenblick der Enthüllung sich klar von meinem ganzen übrigen Dasein abheben. Ich behalte die Erinnerung daran immer noch klar und rein als einen der unaussprechlich geheiligten Augenblicke in meinem Leben. All die kommenden Jahre meines irdischen Daseins werden niemals so lange dauern wie jene dreissig Sekunden.

Endlich kehrte das Dienstmädchen zurück. Ich nahm das Pulver in Empfang und ging nach Hause. Eines der Fenster im oberen Stock war hell erleuchtet, was mich mit unsäglicher Freude erfüllte, denn damit wurde ich von einer Angst befreit, derer ich fast nicht Herr werden konnte – dass nämlich während meiner Abwesenheit alle vertrauten Dinge vom Erdboden verschwunden seien. Kaum hatte ich die Geborgenheit meines Zimmers erreicht, als mir schon Zweifel kamen, ob ich je weggewesen sei. «Ich habe einen wunderbaren Traum gehabt», sagte ich, «während ich, nach Verlassen des Salons, hier lag.» Falls ich nicht fortgewesen war, würde ich auch kein Pulver in der Tasche haben, überlegte ich mir. Ich fand das Pulver; es tat meinem seelischen Gleichgewicht gut, als ich merkte, dass ich nicht in jeder Hinsicht von Wahnvorstellungen heimgesucht war. Ich liess das Licht brennen und schickte mich an, die Reise zu meinem Bett anzutreten, das mir aus der Ferne höchst einladend zuwinkte. Als ich es nach einem zünftigen Marsch erreicht hatte, liess ich mich darauf niederfallen.

Im Reich der Träume

In dem Moment, in dem ich meine Augen schloss, überflutete mich eine Vision von himmlischer Schönheit. Ich stand am silbrig glänzenden Strand eines klaren, grenzenlosen Sees, über dessen Weite ich allem Anschein nach soeben getragen worden war. Nur wenige Schritte vom Ufer entfernt ragten makellose, schimmernde Alabastersäulen eines Tempels würdevoll in den rosigen Äther, dem Parthenon gleich – nein, ihm ähnlich, doch viel grossartiger, wie ja das gottgleiche Ideal der Architektur das von Menschenhand verwirklichte Ideal übertreffen muss. Makellos in seiner weissen Reinheit, ohne Fehl in der vollendeten Symmetrie einer jeden Linie und eines jeden Winkels ragte sein Giebel empor, umhüllt von duftenden Wolken, deren Farben weit prächtiger waren als die eines Regenbogens. Es war das Werk eines Baumeisters, der nicht von dieser Welt war, und meine Seele stand davor in stiller Verzückung. Auf den Flügeltüren glänzten unzählige, strahlende, gläserne Augen, eingelegt in der marmornen Oberfläche rings um diamantene Gestalten, die von oben bis unten mit ihnen besetzt waren. Eines dieser Augen war golden wie die Mittagssonne, ein anderes grün, ein drittes leuchtete saphirfarben, und so ging es weiter durch die ganze Palette von Farbtönen, und alle waren so gruppiert, dass sie aufs Vorzüglichste miteinander harmonierten, wobei sie sich in Gedankenschnelle um ihre eigene Achse drehten. Allein in der Vorhalle des Tempels hätte ich in ewiger Verzückung verweilen können; aber siehe! noch mehr des Glücks war mir beschieden. Lautlos drehten sich die Türflügel in den Angeln, schwangen weit auf, und ich schritt durch das Portal.

Ich hatte nicht das Gefühl, mich im Innern eines Tempels zu befinden. Ich hatte den Eindruck, tatsächlich im Freien zu sein, so als hätte ich niemals die Pforte durchschritten, denn wohin immer ich auch meinen Blick wendete, ich sah weder Wände, noch ein Dach, noch einen Fussboden. Eine grenzenlose, die Seele erquickende Heiterkeit umgab und erfüllte mich. Ich stand am Ufer eines Kristallflusses, aus dessen Wassern im Vorüberfliessen Klänge emporstiegen, die das Ohr berührten wie die Töne eines gläsernen Glockenspiels. Das selbe Gefühl, wie es diese Töne hervorriefen, nämlich die einer bis zum äussersten ätherischen, verfeinerten, vergeistigten Musik, die aus weiter Ferne herüberklingt, schwang in jeder kleinen Welle des durchscheinenden Wassers mit. Die sanft abfallende Uferböschung war verschwenderisch ausgepolstert mit Gras und Moos von so sattem Grün, dass Auge und Seele gleichermassen darauf zur Ruhe kamen und alles voll Frieden in sich aufzunehmen begannen. Durch diesen Pflanzenwuchs, der niemals welkte, schlängelten sich die knorrigen, phantastischen Wurzeln der riesigen Libanonzedern, deren urzeitliche Stämme ihre grossen Äste über mich breiteten, die, dicht ineinander verflochten, ein Dach bildeten, durch das kein Lichtstrahl drang; und in den schweigsamen Alleen unter den grandiosen Baumbögen wandelten ruhmreiche Barden, deren Gesichter, umrahmt von schneeweissen Bärten, die bis auf die Brust fielen, eine unbeschreibliche Güte und Vornehmheit ausstrahlten.

Sie alle waren in fliessende Gewänder gehüllt, gleich den Hohepriestern Gottes, und jeder hielt in seinen Händen eine Lyra, die keines Menschen Hand geschaffen hatte. Unvermittelt hält einer auf dem schattigen Pfad inne, entblösst seinen rechten Arm und beginnt ein Präludium. Während seine himmlischen Akkorde in vollendetem Wohlklang emporsteigen, zupft ein anderer seine Saiten, und die Klänge vereinen sich an meinem verzückten Ohr zu einer Symphonie, wie ich sie nie zuvor gehört hatte und wie ich sie nie wieder hören werde. Noch einen Augenblick länger, und schon spielen ihrer drei in vollendetem Gleichklang; nun schliesst sich der vierte mit dem Zauber seiner Musik an, und in der Vollkommenheit des Klanges vergeht meine Seele. Mehr kann ich nicht ertragen. Und doch, mir fliesst weiter Kraft zu, denn mit einem Mal stimmt die ganze Gruppe einen Chorgesang an, auf dessen Schwingen ich aus den geborstenen Mauern der Sinne emporgetragen werde, und Musik und Geist erbeben in plötzlicher Vereinigung. Auf ewig befreit vom Sog der Schwerkraft und der Unruhe des Körpers weitet sich meine Seele mit dem Anschwellen der überirdischen Klänge und schaut Geheimnisse, die sich nicht in Worte fassen lassen. Ich werde in luftiger Höhe auf der Herrlichkeit des Klanges dahingetragen. Ich schwebe in Trance dahin mitten im flammenden Chor der Seraphim. Doch während ich durch die Läuterung dieser wundervollen Ekstase mit der Gottheit selbst zu einer Einheit verschmelze, verklingen die brausenden Leiern eine nach der anderen, und während noch der letzte Seufzer im unermesslichen Äther erstirbt, tragen mich unsichtbare Arme in Windeseile hinab in die Tiefe und setzen mich vor einem anderen Portal ab. Seine Flügeltüren sind, wie die ersten, aus makellosem Marmor, doch fehlen die rollenden Augen in ihren glühenden Farben.

Bevor ich mit dem Bericht dieser neuen Vision beginne, möchte ich eine Bemerkung einflechten, welche dazu dienen soll, zwei Gesetze der Wirkungsweise des Haschisch deutlich zu machen, denen hier, zur Erläuterung, ein Platz gebührt. Zum ersten: wenn eine Phantasie, gleich welcher Art, zu Ende ist, dann verlagert sich der Schauplatz der Handlung fast unweigerlich an einen anderen Ort, der überhaupt nichts mehr gemein hat mit dem Vorhergegangenen. Bei diesem Wechsel kann die Art der Empfindung in groben Zügen die gleiche bleiben. Ich kann im Paradies glücklich sein und glücklich sein an den Quellen des Nils, selten jedoch zweimal hintereinander entweder im Paradies oder am Nil. Ich kann auf dem Ätna Qualen leiden und auf ewig in der Hölle braten, doch ist kaum anzunehmen, dass Ätna oder Hölle im Verlauf desselben Rausches zweimal Zeugen meiner Pein sein werden.

Zum zweiten wird, wenn der Sturm einer Vision von unvorstellbarer Grossartigkeit den Haschisch-Esser mit voller Wucht umbraust hat, die folgende Vision im allgemeinen ruhiger, entspannter und von erholsamer Natur sein. Er wird herabsteigen aus seinen Wolken oder emportauchen aus dem Abgrund auf eine mittlere Ebene, wo die Schatten weich sind und seine Augen Erholung finden vom Glanz der Seraphim oder den Flammen der Hölle. Es liegt Weisheit in dieser Abfolge, sonst würde die Seele am Übermass ihres eigenen Sauerstoffs verbrennen. So manches Mal, scheint mir, wurde meine eigene Seele auf diese Weise vor dem Verlöschen bewahrt.

Die folgende Vision veranschaulicht beide Gesetze, vor allem aber das zweite. Das Portal des Tempels tat sich geräuschlos vor mir auf, doch es war kein Bild der Erhabenheit, das sich meinen Blicken darbot. Ich befand mich in einem riesigen Raum, der sich, wenn überhaupt, wohl am ehesten mit der Kammer des Senats in Washington vergleichen liesse. Die Decke war gewölbt, und an der Seite gegenüber dem Eingang befand sich ein Podium, auf dem ein grosser Lehnstuhl stand. In der Mitte des Hauses gab es ähnliche Stühle, die in einem weiten Bogen aufgestellt waren; die Wände, verkleidet mit massivem Holz, waren mit grotesken Fresken geschmückt – alles nur erdenkliche Getier gab es da zu sehen vom Vogel bis zum Ungeheuer – und ein geheimnisvolles Gesetz von Leben und Bewegung sorgte dafür, dass die Gestalten beständig wechselten wie in einem Kaleidoskop. Da waren Wände bevölkert mit Scharen geflügelter Pferde; dann wieder wippten und nickten Tukane und Papageien auf den Ästen smaragdgrüner Palmen; nun entspann sich von der Wandverkleidung bis zur Decke hin ein verbissener Kampf zwischen Kentauren und Lapithen, während Krater und Höhlen von den stampfenden Hufen zermalmt wurden. Doch meine Aufmerksamkeit wurde rasch von den Fresken abgelenkt, als ich eine wahrhaft hexenhafte Versammlung gewahrte, die auf den Lehnstühlen des grossen Saales Platz genommen hatte. Auf dem Podium sass ein altes Weib, dessen imponierende Haltung meine Aufmerksamkeit auf sich zog und von der ich nach eingehender und wohl auch recht unhöflicher Betrachtung zu dem Schluss kam, dass sie das Produkt einer Kunst war, welche sich bei Personen ihres Alters und Geschlechts grösster Beliebtheit erfreute. Sie war aus purpurnem Garn *gestrickt!* In schönster Regelmässigkeit zogen die Maschen über ihr Gesicht; bis hin zu jeder Runzel ihres eingefallenen Mundes, zu jeder Falte ihrer Stirn, war sie das garnerne Konterfei eines alten Mütterchens, und auch die Nase hatte, dank geschickten Ausstopfens, die richtige Spitze erhalten und ihr Kinn den passenden Vorsprung. Das Völkchen unterhalb des Podiums war lediglich eine Vervielfältigung seiner Vorsitzenden, und alle schaukelten beständig hin und her, vor und zurück, zu den Klängen unsichtbarer Instrumente, denen eine in Stil und Intonation höchst eindringliche und drollige äthiopische Musik entströmte. Niemand in dieser Versammlung aus Wolle sprach ein Wort, doch sie alle strickten – sie strickten mit nimmermüdem Eifer, ohne Unterlass, als gälte es ihr Leben. Ich sah genauer hin, um festzustellen, woran sie arbeiteten. Sie strickten alte Frauen, die wie sie selbst aussahen! Eine aus der Schwesternschaft hatte ihr Double beinahe vollendet; eine andere war emsig damit beschäftigt, einen Augapfel zu runden; eine dritte nähte Falten in die Mundwinkel; und wieder eine andere schlug eben die Maschen an für die nächste alte Frau.

Mit phantastischer Schnelligkeit ging die Arbeit voran; alle Augenblicke sprang ein fertiges altes Weib von den Nadeln, das sie eben erst vollendet hatten, griff – im Nu zum Leben erweckt – nach dem Werkzeug der Vervielfältigung und machte sich so eifrig ans Werk, als sei es von Anbeginn der Welt an Mitglied dieser Versammlung gewesen. «Hier», rief ich aus, «hier endlich begreife ich die wahre Bedeutung des immerwährenden Fortschritts!» Das Gewölbe hallte von meinem schallenden Gelächter wider, doch kein Gesicht verzog seine Maschen zu einem Ausdruck des Erstaunens, nein, sie strickten weiter emsig alte Frauen, als ob es das nackte Leben zu retten gälte, und die unwillkürliche Grobheit des Fremden blieb ohne Echo.

Ein unwiderstehliches Verlangen packte mich, bei der Arbeit mitzuhelfen; ich hatte mich schon fast entschlossen, einen Satz Stricknadeln zu ergattern und mich dem Kreis der Schwestern anzuschliessen. Meine Nase fing bereits an, sich mit Maschen zu kräuseln, und schon im nächsten Augenblick wäre ich wohl des garnigen Geschicks teilhaftig geworden, hätte mich nicht eine Hand gepackt und rückwärts durch die Türe hinausgezogen; der Kongress entschwand für immer meinen Blicken.

Eine Weile verharrte ich in völliger Leere, ich sah nichts und hörte nichts, aber ich wartete geduldig, überzeugt davon, dass einige grossartige Veränderungen auf mich zukommen würden. Ich wurde nicht enttäuscht. Plötzlich erstrahlten in weiter Ferne drei hell leuchtende Punkte auf der dreifachen Wand der Finsternis und aus jedem Punkt drang gedämpft ein Doppelstrahl verzauberten Lichts und magischer Musik. Obwohl ich nicht das geringste aus meiner unmittelbaren Umgebung wahrzunehmen vermochte, hatte ich dennoch das Gefühl, lautlos auf diese leuchtenden und tönenden Punkte zuzutreiben. Mit jedem Augenblick wurden sie grösser, das Licht und die Harmonie wurden deutlicher, und nach kurzer Zeit konnte ich ganz klar drei riesige Bögen erkennen, die aus dem Schoss einer spiegelglatten Wasserfläche aufstiegen. Der mittlere Bogen war der höchste; die beiden anderen entsprachen einander. Plötzlich sah ich, dass sie den Eingang zu einer riesigen Höhle bildeten, deren Wölbung über mir zu solch erhabenen Höhen emporragte, dass Wolkenbänke sie vor meinen Augen verbargen. Zu beiden Seiten bildete rauher, zerklüfteter Fels eine Mauer, und soweit das Auge reichte hingen von den Felsvorsprüngen Stalaktiten in allen nur erdenklichen Grössen und prächtigen Farbschattierungen herab, während unter mir ein glatter See lag – durch die Spiegelung der überhängenden Felsspitzen einem ebenholzschwarzen Pflaster gleich –, ein See von wundersamer Klarheit, dem nur das Lächeln der Sonne fehlte, sonst wäre er erglüht wie ein Boden aus Diamanten. Ein kleines Boot, das Tritons Muschelschaluppe glich und köstlich geschnitzt war aus Perlmutt, trug mich über den See; mein eigener, unbewusster Wille waren ihm Ruder und Riemen, und ohne besondere Anstrengung glitt ich, wie ich feststellte, mit dem Nachen ohne Kiel rasch auf den riesigen mittleren Bogen zu. Mit jedem Augenblick, der mich dem Ausgang näher brachte, nahm der Wohlklang, der von dort her zu mir hinüberdrang, an Stärke und Schönheit zu.

Und nun trieb ich ins Freie.

Claude Lorraine, von den Einschränkungen der Sinne befreit und gerüstet mit einer unendlichen Leinwand, wäre wohl imstande, auf einem friedlichen Eiland dieses Universums jenen Blick festzuhalten, der sich jetzt meinen Augen bot. Wenn er seinen Pinsel geradewegs in die Quellen des Lichts hätte tauchen können – so wäre dies die angemessene Beschäftigung für sein unsterbliches Talent gewesen. So manches Mal im Verlaufe meines Lebens hat es mich danach verlangt, die Seele und die Begabung eines grossen alten Meisters zu besitzen, wenn die Anmut der Natur sich mir offenbarte, eine Anmut, die ich nicht dem Gedächtnis anzuvertrauen wagte; angesichts dieses Anblicks, wie

Durch diesen Pflanzenwuchs, der niemals welkte, schlängelten sich die knorrigen, phantastischen Wurzeln der riesigen Libanonzedern, deren urzeitliche Stämme ihre grossen Äste über mich breiteten...

auch jetzt in der Erinnerung daran, wurde dies Verlangen zur herzbeklemmenden Pein. Und doch war es gut so: denn der sterbliche Maler hätte angesichts dieser Aufgabe verzagt. Bedauerlich! Wie sich doch die Materie, mit der wir dem Geistigen Gestalt geben sollen, diesem Tun widersetzt! Vor Fenstern bin ich gestanden, auf denen der unsichtbare Hauch des Frostes seine unvergleichlichen Algen, Farne und Palmen gezeichnet hatte, und mit einem Seufzer habe ich zu mir gesagt: Ach! Unter allen Künstlern hat allein die Natur die Gabe, ihren Idealen Gestalt zu verleihen!

Soll ich mich erdreisten, mit Worten zu versuchen darzustellen, was den alten Meistern der schönen Künste mit Pinsel und Palette nicht gelang? Ich bin willens es zu tun und sei es nur, um ein tiefes Verlangen zu befriedigen.

Von der weiten Wölbung meiner Höhle war ich auf ein Meer ohne Horizont hinausgefahren. Ich blickte durch all die Unendlichkeiten rings um mich her, und nirgends traf mein Blick eine Begrenzung des Raums. Noch oft habe ich später Himmel und Erde gesehen, wie sie parallel zueinander sich in der Unendlichkeit verlieren, aber dies war das erste Mal, dass mich «die azurn blaue Welt» nicht umgab, und ich jauchzte und frohlockte ob der Erhabenheit dieser neuen Erkenntnis. Die ganze Atmosphäre war erfüllt von einer unermesslichen Flut goldener Stäubchen, die unaufhörlich im Takte auf- und niedertanzten und gleichzeitig strahlende Helligkeit und Harmonie verströmten. Verzückt breitete die Phantasie ihre Schwingen aus zu einem Flug, dem die Gesetze der Materie keine Schranken zu setzen vermochten, und mit jedem Augenblick wuchs dieses Entzücken, da ich noch klarer und tiefer in eine Schönheit schaute, die wie Weihrauch von der Oberfläche dieses ewigen Meeres aufstieg. Voller Entzücken vernahm das geistige Ohr beständig noch fernere und unvorstellbarere Töne und fügte die aufsteigenden Harmonien zu einem einzigen erhabenen Gesang der Weihe zusammen. Verzückt labte sich die Seele mit jeder Faser an den verschiedensten Offenbarungen und rief aus: «Oh entsetzliche Anmut!» Und nun wurde ich aus meiner Schaluppe hinweggetragen in das blendende Licht des mittäglichen Firmaments; da sass ich auf dem schwindelerregenden Gipfel eines Wolkenberges und beim Blick in die klaffenden Spalten erspähte ich weit unten auf dem Grunde die in Bergwerken gelagerten Blitze; jetzt tauchte ich bei meiner Reise durch den Äther in die Flüsse des Regenbogens, die einer neben dem anderen von den Tälern des Himmels herabströmten; nun verharrte ich ein Weilchen im Bannkreis des ungebrochenen Sonnenlichts, doch gleich dem des Adlers ward mein Auge nicht geblendet; gleich darauf wurde ich gekrönt mit einem Kranz von Tauperlen, die in allen Regenbogenfarben schimmerten. Welche Landschaft ich auch durchquerte und welche Gegebenheiten, in einem blieb sich die Vision stets gleich: Friede – überall herrschte göttlicher Friede, die Summe aller erdenklichen Sehnsüchte und Wünsche, die gestillt wurden.

Langsam schwebte ich wieder auf die Erde nieder. Orientalische Gärten nahmen mich auf. In anmutigen Kreisen tanzte ich von Brunnen zu Brunnen, begleitet von unvergleichlichen Huris, deren Stirn mit Bändern aus Jasmin geschmückt war. Ich warf Feigen nach nie gesehenen exotischen Vögeln, deren goldene und karmesinrote Flügel im Flug von Ast zu Ast hell aufblitzten, oder lockte sie mit schmeichelnden, zärtlichen Liebkosungen zu mir heran. Durch lange von Palmen gesäumte Alleen wandelte ich Arm in Arm mit Hafis und vernahm die Stunden, die singend durch die Strophen seiner unvergleichlichen Gedichte flossen. In luftigen Gartenhäuschen ergötzte ich mich mit Limonaden und in schamloser Gesetzlosigkeit schlürfte ich tropfenweise von jenem Safte, der den Gläubigen verboten ist. Dann legte ich mich im Schatten der Zitronenbäume zum Schlafen nieder. Als ich erwachte, war es Morgen – tatsächlich Morgen, nicht nur eine Halluzination, die mir das Haschisch vorgaukelte. Als ich die Augen öffnete, war ich zunächst einmal glücklich, dass die Dinge wieder ihr natürliches Aussehen hatten. So ist es; obwohl das letzte Erlebnis, dessen ich mich entsinnen konnte, scheinbar jedes Bedürfnis eines Menschen – sowohl in körperlicher wie auch in geistiger Hinsicht – gestillt hatte, lächelte ich die vier weissen Wände meines Schlafgemachs an und hiess ihre vertraute Schlichtheit mit einer Freude willkommen, der es gänzlich an dem Wunsche mangelte, nach Arabien oder zum Regenbogen versetzt zu werden. Es war wie die Heimkehr aus einer Ewigkeit, in der man einsam in den Palästen von Fremden gehaust hatte. Wie treffend scheint mir doch der Ausdruck Ewigkeit, da mich während des ganzen Tages das Gefühl nicht verliess, eine unermessliche Zeitspanne trenne mich von dem Tage zuvor. Um die

Wahrheit zu sagen, ich bin dieses Gefühl nie mehr gänzlich losgeworden.

Ich erhob mich in der Absicht, meine wiedergewonnenen Kräfte zu erproben und herauszufinden, ob ich zur Gänze wieder hergestellt sei. Wirklich, ich fühlte mich nicht im geringsten körperlich erschöpft und auch von geistiger Niedergeschlagenheit konnte keine Rede sein. Alle Körperfunktionen waren wieder normal, mit einer Ausnahme, wie bereits erwähnt: die Spuren des grossen Mysteriums, das ich erlebt hatte, liessen sich nicht aus dem Gedächtnis tilgen. Ich rief mir die Ereignisse der vergangenen Nacht noch einmal in Erinnerung und stellte mit Befriedigung fest, dass ich mein Geheimnis niemandem verraten hatte mit Ausnahme von Dr. H. Ich war mit meinem Experiment zufrieden.

Ach! Hätte ich mich doch nur wirklich zufrieden gegeben! Doch das Rad der Geschichte muss sich weiterdrehen.

Kaschmir und China in der Dämmerung

«Sie werden es nie wieder nehmen, nicht wahr?»

«Nein, nein, ich habe nicht die Absicht. Ich bin mit diesem einen erfolgreichen Experiment ganz zufrieden.»

Es war die hübsche Dame mit der Häkelnadel, die diese Frage an mich richtete, als ich ihr – einige Tage nach meiner ersten näheren Bekanntschaft mit dem Haschisch – jene Schilderung gab, wie sie auf den vorangegangenen Seiten abgedruckt ist. Ich meinte es ernst mit meiner Antwort; ich nahm wirklich an, dass ich mein Experiment niemals mehr wiederholen würde. Der flüchtige Blick, den ich in dieser einen Nacht der Offenbarung auf bisher nicht gekannte Erscheinungsformen und nirgends aufgezeichnete Reiche geistigen Seins werfen konnte, schien vollauf zu genügen, das Schatzkästlein grossartiger Erinnerungen bis zur Neige des Lebens zu füllen. Unendlich Vieles gab es – ganz ohne Zweifel – das weiterhin verhüllt blieb, doch ich war's zufrieden sagen zu können:

«In der Natur verschwiegnem, unermesslich grossen Buch versteh' ein wenig ich zu lesen»,

wenn doch das Wenige eine Sicht auf Schriftzüge freigab, die in ihren schwächsten Andeutungen alle Zeichen auf dem Pergamente des täglichen Lebens an Glanz bei weitem übertrafen. Nein, ich würde es nie wieder nehmen.

Ich kannte mich nicht; und ich kannte Haschisch nicht. Ganz ohne Zweifel gibt es Naturelle, welche mit körperlicher und geistiger Niedergeschlagenheit auf diese Droge reagieren. Bei mir war dies niemals der Fall. Opium und Alkohol führen zur Sucht, weil sie den nervlichen Verschleiss wieder wettmachen müssen, dessen Ursache sie doch recht eigentlich sind. Die den Höhenflügen folgende Ermattung verlangt nach neuem Genuss, und wird der Appetit gestillt, ist damit schon der Keim gelegt für den nächsten Hunger. Doch es war nichts Derartiges, das mich an das Haschisch band. Wenn ich sage, dass ich so manche Stunde von Qualen gepeinigt war, wie sie weder Cranmer auf dem Scheiterhaufen noch Gaudentio di Lucca während der Inquisition je ausgestanden haben, so weiss ich – ohne zu übertreiben – wovon ich rede; doch *ich* bin aus den Tiefen einer solchen Erfahrung stets emporgetaucht ohne auch nur im geringsten an Stärke oder Lebenskraft eingebüsst zu haben.

Wäre ich nach dem ersten Versuch in eine Depression verfallen, ich hätte ihn wohl kaum je wiederholt. Ganz gewiss hätte ich erschlafften Muskeln und einem ermatteten Geist, die nach erneutem Genusse verlangten, viel besser zu widerstehen vermocht, als jener Form der Faszination, die mich überwältigte. Während Tagen lang fühlte ich mich sogar ausserordentlich stark; alle Lebenskräfte waren wohltuend angeregt, doch die Erinnerung an die wunderbaren Herrlichkeiten, welche ich geschaut hatte, lockte mich beständig wie die Macht einer unwiderstehlichen Zauberin. Es gelang mir nicht, während der mittäglichen Musestunde meine Augen zu schliessen, ohne dass ich in dieser Welt unter den Augenlidern, halb im Dunkel, halb im Lichte, wieder die köstlichsten Bilder vorüberziehen sah, die auch der entschlossenste Wille nicht zu bannen oder abzuschwächen vermocht hätte. Jetzt eben schwebten über einen unendlich weiten, strahlend heiteren Himmel kostbar-köstliche Wolkenschiffe, die unentwegt Form und Farbe veränderten in einem ewigen Kreislauf der Wandlungen.

Unverhofft trat ich aus einem dichten Gehölz und fand mich an den Ufern eines breiten Flusses, der in verträumte Weiten hinausschwang und lautlos an vorgestreckten Landzungen vorbeiglitt; in ihm spiegelte sich ein Licht, das nicht von der Sonne war und auch nicht vom Monde, sondern wohl eher ein Mittelding zwischen den beiden und das bald hier, bald dort in zarten Regenbogenfarben erstrahlte. Im Wachen und im Schlafen erblickte ich in meiner Phantasie beständig Tempel und Gärten, Brunnen und herrliche Landschaften, und die Bilder vermischten sich mit allem, was ich hörte, las oder sah. Im Buche Gibbons (engl. Geschichtsschreiber, *A. d. Ü.*) zeigten die Bilder der Paläste und Gärten von Nikomedia (Hauptstadt von Bithynien; antike Landschaft Kleinasiens, *A. d. Ü.*), dass Haschisch bei der Farbgebung Pate gestanden hatte und die dargestellte Wirklichkeit eine Haschischwirklichkeit war; und wenn ich mit dem guten, alten Dan Chaucer auf Reisen ging, dann genoss ich in vollen Zügen die köstliche Traumlandschaft während des ganzen Weges nach Canterbury. Die Musik, welche ich in meiner Vision vernommen hatte, hallte immer noch in mir nach; so wie die Glocken von St. Mary le Bow vor langer Zeit Dick Whittington zugerufen hatten – «Komm zurück, komm zurück», so lockten mich diese einmal gehörten Klänge. Und ich kam zurück.

Urteilt nicht über mich, Ihr, die Ihr nie erfahren habt, wie faszinierend ein Übermass an Schönheit ist; es gibt mindere Verlockungen als jene, die mich anzogen. Vielleicht habt Ihr die erste Einfalt des Lebens hinter euch gelassen und seid weniger unschuldsvollen Lockrufen gefolgt, die euch gar mächtig riefen. Da hofft einer, eines Tages müssig unter einer buchstäblich güldenen Sonne schlafen zu können – ein wahrer Glücksritter; ein anderer wartet darauf, ein geduldig Ohr zu finden, auf dass er mit irgendeinem einflussreichen, patriotischen Geflüster von der «mobilium turba Quiritium» gehört werde; und jener sehnt sich danach, gleich welchen Becher zu leeren, wenn er nur die Seele betäubt und es dem Körper überlässt, eben diese Seele ihrer Vorrechte zu berauben – dies alles sind Verlockungen, welche niederer sind als die, denen ich erlag.

Und Ihr, die Ihr besser, klüger und darob sanfter seid, die Ihr nicht die Schwäche des anderen verhöhnt, weil sie Euch nicht zu eigen ist, und die Ihr frei seid von aller Knechtschaft, gleich ob sie dem Laster oder der Schönheit dient, befleissigt Euch eines milden Urteils.

In diesem Punkte irrte ich: es war als ob es einer Mutter Stimme sei, die mich einlud, und voll einer erhabenen Süsse waren die Schmeicheleien, die mich einlullten. Nur zweimal im Leben hören wir dergleichen: einmal zu Anfang, einmal am Ende; das erste Mal im Wiegenlied, welches die Unschuld in den Schlaf singt, das letzte Mal in den Gesängen der wartenden Engel, bei deren Klang die Seele im Augenblick des Todes emporzuschweben beginnt, zurück zu jenem Zustand von Reinheit und Friede wie er zu Anfang herrschte. Es war nicht sinnlicher Genuss, dem ich mich ergab. Die Gründe für den Genuss von Haschisch waren in höchstem Masse ideeller Natur, wie ja auch alle im Haschischrausch erlebten Verzückungen und Offenbarungen solcherart sind – und aus eben diesem Grunde ist die unaussprechliche Pein auch tausendmal schrecklicher. Überdies gab ich mich etwas hin, von dem ich überhaupt nicht wusste, was es war. Im Umkreis von hundert Meilen gab es keine Menschenseele, die um die Gefahr wusste oder mich davor hätte warnen können. Ausserdem gab ich mich der Droge hin ohne zu wissen, dass ich dies tat, denn in meinen Augen war es der Drang zu forschen, der mich zu dem erneuten Genusse veranlasste.

Eines Tages um die Mittagsstunde, etwas mehr als eine Woche nach meinem ersten Experiment, rollte ich zwanzig Gran Haschisch zu einer Kugel, und während ich sie schluckte, sagte ich zu mir: «Dies ist der letzte Versuch, den ich um der Wissenschaft willen durchführe.» Der Nachmittag lag vor mir ohne irgendeine besondere Verabredung, und nach dem Mahle liess ich mich auf die Chaiselongue fallen und wartete auf die Wirkung der Dosis. Es war ein milder, versponnener Tag; gleich einem Zaubermittel legte er sich auf meine Augenlider, und schon nach kurzer Zeit war ich, ohne es zu merken, entschlummert. Es war schon gegen siebzehn Uhr als ich erwachte, und noch immer hatten sich keinerlei Halluzinationen eingestellt. Ein Freund gesellte sich zu mir, und als wir uns vom Tisch erhoben, schlug er mir einen Spaziergang vor. Alles und jedes um uns herum stimmte in diese Aufforderung ein. Es war einer jener Abende, da wir uns eingehüllt fühlen in einen linden Hauch, der uns den Aufenthalt im Freien so behaglich und köstlich erscheinen lässt wie er im Winter das gemütliche Verweilen am offenen Kamin ist, wenn uns das Feuer mit seinem rötlichen Schein die Lebensgeister weckt und uns verzau-

Unverhofft trat ich aus einem dichten Gehölz und fand mich an den Ufern eines breiten Flusses, der in verträumte Weiten hinausschwang und lautlos an vorgestreckten Landzungen vorbeiglitt; in ihm spiegelte sich ein Licht, das nicht von der Sonne war und auch nicht vom Monde, sondern wohl eher ein Mittelding zwischen den beiden, und das bald hier, bald dort in zarten Regenbogenfarben erstrahlte.

bert mit seiner lauschigen Geborgenheit. Es ist als ob die Seele selbst sich von innen nach aussen kehrt, lechzend nach frischer Luft, und fast steigt die Scham in uns auf, dass wir je imstande waren, Dachbalken dem freien Himmel vorzuziehen, und der Mutter Natur zu entfliehen, um eine Heimstatt zu suchen.

Durch alle Strassen, die nach Westen liefen, sandte die Sonne am Horizonte abschiednehmend einen Schauer von Licht, und auf den Trottoirs lag ein Mosaik aus den Schatten der tanzenden Blätter und aus golden leuchtenden Vielecken, die sich stetig veränderten, wenn die Bäume leise in der Luft erzitterten. Arm in Arm schlenderte ich mit Dan die gesprenkelte Allee entlang, und immer prächtiger wurde der Sonnenuntergang, während wir die Häuser allmählich hinter uns liessen und die Luft der weiten Felder einatmeten. Die Randgebiete von P---- sind wunderschön. Wenn der Fremde darum weiss und ein Auge dafür hat, ist es nicht einfach nur das Ungewohnte dieses Anblicks, das ihn bewegt. Es gibt nur wenige Landschaften, denen mehrmaliges Betrachten keinerlei Abbruch tut – und nur wenige, deren Bewunderer so rasch und unverrückbar zu Freunden werden. Wäre Platz für Eifersucht in meiner Liebe zu dieser meiner Heimat, ich wüsste keine Jahreszeit, die je in mir die Angst vor einem Rivalen peinvoller aufkeimen liesse als die eben geschilderte, denn Himmel und Erde um uns waren so lieblich, dass ein geradezu menschlicher Zauber von ihnen ausging. Von meinem Gefährten möchte ich noch eines sagen – und jeder Mensch, der Stimmungswechseln unterworfen ist, wird wissen, dass es kaum ein grösseres Lob gibt, das man seinem Freunde spenden kann: Dan war eine jener vortrefflichen Seelen, die man stets gerne zur Seite hat, gleichgültig in welcher Gemütslage man selbst sich befindet. Er gehörte zu jenen seltenen und sensiblen Menschen, die einem andern niemals Ablehnung entgegenbringen können, so sie ihm einmal ihre Zuneigung geschenkt haben. Wie oft habe ich dies, du Hochgeschätzter und Heissgeliebter, an dir erfahren! Wie oft habe ich in diesem intuitiven Gewahrwerden unseres seelischen Gleichklangs den Beweis dafür gesehen, dass Freundschaft dem Herzen eingeboren ist wie den Tönen des Akkordes die Harmonie.

Es gibt eine Strasse, die von den Aussenquartieren von P --- nach Süden verläuft und zu den einladendsten Spazierwegen gehört, die man sich überhaupt vorstellen kann. Auf der einen Seite zieht sich eine Uferanlage hin, deren ansteigende Terrassen den ganzen Sommer lang üppig grünen und von malerischen Vorstadthäuschen gekrönt sind. Auf der anderen Seite erstreckt sich eine breite Ebene bis hin zur steilen Uferböschung des Hudson, und überall stehen, wie hingetupft, Gruppen kerngesunder Bäume und dahinter versteckte Villen. Hie und da geben die schattenspendenden Bäume, die das Ufer säumen, einen herrlichen Blick frei auf den Fluss und die dahinterliegenden Berge, die sich, noch unberührt von menschlicher Hand, in ursprünglicher Frische erheben. Unter dem schützenden Schirm der abendlichen Schatten lag das Wasser weiter draussen da wie ein göttliches Kind im Schlafe, von einer nimmermüden Amme bewacht.

Auf dieser Strasse nun wanderten wir dahin, untergehakt und so erfüllt und überwältigt von der Schönheit dieses Anblicks, dass einer des andern Gefühl teilte, ohne dass wir ein Wort wechseln mussten. Wir waren wohl noch keinen Kilometer von der Stadt entfernt, als mich – ohne die geringste Vorwarnung – die Wirkung des Haschischs wie ein Donnerschlag erbeben liess. Obgleich mich dieser Schauer erst einmal in meinem Leben durchzuckt hatte, waren seine Merkmale doch so unverwechselbar wie die allervertrautesten Dinge des Alltags. Schon oft bin ich darum gebeten worden zu erklären, was es mit diesem Schauer auf sich hat, und ebenso oft habe ich versucht dieser Aufforderung nachzukommen, doch es gibt nichts Vergleichbares, das dieses Gefühl vollkommen – oder auch nur annähernd wiedergeben könnte. Am ehesten ist es wohl in unserer Vorstellung der schlagartigen Trennung von Seele und Körper enthalten. Nur wenige Menschen auf dieser Welt haben vor ihrem Tod bereits erfahren, von welchem Zustand diese Loslösung begleitet wird, doch wir alle haben eine mehr oder minder deutliche Vorstellung davon, wie es sein könnte. Ich vertraue mehr darauf, mich mit diesem vagen Begriff verständlicher machen zu können als ich es mit der detailliertesten Beschreibung vermöchte, derer ich fähig wäre.

Die Strasse, die wir entlanggingen, begann ganz allmählich, sich immer mehr in die Länge zu ziehen. Der Hügel, hinter dem sie verschwand – wohl nur eine halbe Meile von uns entfernt –, schien mir bald wie das Ende des Kontinents selbst. Wäre nicht die grenzenlose

Anmut von Himmel, Wasser und Feldern gewesen, so hätte mich das grosse Entsetzen gepackt ob meines Zustandes wie am Anfang meines ersten Versuchs. Doch gar prächtig versank die Sonne im Westen, der Fluss erstrahlte in ihrem Glanz, die Wolken in der Mitte des Himmels schwammen in einem Farbenmeer, und die Welt schien dahinzuschweben in einem Traum aus rosiger Ruhe und Gelassenheit. Meine wachen Sinne nahmen diese Schönheit gierig in sich auf, bis alle Angst gebannt war und mir der reine Wein der Freude durch die Adern floss. Immer noch umgab mich das Geheimnisvolle, doch war es das Mysterium dessen, der zum ersten Mal im Paradiese wandelt.

Konnte ich diesen Zustand vor Dan verbergen? Nein, nicht einen Augenblick lang. Ich konnte mich nicht einmal erinnern, Haschisch genommen zu haben. Die Vergangenheit gehörte zu einem anderen Leben, und ich war der Meinung, dass alle Welt ebenso verzückt war wie ich. Ich liess jede Zurückhaltung fahren; ich sprang in die Luft; ich klatschte in die Hände und jauchzte vor Freude. Ein unwillkürlicher Ausruf meinerseits versetzte den Schnurrbart des Dichters neben mir in Bewegung: «Was in aller Welt», rief er aus, «ist denn mit dir los?» Ich konnte ihm nur antworten: «Glückseligkeit! Glückseligkeit! Unvorstellbare Glückseligkeit!» In Sekundenschnelle erkannte er, worum es ging, denn er wusste von meinem früheren Erlebnis, und sogleich fasste er den Entschluss, mich bei allen meinen schrulligen Einfällen vollständig gewähren zu lassen.

Ich strahlte wie eine neugeborene Seele. Die wohlbekannte Landschaft verlor all ihre Vertrautheit, und ich brach auf zu einer jahrelangen Reise durch himmlische Gefilde, die zu schauen ich mich mein ganzes früheres Leben lang gesehnt hatte. «Mein lieber Freund», sagte ich, «wir sind drauf und dran, all die Reiseträume unserer Jugend zu verwirklichen. Gemeinsam werden wir, du und ich, zu Fuss durch ferne, wunderschöne Länder wandern, ganz nach unserem Wunsch und Willen; unser Leben liegt vor uns, fortan frei von Sorgen, und die Natur breitet in dem ganzen, weiten Reich, das vor uns liegt, ihre Schätze aus, und wartet frohlockend, Nahrung für unseren Geist und eine Quelle für unsere Freude zu werden. Sich vorzustellen, dass wir dies bis zum heutigen Tage vermisst haben – einander entbehrten, solch wunderbarer Bilder ermangelten! Mein Freund, wir werden miteinander auf die Reise gehen, Seele mit Seele verknüpft, und unsere Unzertrennlichkeit wird uns Verzückung bringen. Des Nachts werden wir uns im Schatten der Mimosen, von lauen Winden sanft umweht, zum Schlafe niederlegen an den Ufern vorzeitlicher Flüsse Asiens, und die Nachtigall wird uns mit lieblichen Madrigalen in den Schlaf singen. Wenn sich die erste zarte Morgenröte in den Gipfeln des Himalaya spiegelt, werden wir uns erheben und in Quellen baden im Schatten von uralten Felsen; dann werden wir uns von neuem auf den Weg machen und unsere Reise ohne Ende fortsetzen. Das Echo solcher Tage wird im Schlummer als waches inneres Traumleben widerhallen, und das Erwachen soll stets sein wie die Geburt eines neuen, noch bezaubernderen Daseins. Weiter! Nur weiter!»

«Ich bin bereit», sagte mein Freund, «ich komme mit Vergnügen». Nicht der kleinste Schatten von Unglauben oder Ablehnung huschte über sein Gesicht; da zog ich seinen Arm noch fester durch den meinen und eilte weiter, gleichermassen entzückt von seiner Zustimmung wie überzeugt davon, dass das grossartige Asien, wirklich und gegenwärtig war.

Das merkwürdige Zeitempfinden im Haschischrausch, das ich schon des öfteren erwähnt habe, fügte meinem Vergnügen noch einen besonderen Akzent hinzu. Obgleich wir schon Meilen gewandelt, wurden die Schatten rings um uns herum nicht dunkler, nein stets gleichbleibend ergoss sich der Sonnenuntergang in unaussprechlichem Frieden und unsäglicher Schönheit über die Erde. Wenn wir im Normalzustand beobachten, wie die Sonne im Westen mit aller Pracht versinkt, dann entschwindet diese Herrlichkeit so schnell, dass der ersterbende Glanz für uns fast zu einem Synonym für Vergänglichkeit und Verfall geworden ist. Das Gold wird rot, das Rot verglimmt zu purpurrot, das Purpurrot verwandelt eilig sich in schwarz, und all das dauert nicht länger als wir brauchen, um die Stirn an eine Fensterscheibe zu drücken. In meinem Zustand erweiterter Wahrnehmung stand die Zeit still; nichts verblasste, nichts regte sich, nichts veränderte sich ausser meiner Verzückung, die sich in unendlichem Masse steigerte, als ich sah, dass uns derselbe rosige Glanz unverändert auf unserer ganzen weiten Reise leuchtete. Ich könnte das jetzige Kapitel überschreiben: «Bericht einer Reise durch die Gefilde des immerwährenden Sonnenuntergangs.»

Von der Strasse, die wir entlang wanderten, führt eine Abzweigung zurück nach P -- über einen noch steileren Hügel als die anderen, die wir bis jetzt erklommen hatten. Auf diesen Weg lenkten wir unsere Schritte. Da es aber in meiner Umgebung an allem Vertrauten gänzlich mangelte, wurde mir der eingeschlagene Rückweg in die Stadt nicht bewusst, denn ich meinte, wir würden unsere Reise auf einem neuen, weniger begangenen Pfade fortsetzen. Unvermittelt gelangten wir an einen Steg und begannen den bereits erwähnten Berg hinaufzusteigen.

In dem Augenblick, als die Bohlen unter unseren Tritten widerhallten, erkannte ich, welchen Teil Asiens wir gerade bereisten. Wir befanden uns auf der berühmten Chinesischen Mauer. Zu unseren Füssen erstreckten sich bis hin in weite Ferne die Ebenen Tibets. Zahllos waren die Herden, die auf ihnen weideten, und unzählige Gruppen von Ziegen und Ziegenhirten bevölkerten die Landschaft so weit das Auge reichte. An den Ufern der vielen Flüsse sah man malerische Zelte hingetupft, und bis ins Kleinste entsprach der Anblick ganz allgemein den Vorstellungen von asiatischem Leben. Weit hinter Tibet gewahrte ich, gleichsam mit hellseherischem Blick, den Hindukusch, und weiter noch lag Kaschmir schlafend in tiefe Schatten gehüllt. Die Brunnen des Pandschab zeigten sich unverhüllt, und an ihren sprudelnden Quellen tummelten sich in unverdorbener Herzensfreude Kinder einer frühen Rasse, von einer verschwenderischen Natur der Notwendigkeit zu arbeiten enthoben. Durch Täler von herrlichstem Grün schweiften orientalische Liebespaare, während über ihnen die Frucht des Zitronenbaumes golden leuchtete. Die Entfernung nahm weder der Landschaft noch den Gesichtszügen etwas von ihrer Deutlichkeit und Schärfe; das Jauchzen alles Lebendigen liess sich vernehmen und war sichtbar, obgleich zwischen uns Meilen um Meilen von Licht und Schatten lagen. Wieder sprang ich in die Luft und jauchzte vor Freude.

Auf der Strasse, die an der Aussenseite meiner Chinesischen Mauer entlangführte, kam eine Kutsche herangefahren, von einem Gespann prächtig geschmückter Pferde gezogen. Darin sassen ein junger Mann und ein junges Mädchen, und als sie näher kamen, verbeugten sie sich vor mir und meinem Begleiter. «Wer sind die beiden?» erkundigte sich Dan. «Ein erhabener Mandarin des Inneren,» gab ich zur Antwort, «vom Orden der Blauen Knospe mit Namen Fu-ching. Zusammen mit seiner Schwester reist er jedes Jahr um diese Zeit durch die Provinzen, spricht Recht und informiert sich über den Stand der öffentlichen Arbeiten. Wahrlich, ein schätzenswerter junger Mann. Nachdem ich, während des Sommers, den wir zusammen in Peking verbrachten, seine Bekanntschaft gemacht habe, ist es mir ein Bedürfnis mit ihm zu sprechen.» Mit einem artigen Kompliment auf den Lippen, im höfischsten Chinesisch, dessen ich mächtig war, wollte ich eben auf die Kutsche zueilen und meinen Kotau machen, als mich mein Freund am Arm packte und beschwor, das doch lieber zu lassen; ob ich mir denn nicht im klaren darüber sei, wollte er wissen, dass es seit dem Jahre 580 v. Chr., als Ching-Chong in seiner Sänfte ermordet worden war, ein Verbrechen sei, sich einem Mandarin auf Reisen auf weniger als zehn Schritte zu nähern. «Mein liebster Freund», erwiderte ich, «du hast mich gerettet. Ich staune, wie gut du im chinesischen Recht bewandert bist; dieser Paragraph ist mir gänzlich entfallen. Voll Dankbarkeit will ich deinem Vorschlag Folge leisten und den jungen Mann seines Weges ziehen lassen.» Es war gut, dass ich seinen Rat befolgte, denn meine Bekannten in der Kutsche wären sonst wohl aufs höchste entsetzt gewesen ob der Eigentümlichkeit des Dialektes, mit dem ich mich an sie gewendet hätte, wenn nicht gar ob der Erhabenheit meiner Sprache.

Ein sanfter Hinweis nur auf die vielversprechenden Gedankengänge gibt einem phantasievollen Mann die Möglichkeit, einen Gefährten im Haschischrausch durch Visionen von unvergleichlicher Ergötzlichkeit zu geleiten. Dan hatte dies sogleich bemerkt an der Art wie ich ohne Zögern bereit war, auf einen Rat betreffs des Mandarin einzugehen. Unterwegs kamen wir auch zu einem hohen Torpfosten aus Granit; er stand am Eingang zu einer der bereits erwähnten Vorstadtvillen im Grünen. Dan nahm ein orientalisches Gebaren an, um sich unserer fiktiven Umgebung anzupassen, und sagte zu mir: «Seht jenen Turm Ihr dort, der in den rosaroten Äther emporragt?» Sogleich erspähte ich den Turm, und er war für mich von

... nichts veränderte sich ausser meiner Verzückung, die sich in unendlichem Masse steigerte, als ich sah, dass uns derselbe rosige Glanz unverändert auf unserer ganzen weiten Reise leuchtete.

solcher Wirklichkeit, dass ich ihn überhaupt nicht als Metamorphose von etwas anderem ansah. Von den Zinnen prunkten gelbe Standarten mit prachtvollen sattroten Drachen, und von jeder Ecke des Turmes starrte hochaufgerichtet ein geflügelt' Ross, das, von seiner gespaltenen Zunge bis zu seinem ungewöhnlichen Schweif mit Goldplättchen bedeckt, nur so funkelte und flammte. Ergötzen erfüllte mich; die Verzückung kleidete sich in einsilbige semitische Ausdrücke, begleitet wurde sie von den honigsüssen Schlägen von Gong und Tam-Tam. Wir setzten unseren Weg durch Asien fort.

Nun gelangten wir zum höchsten Punkt des Hügels. Von hier bot sich uns der beeindruckendste Rundblick, der sich nur vorstellen lässt. Mein Entzücken war so überwältigend, dass alle Fesseln des Fleisches von mir abzufallen schienen. Sollte jemand, der das Schöne liebt, zum ersten Mal die Pracht dieser herrlichen Aussicht in vollen Zügen durch jene Wahrnehmungsmöglichkeiten der Seele in sich aufnehmen, die ihr normalerweise zur Verfügung stehen, so könnte es wohl geschehen, dass er laut zu singen anfinge, würde die Ehrfurcht nicht zur Stille mahnen. Als aber dieser Strom von Lieblichkeit durch jene Pforten meiner Seele eindrang, für die ich den Schlüssel früher nie besessen hatte, da hörte ich mich ausrufen: «Warum nur müssen wir auf unserer Wanderung die Erde überhaupt berühren? Lass uns durch die Lüfte ziehen, hoch oben über dieser ganzen weiten Herrlichkeit, und sie, den Vögeln gleich, betrachten.»

Ich wollte eben mit triumphierendem Gesang himmelwärts fliegen, als ich mich umwandte und einen Blick auf Dan warf. Traurig stand er da, die Möglichkeit zu fliegen war ihm nicht gegeben. Ich war zerknirscht. «Geliebter Bruder meiner Pilgerfahrt», sagte ich, «sprach ich davon, die Lüfte zu versuchen, nicht dessen eingedenk, dass Ihr mir ja nicht gleicht? Verzeiht mir – ich werde euch nicht verlassen; und dennoch, ach, wenn Ihr doch nur auch zu fliegen vermöchtet! Welch weihevolle Grösse könnten wir über den tiefsten Abgründen schwebend erfahren!» Ich gab mich also wieder damit zufrieden, leichtfüssig dahinzuschreiten, auf Sohlen, die den Boden kaum zu berühren schienen, und wünschte mir Vergessen; erneut nahm ich des Freundes Arm, und wir setzten den Weg fort wie zuvor.

Nun sangen wir beim Gehen, und ich frage mich, ob Mozart je solche Freude an seinen musikalischen Schöpfungen gehabt hat, wie wir an jener Symphonie, die wir miteinander anstimmten. Melodie und Worte waren improvisiert, doch eine enge Seelenverwandtschaft liess meinen Freund die entsprechende Unterstimme zu meiner Weise singen, und gar köstlich hallten die Klänge vom Himmelsdome wider. Wir sangen von der uralten Klarheit und Schlichtheit Asiens, der Wiege der Nationen, von der grossen Erwartung der jüngeren Kontinente, die gen Osten blickten, zu ihrer geheimnisvollen Mutter hin, auf dass ihnen die Geschlechter geschenkt würden, die sie noch in ihrem Schosse verborgen hielt. Unser Triumphlied kündete von den goldenen Tagen des Foh und den heiteren Prophezeiungen des Konfuzius; wir sangen von den Flüssen, die ungezählte Jahrhunderte lang keine andere Last zum endlosen Ozean trugen als die welken Blätter der unbewohnten Einöden, deren Schatten sie widerspiegelten, und von den Quellen, auf deren Antlitz nie ein anderes Lächeln je geruht hatte als das Hespers und der aufgehenden Sonne. Ich ging ganz in dem auf, was wir sangen: unsere Musik schien ein wundersames, köstliches Epos, dessen Seiten wir ausschmückten, nicht mit Bildern, sondern mit lebendigen Menschen; Aug und Ohr erlebten, wie die alten Zeiten zu neuem Leben erweckt wurden, und ich genoss den Anblick und war von seiner Wirklichkeit so überzeugt, dass ich nicht daran dachte, es könne irgendeine besondere Kraft in mir wirken, sondern ich wusste, dass es sich um eine ausserhalb meiner selbst stehende, universell gültige Tatsache handelte.

Nur wenige Menschen, die meinen Bericht lesen, werden sich dessen vielleicht ebenso bewusst sein. Wenn es sich um ein seltsames Phänomen handelt, sagt alle Welt, «alles nur Einbildung». Gewiss dies war Einbildung; aber für mich, der ich mit wachen Augen und offenen Ohren am hellichten Tag einherging, war es ein Phantasiegebilde, das so wirklich war wie die nüchternste Tatsache.

Man wird sich erinnern, dass im Haschischrausch die ekstatischen Zustände von weniger intensiven Phasen abgelöst werden, in denen

Wir befanden uns auf der berühmten chinesischen Mauer. Zu unseren Füssen erstreckten sich bis hin in weite Ferne die Ebenen Tibets.

meist Heiterkeit und Stille herrschen. Folglich war Dan, dem ich mein vorangegangenes Erlebnis erzählt hatte, keineswegs überrascht, als ich nach den letzten Tönen unseres Liedes in ein schallendes, nicht endenwollendes Gelächter ausbrach, sondern verlangte zu wissen, welche Bewandtnis es damit hätte, damit auch er lachen könne. Ich prustete nur so heraus, dass mein rechtes Bein ein Blechkasten sei, in dem sich nichts als Läuferstangen befanden; während ich so dahinhumpelte – ich hielt das Bein ganz steif, weil ich einerseits befürchtete, das Blech könnte Sprünge bekommen, und es mir andererseits schwerfiel, das Knie zu beugen – hörte ich, wie die Messingstangen mit lautem Klappern von einer Seite auf die andere fielen, und es überkam mich ein Gefühl der allergrössten Albernheit, deren die menschliche Seele überhaupt fähig ist.

Kurz darauf fühlte sich das Bein wieder normal an, doch war in der Zwischenzeit sein Gegenstück zu einer solchen Grösse angewachsen, dass es ein recht ansehnliches Gehwerkzeug für Brian Borru oder einen der Titanen abgegeben hätte. Da ich einige hundert Fuss in den Himmel ragte, war ich gezwungen, auf meinem riesigen Sockel in einer Art und Weise herumzuhopsen, die in einer Welt, in der zwei Beine das Übliche waren, die Anmut recht eigentlich vermissen liess; überdies befand sich dadurch das kleinere Körperglied in einer höchst unangenehmen Lage, da es umsonst versuchte, den Boden zu berühren und seine Anstrengungen in ihrer Vergeblichkeit geradezu lächerlich wirkten. Während dieses drollige Gebrechen sich allmählich verflüchtigte, ging ich ruhig meines Weges, bis uns die Häuser der Stadt wieder aufnahmen.

Hier wurde ich erneut mit dem Phänomen der Doppelexistenz konfrontiert. Ein Teil meiner selbst erwachte, während der andere vollständig in der Halluzination verharrte. Der wache Teil hielt es für notwendig, auf Nebenstrassen nach Hause zu gehen, um zu vermeiden, dass ein ungelegener Anfall von Ekstase auf den stärker frequentierten Durchgangsstrassen Aufsehen erregte. Ich machte Dan darauf aufmerksam, worauf er mich in eine stille Gasse zog und wir uns am Rande des Weges auf einen grossen Stein setzten, um auszuruhen. Während ich meine Aufmerksamkeit auf andere Dinge gerichtet hatte, war die untergehende Sonne fast ganz verblasst, und die Herrschaft über die ganze Pracht des Himmels trat nun der Vollmond an, der hoch droben im Zenith stand. Er war von einem breiten, scharf gezeichneten Hof umgeben, durch den die Strahlen so gebrochen wurden, dass sie in allen Regenbogenfarben herabrieselten. Dieser liebliche Anblick vermochte mich über den verlorengegangenen Sonnenuntergang hinwegzutrösten. Ich blickte gebannt zum Himmel empor, gleichsam von geheimnisvollen Augen verzaubert. Und nun begann sich der breite, strahlende Gürtel zu bevölkern mit Myriaden von leuchtenden Wesen aus dem Reich der Feen, die in den durchscheinenden Aethersee hinabtauchten wie in die Meeresflut, und den silbernen Schaum mit ihren Leibern hochaufspritzen liessen, während sie zum Mond hinüberschwammen, an dessen schimmernden Gestaden sie der Flut entstiegen.

Zwischen der Mondinsel und dem Strand des Strahlenkranzes bewegten sich nun immer grössere Scharen unablässig hin und her, und perlend rieselte durch den leeren Raum ihr gnomenhaftes Gelächter an mein Ohr. Die ganze Nacht hätte ich auf meinem steinigen Sitz ausharren können, den Blick ans Firmament geheftet, und nicht einmal ein ganzes unter Waffen vorbeiziehendes Heer hätte meine Aufmerksamkeit ablenken können. Doch unwillkürlich schloss ich die Augen, und schon im nächsten Augenblick wirbelte ich in einem phantastischen Tanz dahin, jenem gleich, der mich fortgetragen hatte, als ich mich bei meinem ersten Versuche niederlegte. Tempel und Gärten, Pyramiden und Flüsse, wie es sie auf Erden nicht gibt, begannen vor den Fenstern meiner Sinne vorüberzuziehen, als Dan sich umwandte und sah, dass ich einer Ohnmacht nahe war. Da weckte er mich. Und wieder gingen wir weiter.

Jetzt überkam mich jener unsägliche Durst, wie er typisch ist für den Haschischrausch. Am liebsten hätte ich mich flach hingelegt und den Tau vom Grase geleckt. Ich musste etwas zu trinken haben, egal wo, und egal wie. Schon bald waren wir daheim – bald, da es von meinem steinernen Sitz keine fünf Häuserblocks weit zu gehen waren, und dennoch Ewigkeiten, weil der Durst mich verzehrte und die Zeitspanne, die ich durchlebte, von einem ganz anderen Mass war. Ich betrat das Haus, wie jemand, der sich einer Oase in der Wüste nähert, mit einem wilden Freudensprunge, und gierigen Auges blickte ich auf das Glas, das mein Freund mir randvoll einschenkte. Ich ergriff es

– ich führte es an meine Lippen. Oh! Welche Überraschung! Es war kein Wasser, sondern der wohlschmeckendste, köstlichste Met, den je ein walisischer Barde zum Wohle Howell Dda's trank. Er sprudelte und schäumte wie Bernstein, der in flüssiger Form zu neuem Leben erwacht ist; er glühte mit dem inneren Feuer von Tausenden von Edelsteinen. Aussehen und Geschmack zeugten von einem Met, wie er noch nicht einmal die Becher von Walhalla gefüllt hat.

Den Rest des Abends verblieb ich in einer Verzückung, die sich, anders als alles Vorangegangene, durch unsagbare Ruhe auszeichnete. Es war nichts darin von dem schweren Schlaf eines Menschen, der sich zügellosen Ausschweifungen hingegeben, und nichts von der bewussten Meditation des Sehers, sondern es war eine Läuterung aller Gedanken, das Einströmen der fruchtbarsten Einflüsse aus der Welt, die mich umgab, jedoch ohne die Plage sie auswählen und einzuordnen zu müssen. Ich blickte zum Sternenzelt hinauf und fühlte mich ihm verwandt; ich sprach mit den Sternen, und sie gaben mir Antwort. Ich fühlte mich geborgen in einer inneren Verbundenheit mit Gott – einer Verbundenheit, in der alle Sprachen verstanden werden, eher wohl als dass alle dieselbe Sprache sprechen, und tief in meinem Innern vernahm ich eine Stimme – wie ich sie in meinen Wachträumen ganz leise habe murmeln hören auf Erden – und die Stimme schien zu sagen:

Πολλαὶ μὲν Ὀντηοίς γλῶτται, μια δ' ἀθάνατοισιν.

Die Stunde der Macht der Finsternis

Vielleicht ist es gar nicht so abwegig, das Leben eines Menschen in zwei Phasen zu gliedern: in eine dynamische und in eine statische. Ein nicht endenwollendes Interesse an allen Dingen des Lebens ist typisch für ein unverdorbenes Kind; diese Neugier wird deutlich in tausend unberechenbaren, drolligen Einfällen, in Abenteuern, die oft nur mit knapper Not gut ausgehen, und in Fragen, die nicht zu beantworten sind und die die älteren Familienmitglieder beständig zwischen Erheiterung und Entsetzen hin und her schwanken lassen. Nicht immer kommt es zu einer wirklich tiefgreifenden Festigung der Persönlichkeit, selbst wenn der grosse Junge schliesslich mit seinen Händen umzugehen gelernt hat und bei Einladungen zu vornehmen Teeparties seinen Platz mit angemessener Würde und leichter Resignation einzunehmen weiss. Gewiss stillt er seine Experimentierlust nicht mehr damit einen Wecker zu zerlegen, um das Uhrwerk inspizieren zu können; auch bringt er würdevolle Tanten und Grossmütter nicht mehr mit Fragen über das Wie und Warum seiner Entstehung in Verlegenheit, aber Dynamik und Neigungen bleiben dieselben, nur dehnen sie sich auf einen grösseren und genauer definierten Bereich aus. Aus seinem rastlosen Bewegungsdrang ist die Sehnsucht nach grossen Reisen geworden, sein Wissensdurst hat sich von den kleinen Dingen des Haushalts auf Forschungen verlagert, die die ganze Welt umfassen und mit den hochentwickelten Fähigkeiten des logischen Denkens arbeiten.

Für einige wenige Menschen ändert sich dieser Zustand nie, doch für die meisten von uns kommt früher oder später der Zeitpunkt, wo die Sehnsucht nach Veränderungen erstirbt und ein bestimmter Platz und eine gefestigte gesellschaftliche Stellung zum zentralen Anliegen der Daseinsvorstellungen werden. Mit Staunen, das schon fast an Ungläubigkeit grenzt, blicken wir auf jene Zeit zurück, als wir schon Wochen vorher von der Fahrt mit der Eisenbahn träumten, und vergeblich versuchen wir, uns die übernatürliche Frische ins Gedächtnis zurückzurufen, die uns die Erde zeigte, als wir zum ersten Mal entdeckten, dass wir kurzsichtig waren und eines Freundes Brille auf die Nase setzten. Bewegung wird uns – wenn sie nicht, was selten genug ist, der Erholung dient – zum Verdruss, sobald sie über einen festumrissenen Rahmen hinausgeht, und eh wir's uns versehen, haben wir den geruhsamen, den statischen Zustand unseres Lebens erreicht.

Viel früher als gemeinhin üblich ist, war das bei mir der Fall. Von Natur aus schwächlich, waren die überschüssigen Kräfte der Kindheit bald verpufft, und ich richtete mich häuslich ein mit Büchern, Krankheiten und Tagträumereien, zu einer Zeit, da ich besser Cricket gespielt hätte, auf die Jagd gegangen oder ausgeritten wäre. Die Abenteuerlust junger Jahre war rasch verflogen, sobald ich die Möglichkeit hatte, mit Humboldt den Chimborazo zu besteigen, während ich auf dem Sofa lag, oder mit Cummings bei Kaffee und Kuchen Kamas zu jagen. Die einzige Ausnahme in diesem Zustand phantasieerfüllter Trägheit bildeten jene Stunden, die ich rudernd oder segelnd auf dem herrlichsten Fluss der Welt zubrachte; und das Wissen, dass der Hudson direkt vor meiner Tür dahinfloss, bestärkte mich lediglich in meiner Überzeugung, dass nicht die geringste Notwendigkeit bestand, fremde Länder zu bereisen, um jene Schönheiten zu entdecken, in die sich die Seele einhüllt wie in ein Gewand des Entzückens. Aber auch in diesen Stunden ging es mir weniger um die körperliche Ertüchtigung, als ums Nachsinnen und Träumen. Wie oft habe ich die Griffe meiner Ruder unter die Seitenbalken geklemmt, das Riemenblatt ganz gegen den Wind gedreht, und bin einfach dagesessen und habe mich treiben lassen, stundenlang, von Bergen beschattet, vorbei an plötzlich aufblitzenden Lichtstrahlen, die die waldigen Schluchten überfluteten, und ein Gefühl träumerischer Ekstase erfüllte mich, wie es mir die Abenteuer einer unbekannten Welt niemals hätten bieten können.

Oh, geliebter Fluss, was hast du mir nicht alles bedeutet? In der Kindheit waren deine Wellen, die sich tänzelnd auf dem sandigen

Ufer verliefen und mir fröhliche Geschichten von der hellen Gischt und dem heiteren Sonnenschein des Lebens erzählten, die Spielgefährten meiner stillen Stunden. In späteren Jahren warst du mir Künder einer neuen Weite des Lebens: deine Ebbe sang Lobeshymnen auf den mächtigen Ozean, dessen perlengeschmückten Palästen du entgegeneiltest, und deine Flut trug die brausende Geschichte der ewigen Wogen von dort her zu mir zurück. Zwar ist es dir nicht gegeben, aus Quellen zu entspringen, die ohne Namen und voller Geheimnisse sind, auch sind deine herrlichen Berge nicht mit den verfallenen Zinnen vergangener Zeiten gekrönt; doch mehr noch als den Nil hat Gott dich geliebt, und die Natur hat auf deine Ufer ihre Siegel gedrückt, und so bist Du ehrwürdiger selbst als Vater Rhein. Auf den wachsamen Gipfeln deiner Berge thront die graue Vorzeit, die nicht verlangt, in des Menschen vergänglichen Werken ein Denkmal zu finden, sondern die stolz ihr ursprünglich Szepter trägt, das sie aus der Hand Dessen empfing, Der ihr Reich an der Seite deines unsterblichen Laufs gegründet hat.

Mit der Zeit erfüllte der Hudson mir alle meine verborgenen Wünsche und stillte all meine geheimen Sehnsüchte. War ich traurig, so fand ich Trost und Anteilnahme in dem fast menschlichen Gemurmel seiner Wasser, dem ich hingestreckt auf einem Felsvorsprung lauschte, wenn die Wellen gegen die Wände der engen Höhlen unter mir schlugen und seufzend wieder daraus zurückkehrten, als ob sie eines Versteckes und einer Heimstatt beraubt worden wären. War ich fröhlich und vergnügt, so tanzten die Schaumkronen um mich her und lachten über mein schwankendes Boot, und der Wind pfiff übermütige Weisen auf den Bootstauen. War ich müde und erschöpft, so sprang ich in den Strom, und seine kühle Hand trug und liebkoste mich, bis ich, für neue Denkaufgaben gestärkt, zurückkehrte und mich so frisch fühlte wie nach einem Sprung in den Jungbrunnen. Der Hudson war für mich von einem unerschöpflichen Reichtum, der mir alle meine Wünsche erfüllen konnte, und ich hoffte inbrünstig, dass ich mein ganzes Leben an seinen Ufern würde verbringen können. Solcherart mit Schönheit, Trost, Träumen und allem, was ich mir wünschte, versehen, wurde ich mit jedem Tage gleichgültiger gegen die Welt da draussen, ja, irgendetwas in mir *erstarrte* förmlich.

In diesem Zustand befand ich mich, als mir das Haschisch begegnete. Nach dem Spaziergang, von dem ich zuletzt berichtete, überkam mich die alte Leidenschaft fürs Reisen erneut und mit ungeheurer Wucht. Hier nun war mir eine Möglichkeit gegeben, in einer Art und Weise dieser Leidenschaft zu frönen, die sich sowohl mit meiner Trägheit wie auch mit gewissen wirtschaftlichen Erwägungen vereinbaren liess. Der ganze Osten, von Griechenland bis hin zum fernen, fernen China war im Umkreis einer Stadt zu finden; es bedurfte keinerlei Planung für die Reise. Für die bescheidene Summe von sechs Cents war es mir nun möglich, eine Ausflugskarte für die ganze Welt zu erstehen; Schiffe und Dromedare, Zelte und Hospize, sie alle waren in einer Schachtel von Tildens Extrakt enthalten. Haschisch war für mich ein Reisebillett, und es genügte, wenn ich meine Gedanken ganz fest auf einen bestimmten Teil der Welt konzentrierte, bevor ich mein Quantum schluckte, und schon wurde meine Phantasie in die gewünschten topographischen Bahnen gelenkt. Ebenso genügte es – wenn der Rauschzustand seinen Höhepunkt erreicht hatte – dass jemand, und sei es auch nur gänzlich nebenbei, Berge, Wüsteneien oder einen Marktplatz erwähnte, und alsogleich befand ich mich an jenem Ort und nahm das Neue meiner Umgebung mit all der Begeisterung, derer ein Entdecker fähig ist, in mich auf. Ich schwamm gegen den Strom der Zeiten; ich spazierte durch Luxor und Palmyra wie sie im Altertum ausgesehen hatten; noch hatte die Rohrdommel nicht ihr Nest auf Babylon gebaut, und die Säulen des Parthenon zeigten sich meinen Blicken unversehrt.

Bald nach meiner Fusswanderung durch Asien wechselte ich für eine Weile meinen Wohnsitz und liess mich in der Stadt Schenectady nieder. Hier blieb ich, solange ich noch dem Haschisch lebte, und so mancher Tag ging ins Land, an dem ich Becher übermenschlicher Freude und übermenschlichen Leides leerte. Am Union College, dessen Bewohner ich war, hatte ich einige Freunde, denen ich von meiner Bekanntschaft mir der Wunderdroge erzählte, nach der ich allmählich süchtig wurde. Einige von ihnen waren überrascht, andere hoben warnend den Zeigefinger, und da ich von den meisten von ihnen in meiner Geschichte erzählen werde, erwähne ich sie hier, damit es nicht allzu seltsam anmutet, dass ein Mann in einer ganz gewöhnlichen Kleinstadt so viele geistesverwandte Seelen zu finden vermochte, dass die handelnden Personen der Erzählung einander so häufig abwechseln wie es in dieser Geschichte der Fall ist.

Nachdem ich meinen Vorrat an Haschisch, den ich aus den Regalen in meinem Lieblingsraum im Laden des Doktors bezogen hatte, zur Gänze verbraucht hatte, erstand ich ein kleines Fläschchen mit der gleichen Substanz bei einem anderen Drogisten, wobei mir gesagt wurde, dass dieses Präparat ungleich schwächer in seiner Wirkung sei als dasjenige, womit ich meine ersten Versuche unternommen hatte. Des Abends spät nahm ich ungefähr fünfzig Gran des neuen Präparates, in der Annahme, dass dieses Quantum vermutlich jenen dreissig Gran entsprechen würde, die ich zuvor als höchste Dosis zu mir genommen hatte.

Es ist jedoch unmöglich, die Wirkungsweise des Haschisch aufgrund eines derartigen Vergleiches zu bestimmen. Die Lebenskräfte, auf die dieses in höchstem Masse zauberische Stimulans wirkt, sind allzu empfindsam und auch zu wenig erforscht, als dass man sie wie Teile einer Maschine behandeln könnte, deren Widerstand man in einer Gleichung klar ausdrücken kann. Ohne Zweifel gibt es bestimmte Nerven, von denen Anatomen und Ärzte sagen können, sie seien durch die Wirkung des Haschisch beeinträchtigt – gewisse Funktionen, die diese Droge ganz eigentümlich zu beherrschen scheint; doch wir müssen auf dem Gebiet der Wissenschaft, die die Beziehung zwischen Materie und Geist zum Thema hat, noch viel grössere Fortschritte machen, müssen wesentlich mehr wissen von jenen unwägbaren Kräften, die weniger fassbar als die Elektrizität und geheimnisvoller als das magnetische Fluidum sind, um jenes feinmaschige, eng verwobene Netzwerk verstehen zu lernen, welches das Zwiefache unserer menschlichen Natur verbindet, bevor wir jenen Teil in uns, auf den das Haschisch seine Wirkung ausübt, als konstanten Faktor in eine Gleichung einsetzen können.

Es gibt zwei Tatsachen im Zusammenhang mit der Wirkung von Haschisch, deren Richtigkeit und Allgemeingültigkeit ich durch wiederholte Experimente immer wieder bestätigt gefunden habe, und für deren Erwähnung es im Verlauf meiner Schilderung keine geeignetere Stelle gäbe als gerade diese: 1. Bei verschiedenen Anlässen, wenn Körper und Geist sich scheinbar in genau der gleichen Verfassung befinden, und wenn alle äusseren und inneren Umstände nur die winzigsten Unterschiede aufweisen, kann es trotzdem geschehen, dass genau die gleiche Menge Haschisch von derselben Sorte eine völlig entgegengesetzte Wirkung zur Folge hat. Doch damit nicht genug – einmal nahm ich eine Dosis von dreissig Gran, die eine kaum wahrnehmbare Wirkung zeigte, während ich ein andermal nur die Hälfte dieser Dosis schluckte, daraufhin aber Qualen durchlitt wie ein Märtyrer, oder in eine Verzückung geriet, die wildester Raserei gleich kam. Die Wirkung des Haschisch kann so unterschiedlich sein, dass ich, schon lange bevor ich den Genuss von Haschisch völlig aufgab, bei der Einnahme jeder einzelnen Pille ganz genau wusste, dass ich damit einen Schritt ins Ungewisse wagte, der in seiner ungeheuren Kühnheit einer Gratwanderung zwischen Himmel und Hölle gleichkam. Doch die Verzauberung nahm sich die Hoffnung zum Anwalt und gewann den Prozess. 2. Nimmt man während des Haschischrausches eine weitere Dosis zu sich, und sei sie auch noch so klein – ja nur so gross wie eine halbe Erbse – um länger in dem Zustand verharren zu können, kommt es unweigerlich zu einer solchen Todesqual, dass die Seele darüber erschauert, was sie auszuhalten vermag, ohne der Vernichtung anheim zu fallen. Aufgrund zahlreicher Versuche, die heute in der langen Liste meiner schrecklichen Erinnerungen zu den schrecklichsten gehören, habe ich erkannt, dass unter all den verschiedenen Haschischphänomenen dieses das einzig konstante ist. Nimmt man die Droge unmittelbar nach einem anderen Stimulans, so wird das ebenso schreckliche Folgen haben.

Doch nun zurück zum eigentlichen Thema. Es war wohl gegen acht Uhr abends, als ich die Dosis von fünfzig Gran nahm. Erst zu mitternächtlicher Stunde begab ich mich zu Bett, und da sich bis zu diesem Zeitpunkt keinerlei Wirkung gezeigt hatte, vermutete ich, dass das Präparat noch schwächer war als ich angenommen hatte; ohne im geringsten eine Reaktion zu erwarten, legte ich mich zur Ruhe. Zuvor aber löschte ich noch das Licht. Diese Tatsache mag bedeutungslos erscheinen und der Erwähnung nicht wert, doch ist sie ebenso wichtig wie sonst etwas, das sich beobachten lässt. Oft ist es gerade die Dunkelheit, die dazu beiträgt, dass grauenerregendste Vorstellungen von Höllenschlunden den Haschischesser heimsuchen. Das Löschen einer Kerze kann ganze Abgründe aufreissen unter seinem festlichen, blumenbekränzten Tisch, und in ein Golgatha verwandelt sich sein Zauberpalast. Licht ist eine Lebensnotwendigkeit für ihn, selbst wenn er schläft; es muss seinen Visionen Farbe geben, sonst werden sie in ihrer Stimmung düster wie die Ufer des Styx.

Ich weiss nicht, wieviel Zeit seit Mitternacht verstrichen war, als ich plötzlich erwachte und mich in einem Reiche wiederfand, in dem zwar eine gestochen klare Sicht herrschte, das aber zugleich mein Entsetzen erregte: Es war bevölkert von einer unendlichen Vielzahl dämonischer Schatten. Vielleicht, so dachte ich, träume ich noch; doch alle Anstrengung war vergebens, nichts vermochte dies Gesicht zu verscheuchen, und da wurde mir klar, dass ich hellwach war. Doch dieses Erwachen war von einer Art, wie es im ganzen riesigen Reich des Alptraumes an Schrecken und Qual nicht seinesgleichen findet. Neben meinem Bett, in der Mitte des Raumes stand eine Totenbahre, bedeckt mit einem schweren Leichentuch, das in Falten herabhing; darauf lag ein in höchstem Masse furchterregender Leichnam aufgebahrt, dessen fahles Antlitz verzerrt war von den bei der Ermordung durchlittenen Qualen. Die Spuren ungeheurer Todesqual hatten ihren versteinerten Ausdruck gefunden in der Verkrampfung der Muskeln; die Fingernägel des toten Mannes gruben sich tief in seine Handflächen ein und zeugten von dem verzweifelten Kampf eines Menschen, der nicht ohne qualvollen Widerstand weicht. Zwei Wachskerzen neben seinem Haupt und zwei zu seinen Füssen, die Dochte gross und nicht geschneuzt, tauchten die Bahre in ein noch gespenstischeres Licht und liessen sie noch unwirklicher erscheinen; ein unsichtbarer Beobachter liess immer wieder sein unterdrücktes Hohnlachen hören und spottete damit der Leiche; es klang, als ob Dämonen triumphierend ob ihrer Beute frohlockten. Ich presste meine Hände auf die Augen bis sie schmerzten, beseelt von dem Wunsche, dem Anblick zu entgehen; ich vergrub meinen Kopf in den Kissen, nicht länger wollte ich das entsetzliche Lachen ertragen, diesen teuflischen Hohn.

Aber – o unermessliches Grauen! Ich sah die Wände des Raumes, die langsam immer näher zusammenrückten, sah, wie die Decke sich senkte, der Boden sich hob – Ähnliches musste einst der einsame Gefangene gesehen haben, dem die Zelle als Sarg bestimmt war. Näher und näher wurde ich an den Leichnam herangeschoben. Ich kroch von der Bettkante zurück; voll hündischer Angst duckte ich mich. Ich versuchte zu schreien, aber meine Zunge war wie gelähmt. Immer enger rückten die Wände zusammen. Plötzlich lag meine Hand auf der Stirn des toten Mannes. Ich streckte meinen Arm aus und hielt ihn ganz steif, als ob er eine Eisenstange wäre; doch was vermochte schon menschliche Kraft gegen das Zusammenrücken dieses gnadenlosen Mauerwerkes? Langsam beugte sich unter dem ungeheuren Druck mein Ellenbogen; die Decke kam näher – ich fiel in die grauenhafte Umarmung des Todes. Ich war gefangen, ich erstickte in der luftlosen Nische, die mir noch verblieben war. Die leblosen Augen blickten starr zu mir auf, und wieder erklang dicht neben mir das teufliche Gelächter, das mir in den Ohren widerhallte und mich zum Wahnsinn trieb. Nun berührten mich von allen Seiten die Wände wie eine entsetzliche Presse; dann ertönte ein lautes Krachen, und mir schwanden die Sinne.

Endlich erwachte ich; der Leichnam war verschwunden, doch nun lag ich an seiner Stelle auf der Bahre. In der gleichen Haltung wie zuvor er lag ich da, bewegungslos, und obwohl es dunkel um mich war, wusste ich, das mein Gesicht von dem gleichen Ausdruck der Todesqual gezeichnet war. Der Raum hatte sich zu einer riesigen Halle ausgeweitet, ein Gewölbe aus Eisen bildete die Decke; der Boden, die Wände, die Gesimse, alles war aus Eisen; eine Mischung aus Grausamkeit und Hoffnungslosigkeit schien mir von dem Metall auszugehen. Seine geballte Härte sprach eine Sprache, die sich nicht in Worte fassen lässt, doch jeder, der einmal den erbarmungslosen Schwung einer grossen Kurbel gesehen hat und sich der ihr innewohnenden mörderischen Gewalt bewusst geworden ist, wird, sogar in der Erinnerung daran, einen Hauch des Schauers erahnen, der zu sagen schien: «Dies Eisen ist ein Teufel ohne Tränen», und er wird begreifen, was ich in jenen Balken und Strebepfeilern an Unbeschreiblichem sah. Ich litt beim blossen Anblick dieses Eisens, denn mir war, als ob ein überdimensionaler Mörder gegenwärtig sei.

Allmählich gewahrten meine Sinne noch schlimmere Wesen. Aus dem schwefelfarbenen Zwielicht, in das der Raum getaucht war, trat langsam eine Gestalt zu mir, von solch schauerlichem Aussehen, dass die Seele den Anblick gerade noch zu ertragen vermochte, ohne daran zu zerbrechen – ein Teufel aus Eisen, weissglühend in der Herrlichkeit unterweltlicher Geheimnisse und jedes Auge blendend. Ein Antlitz, eine eisengewordene Verkörperung alles dessen, was sich der Geist an Hohn und Bosheit nur ausmalen kann, sah mich mit wildem Blicke an; es verging fast in ungeheurer Glut, fast mehr noch in der unfassbaren inneren Bosheit, die es ausstrahlte. Nun wusste ich, wessen Gelächter ich gehört hatte, und sogleich vernahm ich es von neuem. Neben ihm wiegte ein anderer Dämon – sein leibhaftiger Zwilling – eine riesige Wiege, eingefasst mit Eisenstangen, wie alles andere ringsum, und auch er war ebenso weissglühend wie der erste Teufel.

Und nun stimmten die beiden Dämonen einen Gesang von einer solch ungeheuerlichen Blasphemie an, wie man sie sich kaum vorstellen kann, von einer Blasphemie, die so furchtbar war, dass kein menschlicher Gedanke je dergleichen hervorgebracht hat, und sie sangen, bis ich selbst, nur durchs Zuhören, von einer schamlosen Bosheit befallen wurde. Ich erinnere mich wohl, welchen Inhalts das Lied war, das sie sangen, doch noch ist die Sprache nicht gefunden, die ihn auszudrücken vermöchte, und ferne sei es mir, auch nur anzudeuten, welcher Art er war, auf dass ich nicht in Verruf gerate, dergleichen Gottlosigkeiten verewigen zu wollen, wie sie ausserhalb des Reiches der Verdammten noch über keines Menschen Lippen gekommen sind. Jeder Ton der Musik stand im Einklang mit dem Inhalt der Gedanken, so wie ein Symbol das Wesentliche, den Kern eines Gedankens, erfasst, und in den Klang mischte sich das wahnwitzige Quietschen der unaufhörlich hin- und herschaukelnden Wiege, bis ich mich in wilde Verzweiflung getrieben fühlte. Plötzlich packte der Teufel, der mir am nächsten stand, eine Heugabel (auch sie war weissglühend), stiess sie mir in die zuckende Seite und schleuderte mich in die feurige Wiege; ich schrie auf wie am Spiess. In meiner Qual versuchte ich, an den Eisenstangen hochzuklettern, aber weder Hände noch Füsse fanden einen Halt, und ich rutschte an den Stangen ab, als ob sie gläserne Eiszapfen wären. In stetig zunehmender Pein lag ich da, ohne zu verbrennen, wurde mit dem Schaukeln der entsetzlichen Maschine von einer Seite auf die andere geworfen, und immer noch erschallte über mir der blasphemische Gesang, lächelten mich Augen voll von dämonischem Sarkasmus an – das Zerrbild eines mütterlichen Blickes auf ihr Kind.

«Wir wollen», sagte ein Teufel zum anderen, «ihm das Wiegenlied der Hölle singen». Von der Blasphemie wechselten sie nun zu einer entsetzlichen bildhaften Schilderung der Ewigkeit, deren wahres Wesen sie enthüllten, und mit leidenschaftlicher Bösartigkeit verbreiteten sie sich über ihre Unermesslichkeit, wie erhaben doch der in ihr wachsende Schmerz sei und wie ihr alle Marksteine fehlten, die sie in einzelne Abschnitte hätten teilen können. Nicht in klingenden Worten, sondern in Symbolen, die allen Sprachen gemeinsam sind, sangen sie diese schreckliche Apokalypse, doch gerade diese Symbole hatten einen Klang wie ihn die Zunge nicht deutlicher hätte zum Ausdruck bringen können. Dies war von allen ihren Darstellungen die einzige, derer ich mich entsinnen kann. Langsam fingen sie an: «Das Heute ist der Vater des Morgen, das Morgen hat einen Sohn, der den darauffolgenden Tag zeugen wird.» Immer schneller werdend besangen sie auf diese Weise Tag um Tag, das Wachsen und Werden von eintausend Jahren, und ich verfolgte die Entwicklung der kommenden Generationen, ohne dass es auch nur einmal einen Bruch in der Kette gab, bis der Sturzbach ihrer Worte sich zu solch rasender Geschwindigkeit steigerte, dass er ganz und gar zur Verkörperung der Ewigkeit selbst wurde; und immer noch wirbelte ich durch die brennende Entstehung der Zeitläufe. Ich spüre, dass ich nicht das auszudrücken vermag, wozu es mich drängt, und ich wünsche, dass niemand es je besser zu verstehen lernt!

Millionen Jahre später wurde ich, welk wie ein Blatt in der Glut des heissen Ofens, auf den eisernen Boden geworfen. Die Teufel hatten sich entfernt, die Wiege war verschwunden. Ich stand da, allein, und starrte in unermesslich weite, leere Weltenräume. Unversehens aber fand ich mich auf einem riesigen Platze wieder, wie sie in europäischen Städten wohl anzutreffen sind, allein in der Abenddämmerung, und um mich her sah ich Häuser, die Hunderte von Stockwerken hoch in die Wolken ragten. Entsetzlicher Durst quälte mich. Ich rannte zur Mitte des Platzes; endlose Zeit verging, bis ich dort anlangte. Ein Brunnen war da, aus Eisen geschmiedet, jeder Strahl unnachahmlich geformt, Wasser vortäuschend, doch er war trocken wie die Asche eines Brennofens. «Ich werde elend verdursten», rief ich aus. «Doch einmal noch will ich's versuchen. Es muss doch Menschen geben in diesen riesigen Häusern.

Ohne Zweifel werden sie dem durstenden Wanderer helfen und ihm zu trinken geben. Ihr guten Freunde! Wasser! Wasser!» Ein entsetzlicher, ohrenbetäubender Lärm prasselte von allen Seiten des Platzes auf mich nieder. Jedes Schiebefenster in jedem der hundert Stockwerke eines jeden Hauses auf diesem riesigen Viereck schob sich, wie von unsichtbarer Hand gehoben, in die Höhe. Von meinem Ruf geweckt, stand an jedem Fenster ein rasender Irrer. Hoch über mir, vor mir, direkt neben mir, zu beiden Seiten, hinter meinem Rücken, von überall her stierte mich ein wildes Gewimmel wahnsinniger Gesichter an, knirschte, schnatterte, heulte, lachte furchterregend, zischte und fluchte. Bei diesem unerträglichen Anblick erfasste auch mich der Wahnsinn, und auf- und niederhüpfend äffte ich sie nach und trank ihren verwirrten Geist.

Eine Hand packte meinen Arm – eine Stimme rief meinen Namen. Der Platz erhellte sich – veränderte sich – langsam bekam er ein vertrautes Aussehen, und nach einer Weile merkte ich, dass mein Zimmergenosse vor mir stand, eine Lampe leuchtete in seiner Hand. Ich sank rückwärts in seine Arme und rief, «Wasser! Wasser, Robert! Um Himmels willen, Wasser!» Er ging quer durch den Raum zum Waschtisch, wobei er mich auf dem Bett zurück liess, wohin er mich, wie ich später herausfand, gelegt hatte, nachdem er von meinem rasenden Gehopse geweckt worden war. Während er das Wasser holen ging, schien mir, er müsse eine ganze Wüste durchqueren, um zu einer weitentfernten Quelle zu gelangen; bei seiner Rückkehr mit Wasserkrug und Glas begrüsste ich ihn stürmisch wie man einen Freund begrüsst, der einem nach langer Reise heil und gesund wiedergegeben ist. Für mich kein Glas! Ich packte den Krug, und mit jedem Zug trank ich einen ganzen Wasserfall. Ich war verzückt wie jemand, der an den Flüssen von Al Ferdoos sich labt.

Haschisch bewirkt stets eine gesteigerte Wahrnehmungsfähigkeit, die auch die kleinste Empfindung so sehr vergrössert, dass sie riesige Ausmasse annimmt. Der Haschischesser, der während seiner höchsten Verzückung trinkt, ist fast immer der Ansicht, er nehme nicht endenwollende Fluten zu sich, und stellt sich vor, seine Kehle sei ein Abgrund, in den die See tosend hinabstürzt. Des öfteren habe ich, von quälendem Durst gepeinigt, ein kleines Gefäss mit Wasser genommen und an meine Lippen geführt; ich empfand es als einen alles überflutenden Sturzbach, und obwohl meine Kehle immer noch ausgedörrt war, stellte ich das Wasser zur Seite, um nicht zu ertrinken.

Mit dem Anzünden der Lampe nahm meine Panik ein Ende. Der Raum war immer noch ungeheuer gross, doch die Bauelemente aus Eisen hatten sich im Glanze dieses himmlischen Lichtes in Gold und Silber verwandelt. Leuchtende Sparren, mit einem Meissel behauen, den kein irdischer Bildhauer geführt, trugen die Decke über mir, und ein milder Glanz umstrahlte mich, ausgehend von dem güldenen Getäfel, mit dem die Wand verkleidet war. Aus diesem verzauberten Saal trat ich plötzlich durch ein kristallenes Tor und fand mich im Freien wieder. Stolz marschierte ich an der Spitze einer riesigen Armee durch ein Tal, das von einem Teppich aus Rosen bedeckt war, und alle meine Legionen liessen die triumphierendste Musik erschallen, die man sich vorstellen kann. So manches unbeschreibliche Instrument stimmte in dieses Konzert mit ein, Hörner und Ophikleiden, Harfen und Zimbeln, und ihr wundersamer Klang schien zu sagen: «Uns gehört die Welt; wir jubilieren wie des Menschen Seele.» Überall waren Rosen – Rosen blühten unter unseren Füssen, Rosen zierten die Gitter zu beiden Seiten, Rosen hingen in verschwenderischer Pracht und Fülle von den weitausladenden Aesten eines Baumes über uns. Im Tal unten fiel mein Blick auf verträumte Matten, in ein Sonnenlicht getaucht, das von Claude Lorraine hätte gemalt sein können. Ein ganzer Schwarm rosenwangiger Kinder kam uns von dort entgegengesprungen, streute Girlanden auf meinen ruhmreichen Weg und sang mit engelsgleichen Stimmen mir Lobeshymnen. Ganze Völkerschaften, die mein Schwert errettet hatten, tanzten hüpfend und springend zwischen den Blumenwänden, die die Strasse säumten, und sie riefen mir zu: «Unser Held – unser Retter», und warfen sich mir zu Füssen. Im Taumel des Stolzes wuchs ich zu hünenhafter Grösse heran. Ich fühlte mich als Mittelpunkt all der unvergänglichen Herrlichkeit dieser Welt. Wie mich einst die Musik verzaubert und aus meinem Körper fortgetragen hatte, so entschwebte ich nun dank der Fülle meines Triumphes. Als das letzte Band gelöst war, sah ich die ganze Pracht, die mich auf meinem Marsch begleitet hatte, entschwinden und war wieder in meinem Zimmer, in dem sich nichts verändert hatte.

Nichts blieb zurück von all den Visionen. Die Gegenstände um mich her nahmen wieder ihr gewohntes Aussehen an, und doch bescherte mir das Schicksal noch eine wundervolle Überraschung: Im Verlauf meines Rausches hatte sich meine Seele, wie ich eindeutig feststellen konnte, tatsächlich vom Körper gelöst. Ich war diese Seele, gänzlich getrennt von der körperlichen Hülle, losgelöst, geläutert, verklärt. Ich schwebte, und aus der Luft blickte ich hinab auf mein einstiges Behältnis. Das Körperliche mit allem, was dazugehört, funktionierte weiterhin: die Brust hob und senkte sich beim Atmen in gleichmässigem Rhythmus, die Schläfen pochten, die Wangen waren gerötet. Staunend betrachtete ich den Körper: er schien mit mir nicht mehr zu tun zu haben als irgendein anderes Wesen. Ich kann mich nicht entsinnen, je im Verlauf aller meiner Haschischerlebnisse ein einzigartigeres Gefühl gehabt zu haben als in diesem Augenblick. Der Geist erlebte sich selbst als mit allen menschlichen Fähigkeiten begabt, mit Verstand, Aufnahmefähigkeit und Willen – er empfand sich in jeder Hinsicht als Ganzes; doch einem riesigen Motor gleich hatte er die Maschine verlassen, die er einst mit Energie versorgt, und stand da in vollständiger Unabhängigkeit. In meinem ausserordentlichen geistigen Zustand wurde ich durch keinen Gegenstand von grösserer Dichte behindert. Ich selbst konnte mich sehen und spüren, doch ich wusste, das keines Menschen Auge mich wahrzunehmen vermochte. Ich konnte durch die Wände des Zimmers ein- und ausgehen, und ungehindert schweifte mein Blick durch die Decke zu den Sternen.

Dies war keine Halluzination, kein Traum. Meine innere Sicht war übernatürlich klar, und ich erinnerte mich, dass Menschen diesen Zustand häufig erleben, kurz ehe der Beobachter ihren Tod feststellen kann, wie auch in bestimmten Trancezuständen. Für die Möglichkeit eines solchen Zustandes sind viele aufgezeichnete Fälle, die von hervorragenden Forschern auf dem Gebiet der Wissenschaften von Leib und Seele beobachtet wurden, ein unumstösslicher Beweis.

Eine gebieterische Stimme befahl mir, in den Körper zurückzukehren; mitten in meiner Verzückung darüber, dass nun, wie ich dachte, meine endgültige Loslösung von allem Körperlichen gelungen sei, sagte sie: «Die Zeit ist noch nicht gekommen.» Ich kehrte zurück, und wieder fühlte ich, wie sich die animalische Natur durch ihre geheimnisvoll leitenden Fäden mit mir verband. Wieder einmal waren Seele und Körper vereint.

Die Geheimnisse des Lebenszeichens Zwillinge

In dieser Vision wurde mir der Begriff der menschlichen Dualität in einer Weise verdeutlicht wie noch nie zuvor. Bis zu dieser Erfahrung war er nicht mehr als eine Idee gewesen und keineswegs eine erwiesene Tatsache; nun erschien er mir im Lichte der Intuition. Ein wunderbares Feld eröffnet sich durch ein derartiges Erlebnis, und ich fühle mich dazu gedrängt, einige der Fragen, wie sie mir in den Sinn kamen, kurz aufzuzeichnen.

1. Sind die animalische und die seelische Komponente Teile desselben Lebens oder sind es zwei verschiedene Leben, die wohl eng miteinander verflochten, deren Fortbestand aber unabhängig voneinander gewährleistet ist?

Dass die Seele zur Erhaltung ihrer höchsten Funktionen von etwas abhängig ist, das wir Materie nennen, werden nur sehr wenige Menschen geneigt sein zu behaupten. Und doch sind wir höchst ungern bereit zuzugeben, dass das Animalische ein eigenständiges Leben führt, welches auch einige Zeit nach Auflösung der Bande, die es an das Seelische binden, ungehindert weiterpulsieren kann. Jene Kritiker, die gänzlich auf Kategorien abzielen, welche sich um Brot, Fleisch und feines wollenes Tuch drehen, mögen fragen: «Und wenn dem so ist, welchen praktischen Nutzen hätte es, das festzustellen?» Tatsache ist, dass die Menschheit eine Wahrheit mehr erfahren würde, und das ist Antwort genug. Eine Wahrheit, geprüft und bewiesen, kann jahrhundertelang in der Rüstkammer des Wissens brachliegen, modrig und verrostet, bis ein grosser Geist kommt, sie unter all dem Abfall hervorzieht, sich ihr eifrig widmet, keine Auseinandersetzung scheut und mit ihr die Tore aufsprengt zu einem weiteren gelobten Land der menschlichen Erkenntnis. Schiesspulver ist eine Wahrheit; und doch spotten weise Männer über das lärmende Spielzeug des Mönchs. Still verrinnen die Jahre; das Spielzeug erschüttert die Klippen von Dover, und während diese polternd zusammenstürzen, um eine Strasse für die Völker zu schaffen, beweist die verachtete Wahrheit ihre Verwendungsmöglichkeiten mit triumphierender Donnerstimme.

In der Entdeckung eines unabhängigen animalischen Lebens (vorausgesetzt, sie wird gemacht) läge aber auch ein greifbarer Nutzeffekt, welcher sich aus der Tatsache ergibt, dass wir auf diese Weise uns eine viel höhere Vorstellung vom Seelischen machen könnten als dies gegenwärtig der Fall ist. In dem Wunsch, den Körper mit all seinen Funktionen von der Seele abhängig zu machen, haben wir die beiden so eng miteinander verkoppelt, dass die Seele selbst durch die Berührung mit unseren Ideen zu einem Teil der Materie gemacht wurde. Was wir Seele nennen, ist letzten Endes, wenn wir die unbestimmten und wechselnden Grenzen einigermassen klar ziehen, nichts als ein in höchstem Masse verfeinerter Nebel, gewiss fähig zu Phänomenen, die auf ein Ich-Bewusstsein schliessen lassen, doch trotzdem den meisten Gesetzen der Materie unterworfen. In der Tat räumen wir ein, dass nach dem Tode die inneren Augen ohne Vermittlung von Iris und Linse zu sehen vermögen, lehnen aber die Vorstellung ab, dass jene Augen jemals in dieser Welt diese Fähigkeit anwenden, die sie doch nach nur wenigen Jahren dauernd und für alle Ewigkeit beibehalten. Wenn es uns also gelingt, die Trennungslinie zwischen seelischem und animalischem Leben klarer zu ziehen – sie als zwei voneinander unabhängige Leben zu betrachten, die wohl aufeinander angewiesen sind, sich aber nicht überschneiden –, dann haben wir viel dazu beigetragen, die Seele zu erheben und ihr erneut die ihr gebührende Achtung zu erweisen.

Keineswegs in der Absicht, das unabhängige Vorhandensein eines animalischen Lebens als erwiesen zu betrachten, wollen wir uns bestimmten Erscheinungen zuwenden, die sich mit einer derartigen Hypothese erklären liessen, und (wie mir scheint) nur mit einer solchen:

1. Bei chirurgischen Eingriffen, die vorgenommen wurden, während der Patient unter dem Einfluss eines Anaesthetikums stand –

Chloroform oder Aether zum Beispiel –, habe ich beobachtet, wie der ganze Muskelapparat sich verkrampfte und habe so entsetzliche Schreie vernommen, dass es nicht möglich war, die Anwesenden davon zu überzeugen, dass der Gebrauch des Instruments nicht Schuld trug an diesen schrecklichen Qualen. Einmal stand ich selbst einem Mann zur Seite, der eine schwierige zahnärztliche Operation über sich ergehen lassen musste, und ich war es auch, der ihn mit Chloroform betäubte. Nachdem sich die üblichen Anzeichen einer völligen Empfindungslosigkeit eingestellt hatten, bedeutete ich dem Zahnarzt, mit seiner Arbeit zu beginnen. In dem Augenblick, in dem er die Instrumente einsetzte, stiess der Patient einen fürchterlichen Schmerzensschrei aus, bäumte sich auf und schlug um sich, wobei er den Arzt beständig anflehte doch aufzuhören. Aufgrund früherer, ähnlicher Vorfälle war ich überzeugt, dass der Mann die Schmerzen bewusst gar nicht fühlte, und äusserte mich dementsprechend dem Zahnarzt gegenüber. Aus menschlichen Erwägungen brach dieser jedoch die Behandlung ab, obgleich er seine Arbeit erst zum Teil getan und nur einen Zahn gezogen hatte, statt deren mehrere, die extrahiert werden sollten; er liess den sichtlich Leidenden in seinen normalen Bewusstseinzustand zurückkehren. Schon bald erwachte dieser wie aus einem Traum; auf die Frage, ob er grosse Schmerzen gelitten habe, lachte er nur und bestritt, überhaupt etwas von der Anwendung der Zange gespürt zu haben, obwohl er innerlich sich seiner selbst während der ganzen Zeit, in der die Narkose wirkte, vollkommen bewusst gewesen war. Wahrscheinlich schildere ich damit nur einen der vielen Fälle, wie sie Männer mit grosser Erfahrung auf chirurgischem Gebiet fast täglich beobachten können. Obwohl weit davon entfernt, selbst ein Fachmann zu sein, war ich doch in zwei solcher Fälle Augenzeuge.

Aber was oder wer leidet schon solche Qualen, dass Gesicht, Lippen und Glieder diesem Schmerz mit derartiger Vehemenz Ausdruck verleihen müssen? Die ganze Zeit über hat sich die Seele in einer köstlichen, nachdenklichen Ruhe gewiegt oder ist durch eine Abfolge seltsamer Bilder dahingeschwebt, deren Ablauf nicht ein einziges Mal durch den bohrenden Schmerz unterbrochen wurde. Vielfach kann sich die Seele an ihre Bilder erinnern und sie zusammenhängend wiedergeben; gewiss wären ihr einige Merkmale einer Erfahrung, die so misshellig ist wie Schmerzen zu erleiden, wieder in den Sinn gekommen, wenn sie sie je gemacht hätte.

Eine andere Folgerung drängt sich aber geradezu auf. In den Fällen, in denen sich alle äusseren Anzeichen von Schmerz beobachten liessen, hat das Anaesthetikum nicht so sehr auf den Körper eingewirkt als auf jene Fäden, die ihn mit der Seele verbinden. Es kam vorübergehend zu einer Trennung, und der animalische Teil litt, während der seelisch-geistige Teil – gänzlich losgelöst – ungebunden tun und lassen konnte, was er wollte.

2. Meiner Meinung nach setzt sich allmählich die Ansicht durch, dass die Qualen, die nach dem allgemein verbreiteten Glauben früherer Zeiten mit der Vorstellung vom Tod verbunden waren, eher der Phantasie entspringen als der Wirklichkeit entsprechen. Trotzdem ist die Stunde der Loslösung fast immer von Stöhnen und Verkrampfungen begleitet; sie künden von jener bitteren Pein, die von dem geheimnisvollen Etwas, das sich loslöst, irgendwo tief im Inneren empfunden wird. Wiewohl der Sterbende, solange er noch bei vollem Bewusstsein ist, immer wieder versichert, dass er sich in unendlichen Verzückungen befindet, sprechen doch verkrampfte Muskeln und zuckende Glieder eine andere Sprache. Wer ist es nun, der da leidet?

3. Es gab und gibt gewisse Trancezustände, die Licht auf dies Problem zu werfen vermögen oder es in ein noch tieferes Geheimnis hüllen, je nach geistigem Temperament des Menschen, der sich damit auseinandersetzt. Es erübrigt sich, den Fall Tennant zu zitieren, der sich hierzulande zugetragen hat, wie auch zahlreiche kataleptische und hypnotische Zustände, von denen die Öffentlichkeit keine Kenntnis bekommen hat, da sich ein viel schlagkräftigerer Beweis erbringen lässt aufgrund der bemerkenswerten Phänomene, die sich einige Jahre zuvor unter den Augen angesehener Vertreter der ärtzlichen Kunst und anderer Professionen in Indien zugetragen haben. Die Erscheinungen schienen ein so wesentliches Forschungsgebiet zu erschliessen, dass Dr. Braid aus Edinburgh, ein Arzt von bedeutendem Ruf und Ansehen, sie zur Grundlage eines Buches über den Trancezustand machte – in gekürzter Form –, doch trotzdem äusserst wertvoll dank der wissenschaftlichen Untersuchungen; und die gesamte Fachwelt Grossbritanniens bekundete lebhaftes Interesse an dieser Sache. Ein Fakir

fand sich bei einer der Handelsstationen der London Tea Company ein und äusserte den ungewöhnlichen Wunsch, lebendig begraben zu werden. Obwohl sie dies Ansinnen, das von einem Mitglied eines Männerordens geäußert wurde, der so wild fanatisch war wie jene, die Indien mit ihren ungeheuerlichen Anbetungen und der unaufhörlichen Bettelei um Almosen heimsuchen, nicht sonderlich erstaunte, behandelten ihn die Angestellten der Company wie einen Irren und lehnten sein Gesuch dementsprechend voller Geringschätzung ab. Doch der Fakir bestand auf ihrem Einverständnis und versicherte, dass er Körper und Seele nach seinem Willen zu trennen vermöge und in der Lage sei, für die Dauer von dreissig Tagen ohne Luft und Nahrung zu leben. Als er eingeborene Zeugen aufbot, die seine Behauptung voll und ganz unterstützten, wurde seinem Wunsche mehr Beachtung und Aufmerksamkeit entgegengebracht. Als Begründung für seinen Wunsch beerdigt zu werden führte er an, dass er nach einer vollständigeren Loslösung der Seele strebe, als er sie über der Erde und umgeben von sinnlich erfassbaren Dingen zu erreichen vermöge; gleichzeitig versicherte er, dass diese Loslösung – er habe das bei wiederholten Versuchen festgestellt – absolut keine tödliche Gefahr für den Körper sei.

Schliesslich wurde seinem Ersuchen stattgegeben. In einem Willensakt versetzte er sich selbst in einen ekstatischen oder auch Trance-Zustand, und nachdem kein Zeichen von Leben in ihm mehr zu entdecken war und er allem Anscheine nach tot dalag, wurde er fest in ein Leichentuch gewickelt und – da man einen Betrug befürchtete – in ein sorgfältig gemauertes Grab gelegt. Die Öffnung wurde mit Erde aufgefüllt und der entstandene Grabhügel dicht mit Gerste besät. Ein mohammedanischer Wächter (wohl der letzte Mensch auf Erden, der einem Jünger Brahmas einen Schwindel hätte durchgehen lassen) bezog Tag und Nacht an seinem Grabe Posten. Ungehindert wuchs die Gerste, bis der Mond sich vollendet hatte, und nach Ablauf dieser Frist versammelten sich Hunderte von Menschen, um der Grabentnahme des Fakirs beiwohnen zu können. Unter ihnen befanden sich angesehene Männer – besonnene, wissenschatlich denkende Männer –; und viele von ihnen hielten die Möglichkeit, dass menschliches Leben über einen so langen Zeitraum hinweg aus inneren Quellen gespeist werden könnte, für ganz undenkbar. So waren alle Zeugen anwesend, derer es bedurfte, um jedem Tatbestand eine über alle Zweifel erhabene Beweiskraft zu verschaffen.

Der Leib des Fakirs zeigte keinerlei Anzeichen der Verwesung, doch war er welk wie eine Mumie. Zu seiner Wiederbelebung wurden Methoden angewandt ganz ähnlich jenen, derer man sich bei kataleptischen Patienten bedient, um sie wieder zum Bewusstsein zu bringen. Nicht lange und der augenscheinlich tote Mann begann zu atmen, er nahm wieder Farbe an, und noch ehe der Tag zur Neige ging, und als er die Nahrung zu sich genommen hatte, die man ihm reichte, arbeitete sein Körper wieder völlig normal.

Ausser beim Sterben hat es wohl nie eine vollständigere Trennung von Leib und Seele gegeben, und doch war es so, dass die beiden Leben während der ganzen Dauer der Bestattung völlig getrennt voneinander aufrechterhalten wurden, ohne dass sich die Seele auch nur im geringsten dessen bewusst war, dass der Körper allmählich ausmergelte, verkrampfte und austrocknete. (Viele, die dieses Experiment mit eigenen Augen sahen, leben noch heute.)

Aufgrund dieser Theorie der voneinander unabhängigen Existenzen stellt sich die Frage: «Wie kann das Animalische überhaupt sterben?» Unsere Antwort lautet: In den meisten Fällen stirbt ohne Zweifel das Animalische zuerst, und das Seelische entweicht dem Körper erst später; in allen Fällen aber, in denen das Seelische der stärker leidende Teil ist, kann es geschehen, dass es gerade durch die Erschütterung, die es durch die Anstrengung sich zu lösen erlebt, das Animalische mit sich fortnimmt; letzteres, da es nicht unsterblich ist, findet ausserhalb des Körpers keine Lebensmöglichkeit, sondern geht augenblicklich zugrunde. Wenn aber die Verbindung des animalischen Lebens zum seelischen ganz sachte, gleichsam wie von geduldiger Hand entwirrt, gelöst wird, kann das letztere unversehrt über die zugemessenen Tage hinaus weiterbestehen. Sollte dies nicht nur eine überspannte Vermutung sein, erklärt sich daraus das unveränderte Erscheinungsbild von Leichnamen – Hunderte von Jahren nach ihrem Hinscheiden dem Grabe entnommen – und von sterblichen Überresten, denen die Zeit nichts anhaben konnte, was wir, als Reaktion der Welt auf eine allzu grosse Leichtgläubigkeit, während so langer Zeit den Legenden der *Vita Sanctorum* zuzuordnen gewohnt waren.

2. Folgende weitere Frage erhebt sich aus dem Erleben meiner eigenen Dualität: Wenn die beiden Lebensformen unabhängig voneinander sind, erklärt sich vielleicht aus dieser Tatsache jenes unbestimmte Gefühl, das fast jeden Menschen zu Zeiten überkommt, nämlich dass er vorgängig seiner gegenwärtigen Daseinsform, in anderen, gänzlich verschiedenen Ich-Zuständen existiert hat? Bis zu den Tagen des Pythagoras hat kein philosophisches System jemals die Vorstellung von der Seelenwanderung zu seiner zentralen Idee gemacht. Er war der erste, von dem uns die Geschichte berichtet, er habe das eigentliche Juwel von den dünnen Schichten gröberer ägyptischer und indischer Fabeln befreit, die es wie eine spätere Ablagerung bedeckten (er hatte allen Grund dazu, und wir werden es – so hoffen wir wenigstens –, zumindest mit grosser Wahrscheinlichkeit, in einem späteren Abschnitt dieser Erzählung beweisen); schliesslich hat die gesamte Menschheit bis auf den heutigen Tag die Seelenwanderung dunkel als etwas Bestehendes empfunden, und auch in unsere Zeit wird so manche Denkweise so stark davon berührt, dass fast die Kraft der Intuition dahinterzustehen scheint.

Lässt sich nun, aufgrund unserer Hypothese, eine Erklärung für diese Vorstellung finden? Wir wollen sehen.

Der Körper hat, abgesehen von dem Vorzug der besonderen Eigenschaft Leben, welche ihn beseelt, nicht mehr Anrecht auf Ehrerbietung als die gleichschwere Menge Alkali, Wasser, Eisen und andere Chemikalien, aus denen er sich in irgendeiner anderen Form zusammensetzt.

Gäbe es nicht das energiespendende, vitale Element, das in der Skala der Energien, die das Leben des Menschen ausmachen, einen so besonderen Rang einnimmt, er würde gleichviel Beachtung verdienen, ob er nun in Flaschen abgefüllt, in Krüge gegossen, zu einem Ballon aufgeblasen oder in braunes Packpapier eingewickelt würde. Sein Körper zeigt auch nicht die kleinste Spur von Eigenart. Als Rindermuskel war er vor langer Zeit Bestandteil der Nahrung, die seinen Eltern Sättigung verschaffte; noch früher wurde er in Form saftigen Weidegrases von einem Ochsen verzehrt, und eben jenes Weidegras sog ihn aus dem Boden durch mikroskopisch kleine Röhrchen mit Hilfe der Kapillarwirkung. Wäscht man nun diesen Boden aus, so werden sich die Bausteine des Körpers in Form eines Niederschlages absetzen; doch diese ganze Untersuchung der Entstehungsgeschichte des menschlichen Körpers hat uns lediglich an denselben Punkt gebracht, an den ein geschulter Chemiker gelangt, der sich die Mühe macht, besagten Menschen, so wie er ist, in seine Bestandsteile zu zerlegen und entsprechende Analysen durchzuführen. Ein Mensch von phantasiebegabter Denkart mag wohl einen einsamen Kohlkopf zum Gegenüber sich erwählen und in der Überlegung «Wahrlich, du könntest mein Bruder sein» Nahrung finden für seinen Geist und auch für seinen Gaumen.

Ohne nun im geringsten beweisen zu wollen, dass der Materie ein eigenes Bewusstsein innewohnt, könnten wir doch annehmen, dass die Teilchen, die in unseren Körper gelangen, immer noch Träger subtiler Eigenschaften (ich meine nicht das Gedächtnis, wohlverstanden) jener anderen Körper sind, die sie einst durchwandert haben; unser eigenes animalisches Wesen würde diese Eigenschaften bewahren und im Seelischen den Gedanken wecken, dass dies die Ursache für die Vorstellung der Seelenwanderung sei? Somit wäre der Körper jener Teil von uns, der tatsächlich und in Wahrheit die Wanderungen macht, während die Seele immer noch die alte ist.

Die Vorstellung, dass die Seele wandert, führt uns zu schmerzlichen, widerlichen, vernunftwidrigen und gottlosen Schlussfolgerungen. Angenommen jedoch, das animalische Leben kann besondere Eigenschaften in den Körperpartikeln wahrnehmen, Eigenschaften, welche aus früheren, von ihnen durchlaufenen Daseinsformen stammen, so wird für uns verständlich, wie es möglich ist, dass das Seelische so sehr mit dem Animalischen empfindet, dass diese Wahrnehmungen zu einem verträumten Nachklang ihres früheren Daseins umgewandelt werden können. Das Problem sieht daher folgendermassen aus: Um des gesunden Menschenverstandes willen müssen wir die Vorstellung von einer Wanderung der Seele gänzlich von der Hand weisen. Doch wie lässt sich die Tatsache erklären, dass diese Auffassung bei den Völkern allgemein so verbreitet ist? Wir bieten unsere Ausführungen als Hypothese an.

DIE NACHT DER APOTHEOSE

Es mag unwahrscheinlich klingen, dass ich nach dem Erlebnis endloser Todesqualen, von dem ich zuletzt berichtete, je wieder Haschisch nehmen sollte. «Gewiss», so wird man sagen, «ist jedes Experiment mit dieser Droge ein Wagnis, ein Eindringen in das Reich des Wahnsinns und des Todes. Und Waghalsigkeit wäre wohl noch ein sehr milder Ausdruck.»

Der Morgen, der auf diese Schreckensnacht folgte, fand mich so tatkräftig und hochgestimmt wie eh und je. Nichts blieb zurück, kein Schmerz und kein Gefühl von Mattigkeit, und keine Spur der Qualen, die ich durchlitten hatte, zeigte sich auf meinem Antlitz. Voller Erstaunen stellte ich dies alles fest, völlig überzeugt davon, dass ich mir keinerlei Schaden zugefügt hatte. Und doch war ich von der Vorstellung erfüllt, ich sei um viele Jahre älter als in der Nacht zuvor; unermessliche Zeiträume schienen mich von all den Erfahrungen vergangener Jahre zu trennen; wenn die teuflischen Gesichter und die höllischen Lieder meiner Vision aber wieder in meiner Erinnerung auftauchten, erschauerte ich und drehte den Kopf weg, als ob sie gleich neben mir ständen. Im stillen fasste ich den Entschluss, mit dieser Zauberdroge nie wieder zu experimentieren, denn ich fürchtete einen neuerlichen Sturz in den Abgrund des Schreckens, den ich wie die Hölle selbst fürchtete.

Langsam verlor sich das Bild meiner Leiden aus meinem Gedächtnis. Die geistige Beweglichkeit schüttelte den Ballast all der grauenvollen Erinnerungen ab, und wenn ich mich auf die Nacht dieser Vision besann, dann nur, um voller Zärtlichkeit bei den Rosen meines Tales zu verweilen und mich am Widerhall der Lobeshymnen zu ergötzen, die meinen Einzug begleitet hatten. So sehr bereicherten derartige Erinnerungen meine innere Welt, dass ich der äusseren überdrüssig wurde, bis diese mich gänzlich abstiess, wie eine zum soundsovielten Mal erlebte, erschütternde Tragödie. Vergebens suchte ich in der Landschaft jene stets neu aufbrechende Frische des Lebens zu entdecken, welche das Haschisch enthüllt; Bäume waren nichtssagendes Holz, Wolken ein Trugbild aus Wasserdampf. Ich dürstete nach Erkenntnis, nach Abenteuern, nach seltsamen Überraschungen und nach Entdeckungen, die einen geheimen Sinn enthüllten. Und wieder nahm ich Haschisch.

Ich sass gerade beim Teetisch, als mich der erste Schauer überlief. Ich hatte meine Tasse Miss McIlvaine zum Nachgiessen gereicht, und sie schickte sich eben an, sie mir zurückzugeben, bis an den Rand gefüllt mit jenem Trank, «der zwar belebt, doch nicht berauscht». Ich wäre nicht bereit, den Bogen nachzuzeichnen, den ihre Hand – so schien mir – auf ihrem Weg zu mir beschrieb. Die Wand bevölkerte sich mit tanzenden Satyren; aus allen Ecken nickten chinesische Mandarine idiotisch mit den Köpfen, und ich hielt es für dringend geraten, mich vom Tische zu entfernen, bevor ich auffiel.

Ich erhob mich und hastete aus dem Zimmer. Ein Freund – in der Meinung, mir sei plötzlich schlecht geworden – eilte mir nach. Der Blick wilder Freude, mit dem ich ihn willkommen hiess, hätte mein Geheimnis preisgegeben, auch wenn ich ihm nicht sogleich davon Mitteilung gemacht hätte.

In den Anfängen seines einsamen Lebens begegnet dem Haschischesser so vieles an Fremdartigem, Schönem oder Abstossendem, dass er weder die Wogen der Begeisterung noch die des Schmerzes zu verbergen weiss. Die Geheimnisse, die ihn erfüllen, sind so ungeheuer gross, dass er nicht anders kann als sie entweder preiszugeben oder daran zugrunde zu gehen. Erst allmählich eröffnet sich ihm die Möglichkeit der Selbstbeherrschung, bis sie zuletzt zur lieben Gewohnheit wird. Während meiner ersten Erfahrungen sah ich mich ausserstande – auch wenn ich mich sehr darum bemühte –, die Wunder, die ich sah, für mich zu behalten; darum machte ich es mir zur Gewohnheit, in dem Augenblick, wo sich mein Gehirn zu Haschisch-Domen auszuweiten begann, der Gegenwart all derer zu entfliehen, die nichts von meinem Geheimnis wissen sollten. Später, als viele Erfahrungen mich Zurückhaltung gelehrt hatten, sass ich häufig viele Stunden, von teuflischen Flammen angesengt oder voller Verzückung in den siebenten Himmel entrückt, inmitten einer grossen Schar von Leuten, und niemand hätte aus meinem Verhalten auch nur im entferntesten darauf zu schliessen vermocht, was in meinem Inneren gerade vorging.

Als Sam sich zu mir gesellte, war ich gerade dabei, zu einer weiteren Reise durch riesige Landstriche aufzubrechen. Ich sage «Sam», denn ich werde mir die Freiheit nehmen, alle meine Freunde bei jenen vertrauten Namen zu nennen, die in meiner Erinnerung all das Liebevolle, Warmherzige und für sie Typische verkörpern. Ganz ohne Zweifel steht diese Verhaltensweise in krassem Gegensatz zu jeder Form des Anstands. Der Höflichkeit wäre besser Genüge getan, wenn ich von Villiers redete, wo ich Joe sage, und von Cholmondeley anstatt von Harry; denn solcherart würde ich viel leichter und besser die Gemüter versöhnen, die, ermüdet von den Pikanterien der höheren Literatur, nicht in der Lage sind, an den Ausdrücken vertrauter Zuneigung den mindesten Gefallen zu finden.

Im Gespräch über den Doktor machte Southey einmal jene Bemerkung, in der tiefe Aufrichtigkeit und wahre Höflichkeit sich verbinden (ich zitiere aus dem Gedächtnis): nämlich dass einer der schmerzlichsten, wenn auch stillen und unbemerkten Verluste, die ein Mann auf seinem Weg vom Kind zum Greis erleidet, das allmähliche Dahinschwinden des Rechtes ist, bei dem Namen gerufen zu werden, den er im Kinderzimmer und auf dem Spielplatz zu hören gewohnt war. «Heute», sagt Daniel Dove mit einem leisen Seufzer, »spricht sogar meine Frau von mir als ‹der Doktor›.» Die meisten warmherzigen Männer haben dies voller Wehmut empfunden, wenn die «toga virilis» sie immer stärker in die Zurückhaltung mittlerer Jahre einhüllte und jene Zeichen der Offenheit und Kameradschaftlichkeit aus frühen Tagen sich verflüchtigten; kein Anrecht haben sie mehr darauf, mit liebevoller Vertraulichkeit begrüsst zu werden, und doch wird die Erinnerung daran im Herzen eines jeden wahren Mannes immer lebendig bleiben.

Stets habe ich einen tiefen Groll gehegt gegen den kalten, förmlichen Cicero, weil er der Freundschaft zwischen Catilina und Tongilius in unwürdiger Weise spottete: «Quem amare in praetexta coeperat.» Wohl entsprach dies dem Stile Ciceros, doch keineswegs dem Stil des wahrhaft vornehmen Mannes und auch nicht dem eines Menschen, der der Verbindung zu unserer früheren Humaniora die gebührende Hochachtung erweist. Es ist beinahe unbegreiflich, wie jemand, der mit den edlen und innigen Gefühlen unseres Wesens begnadet ist, sich anders als unter Schmerzen dessen bewusst werden kann, dass er die Tage hinter sich gelassen hat, da eine innige Vertrautheit und weltfremde Einfachheit aufrichtigen Freunden das Recht gab, ihn wie einen Bruder zu begrüssen und zu behandeln.

Ich werde darum ohne jede Entschuldigung – es sei denn, man wolle diesen Exkurs als eine solche bezeichnen – alle jene mir nahen und lieben Gefährten meiner Jugend mit den Namen nennen, die in den Winkeln meines Gedächtnisses den süssesten Nachhall der Vergangenheit wieder aufleben lassen, denn die Saiten, mit denen sie im Gleichklang tönen, schwingen nicht allzu lange weiter in einem Herzen, das die Klänge nicht vergessen will, die es neben jenen, die den Gang unseres grauen Alltagslebens begleiten, sonst noch gibt.

Ich habe erzählt, wie ich erneut vom Reisefieber ergriffen worden war, als Sam sich zu mir gesellte. Ich beschwor ihn, mich zu begleiten, und malte ihm in den glühendsten Farben die Schätze aus, die eine so grosse Reise, wie ich sie plante, zu seinen Erkenntnissen über die kosmischen Geheimnisse hinzufügen würde. Er erklärte sich bereit, wenigstens für die ersten paar hundert Meilen mein Reisegefährte zu sein, und sogleich brachen wir auf. Der Weg führte uns über eine grosse Wiese, die zu dieser Jahreszeit von sattem, saftigem Grün war und sich vor meinen Augen zu einem riesigen astiatischen Hochplateau weitete, auf dem sich unzählige Tartaren tummelten. Als ob sie sich zu einem Raubzug zusammenrotten wollten, hasteten sie an mir vorüber, in eilender Hatz, ihre schrägen Augen leuchteten wild, und auf ihren gefütterten Kappen wippten Büschel von Rosshaar. Es ist nicht möglich, jemandem, der sich in seinem normalen Bewusstseinszustand befindet, zu erklären, welche Wirkung der Anblick eines Feldes ausübt, das – für normale Augen

Ich dürstete nach Erkenntnis, nach Abenteuern, nach seltsamen Überraschungen und nach Entdeckungen, die einen geheimen Sinn enthüllten. Und wieder nahm ich Haschisch.

unbevölkert – unversehens von unheimlichen, fremden Gestalten förmlich wimmelt, die, weil sie in ihren Umrissen gestochen scharf sind, wirklicher erscheinen als das, was das Auge tagtäglich erblickt.

Sam war ein Mann mit einem so umfangreichen Wissen in Geschichte, Geographie und Politik, dass niemand seines Alters, den ich kannte, ihm das Wasser hätte reichen können. Die Erwähnung eines Ereignisses aus der Geschichte der Sarazenen reichte aus, dass er das Datum und all das, was sich zur gleichen Zeit in allen anderen Reichen und Dynastien der Welt ereignet hatte, zu sagen wusste. Der unbedeutendste Ort, wurde sein Name genannt, bewirkte, dass Sam alles Nenneswerte in den Sinn kam, das sich je in dessen Umkreis zugetragen hatte, und aus den aufrührerischen Unternehmungen eines Athener Demagogen konnte er in kürzester Zeit ein dichtes Netz aller Staatsstreiche, Revolutionen und diplomatischer Kabinettsstücke bis auf den heutigen Tag weben. Es ist daher nicht weiter verwunderlich, dass eine unpassende Bemerkung meinerseits – ich verwechselte zwei gänzlich unterschiedliche Tartarenstämme – sein Geschichtsverständnis so sehr verletzen musste, dass er nicht umhin konnte, eine sanfte Richtigstellung vorzubringen.

«Es ist unmöglich», sagte Sam, «dass der Stamm, von dem du sprichst, jenes Gebiet bewohnt, das wir deiner Schilderung nach durchqueren.»

Der Schmerz, der mich, auf diesen leisen Widerspruch hin, sogleich durchzuckte, ist unvorstellbar für jemanden, der die hochgradige Empfindsamkeit nicht kennt, die durch den Haschischrausch hervorgerufen wird. In höchst vorwurfsvollem Ton erklärte ich: «O weh! Mein Freund, ich merke, dass Ihr nicht mit mir übereinstimmt. So lass uns denn getrennter Wege gehen.»

Mit diesen Worten entfernte ich mich von seiner Seite und ging alleine weiter, zutiefst in meinem Stolz und meinem Selbstvertrauen getroffen. Doch Sam, der merkte, dass er meinen Halluzinationen Raum geben musste, folgte mir und besänftigte meinen Unmut wegen der ukrainischen Tartaren; dann nahm er meinen Arm, und wir setzten unseren Weg gemeinsam fort wie zuvor.

Mit dem wonnevollen Entzücken eines Reisenden, der zum ersten Mal die prächtigen Bauwerke mittelalterlicher Architektur schaut, sah ich in weiter Ferne im Osten einen Palast sich anmutig über die smaragdfarbenen Abhänge erheben. Stundenlang wanderten wir Meile um Meile, doch wir kamen ihm nicht näher; ich genoss das herrliche Gefühl einer ins Unendliche verlängerten Vorfreude, die durch die Verzögerung nur noch an Köstlichkeit gewann. Der Wind strich über mich hin, geschwängert mit würzigen Düften; er raunte etwas von Zitronenblüten, mit denen er getändelt, und drehte sich verspielt im Kreise, beschwingt vom Muskatellerweine, an dem er tüchtig genippt hatte. Er raunte mir das Versprechen ewiger Jugend ins Ohr, und seine Schwingen beflügelten meine ohnehin schon übermenschliche Leichtigkeit.

Was machte es schon aus, dass die fernen Zinnen die Mauern meiner Hochschule waren, der riesige Landstrich ein Feld und die balsamischen Lüfte nichts weiter als ein ganz gewöhnlicher Abendwind? Für mich waren alle diese Wonnen Wirklichkeit – eine Wirklichkeit, die die Gegebenheiten des Alltags bei weitem übertraf.

Haschisch ist wahrhaftig ein verwünschtes Kraut, und am Ende zahlt die Seele einen hohen Preis für all die genossenen Freuden; ausserdem ist der Genuss der Droge nicht unbedingt der geeignete Weg, um zu irgendeiner Einsicht zu gelangen, doch wer könnte sagen, ob ich nicht in dieser gehobenen Stimmung mehr vom Wesen der Dinge, wie sie wirklich sind, wahrgenommen habe als jemals in meinem Normalzustand? Wir wollen nicht annehmen, dass die Art, wie wir im allgemeinen die Natur betrachten – recht sorglos und uninteressiert –, normal sei für die Wahrnehmungsfähigkeit der Seele. Allen Dingen wohnt ein tieferer Sinn inne, eine warme Empfindung der Freude, und unsere Augen müssen geöffnet werden, um das wahrzunehmen. Im Jubel des Haschischrauches sind wir lediglich auf falschem Wege zu dem Geheimnis jener unendlichen Schönheit gelangt, die wir im Himmel und auf Erden schauen werden, wenn einmal die Hülle des Körperlichen abfällt und wir erkennen, wie auch wir erkannt werden. Aus den trüben Wassern unseres Lebens, beladen mit Jahrhunderten von Verderbtheit, die sie durchflossen haben, werden wir zum ursprünglichen Quell vergangener Zeiten aufsteigen und trunken werden vor Verzückung von seinen apokalyptischen Wassern.

Wäre diese Überlegung nicht gewesen, ich

hätte das Haschisch niemals aufgegeben. Während all der Qualen, die mit dem Entzug einhergingen, tröstete ich mich mit dem Wissen, dass die unermessliche Herrlichkeit der Vergangenheit mir wieder leuchten würde. Durch die Ritzen meines irdischen Gefängnisses hatte ich einen kurzen Blick erhascht auf den unendlich weiten Himmel, der sich eines Tages in nie geschauter Erhabenheit über mir wölben und mir in den Ohren klingen würde mit Klängen, die nicht zu beschreiben sind. Darauf gründete ich meine Hoffnung und wappnete mich mit stiller Geduld.

Möglich, dass wir davon abhängig sind, denn weder bis ins Innerste noch bis in alle Weiten haben wir die Welt erfasst. Nur hie und da rührt ein geheimnisvoller Wind, wie der des Haschischs, die Blätter der verschlossenen Bücher gerade eben im Vorüberwehen, und einen kurzen Augenblick lang verzaubert uns der Schimmer der göttlichen Buchstaben. Wie vor Kindern, die zu jung sind, sie zu verstehen, werden sie verborgen gehalten bis zu jenem Tag, da wir zu vollendeten Menschen herangewachsen sind und alles Irdische mit seinen Stützen, Hilfen, Abschirmungen von uns abfällt und «die Bücher geöffnet werden».

Unversehens waren wir beim College angelangt. Mir ist entfallen, ob ich schon davon gesprochen, dass es im Haschischrausche zu einem gelegentlichen Erwachen kommt, möglicherweise sogar zweimal in der Stunde (freilich vermag ich das nicht genau zu sagen, weil die Haschischzeit ganz anderen Gesetzen unterworfen als die irdische); für einen ganz, ganz kurzen Augenblick ist dann der Geist bei völlig klarem Bewusstsein und sieht alle Gegenstände in ihrer vertrauten Gestalt. Ein solches Erwachen erlebte ich, als wir uns den Stufen zum Gebäude näherten; ich nutzte diesen Moment und bat Sam, mich auf das Zimmer eines anderen Freundes von mir zu geleiten, sollte es ihm nicht möglich sein, selbst noch länger bei mir zu verweilen. Er erwiderte, er sei genötigt, mich zu verlassen, und brachte mich, wie gewünscht, an den von mir genannten Ort. Da ich sofort nachdem ich meinen Wunsch geäussert, erneut von Haschischbildern umfangen wurde, wäre ich niemals imstande gewesen, allein dorthin zu finden.

Schon oft war ich an Türen und Häusern vorbeigewandert, die mir ansonsten, wenn ich nicht berauscht, so vertraut waren wie meine eigene, und habe doch die Suche als völlig hoffnungslos dann aufgegeben, weil ich bei ihrem Anblick auch nicht das kleinste Merkmal zu entdecken vermochte, das mir vertraut erschien. Eins ist gewiss, ein Haschischesser sollte niemals ganz ohne Begleiter sein.

Ich fand Sidney in seinem Zimmer vor: Seiner Obhut überliess mich Sam, nachdem er ihn von meinem Zustand in Kenntnis gesetzt hatte, und so konnte ich ihn ohne Mühe dazu überreden, mich auf meiner Reise zu begleiten.

Hinter den Gebäuden dehnen sich riesige Flächen von Wald und Ackerland gen Osten aus. Von einem der Portale führt ein direkter Weg zu den Ausläufern dieses Feld- und Waldgebietes, und diesen Weg schlugen wir ein. Die Abenddämmerung warf dunkle Schatten, doch waren die Wälder noch nicht so düster, dass jener Hauch des Geheimnisvollen über ihnen gelegen hätte, der so schrecklich für mich war und mich auch später, als ich dem Haschisch bereits entsagt hatte, sogar am hellichten Tage bis zur Unerträglichkeit bedrückte. Unser Pfad zog sich am Ufer eines kleinen Flusses hin, das Wasser plätscherte in seinem felsigen Bett, und alles war erfüllt von seinem Singen und Klingen. An einer günstigen Stelle überquerten wir den Fluss, wir hüpften über behäbige Schrittsteine, nur einen Steinwurf entfernt von einem kleinen Wasserfall, der jetzt, etwas weiter flussaufwärts, durch die jüngsten Regenfälle angeschwollen war. Plötzlich überlief mich ein Schauer des Entzückens. War es möglich? Ja, wahrhaftig, es gab keinen Zweifel! Ich klatschte in die Hände und rief: «Der Nil! Der Nil! Der ewige Nil!» Siehe, nun war ich Bruce, und mir zur Seite schritt Clapperton. «Gefährte meiner Reise», rief ich aus, «gewahrst du jenen Katarakt? Über dem Wasserfall liegen die Quellen. Aus diesem schimmernden Spalt, den du im Osten erblickst, verströmt der geheimnisumwitterte Fluss seine Fluten, seit Gott zu Anbeginn der Zeit die Welt erschuf. Zum zweiten Male nun trinke ich verzückt aus diesem mütterlichen Quell. Auf einsamen Wanderungen habe ich mich mit zerschundenen Füssen durch die Wüste geschleppt, so manche schlaflose Nacht, so manchen Tag voller Hunger und Durst hing mein Leben von der Laune grausamer Männer ab; ich habe alles gewagt, unendlich habe ich gelitten; und eines Tages gegen Abend brachen die Quellen über mich herein. Oh, dieser Anblick, genossen in erhabener Einsamkeit, war Herrlichkeit genug für ein ganzes Leben!» – «Aber weshalb», erkundigte sich

Clapperton, «hat denn die Welt niemals Kunde erhalten von Eurer Entdeckung? Auf all meinen Wanderungen (und wie Ihr wisst, wird ihre Zahl nur durch die Eurigen noch übertroffen) ist mir doch niemals von Eurem Besuche bei dieser Quelle etwas zu Ohren gekommen.»

«Ich kam auf dem Heimweg in der Wüste um. Als ich fühlte, dass der Tod herannahte, nahm ich alle Kraft zusammen und schrieb ein paar Worte auf ein kleines Stückchen Papier; ich berichtete lediglich von der Entdeckung und der Lage der Quellen. Das Papier vertraute ich meinem Führer an; nur widerwillig liess er sich das Versprechen entlocken, sich niemals davon zu trennen, bis er es zu meinen Freunden in Alexandria gebracht haben würde.»

«Warum nur widerwillig?»

«Für ihn war es ein Frevel, den Ursprung des Nils zu enthüllen, und er fürchtete eine schreckliche Strafe für seine Gottlosigkeit.»

«Wo befindet sich das Papier denn jetzt? Hat er sein Versprechen eingelöst?»

«Nein. Bis Alexandria trug er das Geschriebene bei sich. Dort übermannte ihn der Aberglaube mit all seinen Schrecknissen, er verbrannte das Blatt und beraubte mich damit für immer des Triumphes meiner Arbeit. Doch mit Euch, Clapperton, die Ihr so genau um meine Mühen wisst, frohlocke ich, als ob die Welt mir Beifall spendete. Ehre, Ehre sei Gott in der Höhe, dass ich von neuem – mit Euch – den Nil erblicken darf, den unsterblichen Nil!»

Meine Augen vergossen Tränen des Glücks. Sprachlos vor Freude drückte ich Clapperton an meine Brust. Ich hörte, wie der Fluss in seinen oberen Höhlen sang, Verlockungen, die zum Propheten hinabfliessen, trunken, von den Lippen der Engel. Bruce, wieder zur Erde zurückgekehrt, fühlte ein solches Entzücken, wie es grösser nur der Bruce empfunden haben konnte, der zum ersten Male frei von Erdenschwere gewesen war.

Wir verliessen die Ufer des Nils und drangen weiter in den dichten Schatten von Nadelhölzern und Kastanien vor, die für mich Gewürzbäume der afrikanischen Wüste waren. Auf einem Zaunritt, an dem uns unser Weg vorüberführte, sassen zwei Studenten und deklamierten einander Shakespeare vor. Um zu vermeiden, dass sie meine Freude sahen, führte mich Sid ganz sachte auf einen anderen Pfad, doch kamen wir ihnen nahe genug, um einen Satz zu hören:

«Nun leb' denn wohl; ich bin auf dem Weg nach Padua.»
(Das war nicht ganz Shakespeare, aber sie hielten es dafür, und ich hatte keine Lust, daran herumzukritteln.)

Ganz plötzlich, wie bei einem Szenenwechsel, verschwanden alle Vorstellungen und Bilder von Afrika. Italien, das fröhliche, sonnige Italien trat an seine Stelle, und im Wald wurde es eng von Palästen und Brunnen. Auf einer weiten Piazza schlenderten wir auf und ab, eine verträumte, sommerliche Mattigkeit in den Gliedern, oder wir wandelten von Säulenhalle zu Säulenhalle, auf allen Seiten umgeben von den wundervollsten Kunstwerken.

Zu Anfang war mir noch schwach die Unwirklichkeit dieser Vision bewusst, denn ich erkannte ihre Grundstruktur in verschiedenen Dingen, bei denen ich mich erinnerte, sie einst in anderer Gestalt gesehen zu haben. Zum Beispiel gewahrte ich zuweilen, wie ein Bogengang entstand; ich sah den Übergang von zwei krummen Ästen, die über unseren Köpfen ineinander verschlungen waren, und hin und wieder wuchs eine neue Säule allmählich aus dem leeren Raum zwischen zwei Baumstämmen empor. Doch ganz schnell, schneller jedenfalls als gedacht, verschwand auch der letzte Verdacht, dass dies alles Phantasie sein könnte, gänzlich aus meinem Kopf, und ich zweifelte so wenig daran, in einer hübschen italienischen Stadt zu sein, wie ich meine eigene Existenz angezweifelt hätte.

Wie immer steigerte sich die Wirkung des Haschisch, je anregender die Vision wurde, und auch die körperliche Bewegung beim Wandern trug ihren Teil dazu bei. In mir erwachte allmählich jener ungeheure Stolz, der häufig kennzeichnend ist für eine Vision. Übermenschlich wurden meine Kräfte; mein Wissen umspannte das ganze Universum; ich konnte alles schauen, nichts schränkte mein Blickfeld ein. Mir war aufgetragen, einen grossen Dienst an der Menschheit zu leisten, und allmählich kam ich zu der Erkenntnis, dass ich Christus war, gekommen in der Macht und Herrlichkeit seiner tausendjährigen Herkunft, und der Welt

«Der Nil! Der Nil! Der ewige Nil!» Siehe, nun war ich Bruce, und mir zur Seite schritt Clapperton. «Gefährte meiner Reise», rief ich aus, «gewahrst Du jenen Katarakt? Über dem Wasserfall liegen die Quellen.»

die Wiederkehr des wahren Friedens brachte. Ich sprach, und es geschah: Mit einem einzigen Satz erneuerte ich die Schöpfung. Die wiedererweckte Erde frohlockte in einem strahlenden Lächeln. Ich konnte sie leise jubilieren hören, als sie erkannte, dass die Zeit gekommen, mit der sie Jahrhunderte schwanger gegangen war. Alle Menschen lebten wieder in Frieden mit Gott und ihren Nachbarn, und da sie sich geborgen fühlten in einem ewigen Bund, begannen sie einträchtig, nach dem hohen Ziel geistiger Grösse zu streben. Die wilde Kreatur bekam ein sanftes Wesen; der Satyr schritt herab von seiner Festung in den Bergen, und furchtlos führte er seine Jungen in den Bannkreis seines alten Feindes, des Leoparden; der Milan und die Taube schlugen ihre Flügel auf demselben Ast; und aus den Tiefen des Urwalds trat der Tiger und näherte sich sanft, seinem König zu schmeicheln. Das schreckliche Glimmen seiner Augen war zu einem heiteren, liebevollen Leuchten geworden, und als ich ihm liebkosend übers Streifenkleid strich, war ein dankbares Schnurren seine Antwort.

Da mein Auftrag erfüllt war, gingen wir weiter. Als wir zur Schule zurückkehrten, zeigte sich ein in höchstem Masse eigenartiges Phänomen. Die Gesichter derer, die ich traf, hatten sich verwandelt: sie trugen einen Ausdruck, der einer ihrer seelischen Eigenschaften entsprach oder irgendeine besondere Eigenart oder Gewohnheit symbolisierte. Einer meiner Freunde war ein vorzüglicher Whist-Spieler, bekannt für seine scharfe Beobachtungsgabe und den geschickten Einsatz von Zeit und Gelegenheit, um eine Farbe auszuspielen, Impasse anzumelden oder Mitspieler zu übertrumpfen. Sein Gesicht bestand aus Karten, gefächert angeordnet, und das Blatt blinzelte mir zu, ruhig, huldvoll und frohlockend, gleichsam als ob es sich dessen bewusst war, dass es

«einfach unwiderstehlich, wie ein Mann am Whist-Tisch, mit acht Trümpfen in der Hand», sei.

Ein anderer, bekannt für sein gelehrtes Gehabe, eine eifrige Leseratte und ein begeisterter Forscher, sah mich kurz an, und flugs wurde sein Gesicht zu einem Bücherschrank, der von Nachschlagewerken nur so strotzte. Ich streckte meine Hand aus und langte nach einem Buch, als ein plötzlicher Aufschrei mir klarmachte, dass ich einen aufreizenden Griff getan hatte, der den Sterblichen bekannt ist als jemand an der Nase ziehen.

Doch bald verschwand diese drollige Vision, und wie vorher wallte der Stolz wieder in mir auf. Die wenigen Augenblicke köstlicher Erfrischung hatten mich gestärkt für diese gehobene Stimmung, und ich verstieg mich in die höchsten Höhen der Selbstbeweihräucherung. Ich ging im Zimmer auf und ab – es hatte sich in den Senat verwandelt, damit ich mich so richtig in Szene setzen konnte – und liess als wieder zum Leben erweckter Webster ein Donnergrollen gewaltiger Argumentation auf das Haupt eines geheimnisvollen Gegners niederrollen; alles und jeden brachte ich in den Zeugenstand, um Zeugnis abzulegen gegen die schauderhaften Ergebnisse einer übertriebenen Massnahme.

Nun wechselte das Trugbild, und ich war unermesslich reich und ebenso unermesslich wohltätig. Ganze Alleen lang schritt ich durch die Reihen kniender Armer und warf mit vollen Händen Gold in ihren Schoss. «Lasst es euch gut gehen, seid reich, lebt in Überfluss», rief ich; und während das Metall wie Regen von meinen bebenden Fingern tropfte, prasselte erneut ein Beifallssturm auf mich nieder, und die Hungernden schrieen: «Unser Retter!» Massloser Stolz über meine Freigebigkeit liess mich jubeln.

Als ich am Morgen nach einer Reihe verschwommener, köstlicher Träume erwachte, befand ich mich immer noch nicht ganz in meinem Normalzustand. Ich begann nun eine Wirkung des Haschisch am eigenen Leibe zu verspüren, die sich in den nächsten Monaten zunehmend verstärken sollte. Je weiter mein Haschischleben fortschreitet, desto länger wirkt jede einzelne Dosis, bis Erlebnisse, die bis anhin unabhängig voneinander auftraten, einander berühren; dann überschneiden sich die einzelnen Rauschzustände, und am Ende verschmelzen sie so miteinander, dass die lose Kette zu einem festgefügten Band wird, das einmal mit fröhlicher Leichtigkeit auf mir wie ein Rosenkranz ruht, ein andermal schwer auf meiner Seele lastet, wie der glühende Eisenring, der die Märtyrer an den Scheiterhaufen fesselt. Die letzten Monate dieses verzauberten Daseins – gleichgültig ob nun ein geistiges Verlöschen ihm ein Ende setzte oder die Rückkehr zum ruhigen, leicht durchzogenen Alltag der Menschheit – vergingen in einem ununterbrochenen, kunterbunt zusammengewürfelten Traum.

Am Morgen erfuhr ich allein die drollige Seite des Haschischs. Ich wurde in bunter Folge durch eine unendliche Vielzahl seltsamer Verwandlungen gewirbelt. Einmal war ich eine mächtige Säge in einer Sägemühle in einer Waldgegend im Norden, ich schoss auf und nieder, gebieterisch angetrieben von einem oberschlägigen Wasserrad, und zu beiden Seiten von mir flogen die Bretter nur so weg, gefräst in höchster Vollendung. Dann verwandelte ich mich in eine Flasche Sodawasser, sauste hin und her, kreiselte behende und flink, gejagt von einer Armee von Schankwirten, die mit dem Spitzbohrer in der Hand versuchten, die Drähte zu durchtrennen, die das sprudelnde Leben in meinem Innern verschlossen hielten. Vor Lachen erschöpft – ich stand der Gefahr, die mein Leben bedrohte, seltsam unbekümmert gegenüber – setzte ich mich nieder, um auszuruhen, als ich die ganze Schar meiner Verfolger abgeschüttelt hatte. Plötzlich überkam mich ein Gefühl, als sei ich aufs tiefste gekränkt worden: «Ist es möglich», sagte ich zu mir selbst, «dass dir als Spross einer alten und ruhmreichen Familie solch entsetzliche Schmach widerfährt und du dein Wesen vermengst mit einem der gemeinsten, gewöhnlichsten Getränke, das diese Gesellschaft kennt? Kind, das du eines besseren Schicksals würdig bist, ich werde die Götter anflehen um deinetwillen, dass sie dich in ihrer Gnade zu einer höheren geistigen Essenz emporheben mögen.» Gesagt, getan: Mein Hals wurde länger, mein Haupt erhielt eine Kappe aus schneeweissem Bocksleder, köstliche ätherische Düfte durchströmten mein Gehirn, und über die Vergötterung entzückt, gewahrte ich das Zeichen meiner Vornehmheit in goldenen Lettern auf meiner kristallenen Brust eingeprägt:

Eau de Cologne
Johann Maria Farina.

Ein majestätisches Nilpferd, so kam ich aus der Wildnis und klopfte mit dem Vorderhuf an die Tür eines Freundes, der berühmt dafür war, nächtlicherweise in reichem Masse Fusel zu verbrennen bei seinen Studien der Klassik und der Mathematik. «Neuigkeiten!» schrie ich; «Neuigkeiten aus dem Inneren Afrikas!» Mit einem Blick, in dem Erstaunen lag und auch ein wenig Erschrecken – denn er hatte mich noch nie zuvor in diesem Zustand gesehen –, öffnete mir der Bücherfreund die Tür, und ich trat ein.

Als zwangloses Nilpferd, so liess ich mich unter geradezu wahnwitziger Missachtung der stattlichen Breite, welche meiner Spezies eigen ist, ohne Erklärung und ohne Entschuldigung in den nächsten Sessel sinken. Als poetisches Nilpferd erging ich mich in erhebenden Schilderungen äquatorialer Felsenklippen, mediterraner Seen und morastiger Urwälder. Ich liess mich über die Freuden eines Daseins im Süden Afrikas aus; ich geriet in Ekstase, wenn ich daran dachte, welche Wonne doch ein Schlammbad schenken kann und wie köstlich ein Mahl saftiger Lotusstengel am Flussufer mundet, dort wo Mutter Natur auf ewig eine Gaststätte führt und dickhäutige Herren ohne Bezahlung verköstigt.

Ed war ein Mann von ausgeprägtem sozialem Empfinden, grosser Herzensgüte und inniger Wertschätzung für alles Schöne. Allein, in diesem Augenblick, da er vertieft war in eine gewaltige Batterie von Schmökern, versehen mit Stapeln von Lektüre, die auch für die längste Belagerung ausgereicht hätten, schützte er Beschäftigung vor und bat mich, meine Ausführungen über Afrika auf den St.-Nimmerleins-Tag zu verschieben. Ich willigte, wenn auch mit einiger Empörung über seinen mangelnden Geschmack, ein. Ich schickte mich an, sein Zimmer zu verlassen, um einen Zuhörer zu finden, der mir mehr Respekt entgegenbrachte, und öffnete die Tür – doch, oh weh! zu meiner Schande sei's gesagt, ich hatte mich der falschen Gattung zugeordnet, ich hatte mich in die grösste Giraffe verwandelt, die je verliebt mit einem Palmen-Spross getändelt hat. Ich bog mein hocherhobenes Haupt herab, um mich den Proportionen der Türe anzupassen, trat aus dem Zimmer und fand mich in meiner menschlichen Gestalt wieder.

Vos non vobis – worin der Pythagoräer ein Zuschauer ist

Was ich rückblickend von den Haschischerlebnissen halte, unterscheidet sich beträchtlich davon, wie ich sie damals einordnete. Heute erscheint mir die Droge, wiewohl sie mir tief verborgene Geheimnisse offenbarte und einen kurzen Blick auf übernatürliche Schönheit und Herrlichkeit zu werfen ermöglichte, als wahres Hexenkraut der Hölle, als Pflanze des Wahnsinns. Zu jener Zeit, als ich tagtäglich davon nahm, verzieh ich ihr all die Pein, vergab ihr die grausame Macht, die sie ausübte, den Zauber, dem ich mich nicht entziehen konnte, und die Tatsache, dass sie alle anderen Anregungen verdrängte; denn göttliche Formen und Gestalten schuf sie in meiner Seele, und wenn diese auch zunehmend seltener wurden, so verloren sie doch bis zuletzt nichts von ihrem Glanz. Überdies war ich, trotz aller Höhenflüge und vieler Schmerzen, immer noch der Meinung, dass ich lediglich experimentierte, und zwar in jenem höchst wunderbaren geistigen Bereich, der einer Nachforschung zugänglich gemacht werden konnte mit einem Mittel, dessen Einfluss so trügerisch war, dass die Seele erst erkannte, welche Riesenkräfte sie aufzubieten hatte, um ihm zu entkommen, als sie ihrer Lokkenpracht bereits beraubt war.

Dementsprechend nahm ich nicht an, ich würde einen meiner Freunde in Gefahr bringen, wenn ich ihm die Möglichkeit bot, den gleichen Versuch durchzuführen, der bei mir, wie man sah, Phänomene hervorrief, die für jemand, der sich mit Leib und Seele der Forschung verschrieben hatte, höchst erstaunlich waren. Einige meiner engsten Freunde wandten sich mit der Bitte an mich, ich möchte ihnen doch alles Nötige vermitteln, damit sie ihre Neugierde durch Versuche befriedigen könnten; und verschiedenen von ihnen verabreichte ich, wenn sich gerade eine günstige Gelegenheit bot, eine Dosis Haschisch und blieb getreulich an ihrer Seite, solange die Droge ihre Wirkung tat. Es gibt kein anderes Experiment, bei dem der Unterschied im Temperament – geistig und körperlich – eine solche Vielfalt von Phänomenen hervorbringen kann; nirgendwo sonst erhalten wir eine so scharf umrissene Vorstellung von diesem Unterschied. Aus diesem Grunde werde ich dieses Kapitel der Schilderung einiger der bemerkenswerteren Fälle widmen.

Bei William N--- zeitigte das Haschisch keinerlei Wirkung, die typisch gewesen wäre für eine Phantasietätigkeit. Es kam zu keiner Halluzination und auch zu keinem Vorbeiziehen ungewöhnlicher Bilder vor seinen geschlossenen Augen. Die Blutzirkulation aber verstärkte und beschleunigte sich in erstaunlichem Masse, wobei es zu der gleichen Introversion der Sinne und einer klaren Wahrnehmung aller Körperfunktionen kam, wie sie mich bei meinem ersten Eigenversuch erschreckt hatten. Der Atem ging rasselnd, die Pupillen weiteten sich, die Lider wurden schwer, und schliesslich kam es zu einem komatösen Zustand, der sich über Stunden hinzog und bei dem sich die Lebensgeister fast nicht mehr wecken liessen. Diese Symptome sowie eine merkwürdige Starre des gesamten Muskelapparates und die Unfähigkeit, beim Sprechen die Lautstärke richtig zu bemessen, erinnerten mehr als alles, was ich je erlebt hatte, an die Fälle, über die Dr. O'Shaughnessy aus Calcutta berichtet – er hatte dergleichen bei indischen Einheimischen mit eigenen Augen beobachtet. Ein Phänomen aber beobachtete ich bei William N---, das typisch ist für den Haschischrausch und bei Personen auftritt, die ihrer Konstitution nach gänzlich verschieden sind – die Ausdehnung von Zeit und Raum. Als ich mit ihm ein Stückchen ging – es waren nicht mehr als zweihundert Meter –, sah ich, wie er müde wurde und ein Ausdruck der Hoffnungslosigkeit auf seinem Gesicht erschien; erklärend meinte er, dass es ihm niemals gelingen würde, die ungeheure Weite, die vor ihm lag, zu durchqueren. Auch erinnere ich mich, dass er häufig fragte, wie spät es sei – dreimal in ebensoviel Minuten – und, auf meine Antwort hin, ausrief: «Ist es die Möglichkeit? Ich dachte, eine Stunde sei vergangen, seit ich das letzte Mal gefragt habe.» Von seinem Temperament her war er eine Mischung aus Phlegmatiker und nervösem Typ und im allgemeinen für Reize nicht sehr empfänglich. Mir war damals sehr daran gelegen, dass er ein angenehmes Erlebnis hatte, denn er war stets und später in ganz besonderem Masse ein herzensguter Linderer meiner Schmerzen und ein liebevoller Förderer meiner Freuden in so manchem Haschischerlebnis. Oft kam ich zu ihm geeilt, um auf meinen Haschischreisen nicht allein zu sein, und stets fand ich bei ihm volles Verständnis und Sympathie.

Heute bin ich froh, dass er von dem Zauber der Droge nichts erfuhr, denn der Himmel allein – und keineswegs der Haschischesser selbst – weiss, wohin sie ihn führt.

Einer meiner Freunde im College war ein Mann, zu dem, von seinem Äusseren her und aus seiner geistigen und moralischen Einstellung heraus, kein anderer Name passen konnte als Bob; alle Freunde nannten ihn so, und nichts hätte sein ganzes Wesen besser auszudrücken vermocht als eben dieser Name. Er war impulsiv, überschwenglich in seiner Zuneigung, grosszügig bis zum Exzess; er war reizbar, liebte eigentümliche Nachforschungen und romantische Abenteuer, kurz, es gibt keinen anderen Namen, der ihn so trefflich umschrieben hätte, dass mehr als nur ein verschwommenes Abbild seines Charakters gezeichnet worden wäre – keinen, der ihn so lebendig dargestellt hätte, dass nicht doch irgendwo ein Ellenbogen seines innersten Wesens am falschen Ort herausgestanden wäre. Es ist nicht weiter verwunderlich, dass ein Mensch seines Temperamentes im Haschischrausche vieles fand, das ihn heftig anzog.

Um halb sieben Uhr abends, also nach dem Nachtessen und nicht vorher – wie ich es vorgezogen hätte –, nahm er 25 Gran der Droge. Das mag als grosse Dosis aussehen, wer weiss, dass ich mit fünfzehn Gran häufig eine äusserst heftige Wirkung erzielte; man darf jedoch nicht vergessen, dass beim ersten Versuch – will man dem Experiment einen vollen Erfolg sichern – eine wesentlich grössere Dosis notwendig ist als bei späteren Versuchen. Ungleich allen anderen Stimuli, die mir bekannt sind, verlangt Haschisch nicht, dass bei fortdauerndem Genuss die Dosis erhöht wird, vielmehr ist eine Verminderung angezeigt, da das Kraut allem Anschein nach (so ich mich dieser eher materialistischen Analogie bedienen darf) bei der Rückkehr in den Normalzustand ein ungenutztes Kapital an Freude zurücklässt für den nächsten Genuss, um darauf das Geschäft aufzubauen.

Die unglückselig späte Stunde, zu der die Dosis verabreicht worden war, führte dazu, dass es schon nach halb elf war, als sich bei meinem Freund die erste Wirkung zeigte. Um diese Zeit sassen Bob und Edward, die Leseratte, der ich mich als Nilpferd verkleidet präsentiert hatte, mit mir zusammen in einem hellerleuchteten Raum und unterhielten uns. Plötzlich sprang Bob vom Sofa hoch, auf dem er gelegen hatte, und tanzte wie wild im Zimmer umher, wobei es ihn vor Lachen nur so schüttelte. Ein seltsames Leuchten glomm in seinen Augen, und wie der Darsteller einer Pantomime vollführte er heftige Gebärden. Ich war keineswegs überrascht von diesen Symptomen, denn ich erkannte genau, in welchem Geisteszustand er sich gerade befand; mein anderer Gefährte aber war erstaunt, ja entsetzt bei dem Gedanken, der Experimentierende könnte für immer den Verstand verlieren. Plötzlich hielt er im Tanzen inne und flüsterte, wie von einer unerklärlichen Furcht geschüttelt: «Was wird mit mir geschehen?» Diese Frage rief mir in aller Deutlichkeit die schrecklichen Ängste ins Gedächtnis zurück, die ich bei meinem ersten Versuch ausgestanden; und obwohl ich ganz sicher war, dass ihm kein Haar gekrümmt würde, sah ich doch, dass ich den Leidenden unterstützen und ihn meiner eigenen festen Überzeugung versichern musste, dass ihm nichts geschehen könne, um ihm damit Ruhe und Durchhaltekraft zu geben. Ich erwiderte: «Wie seltsam du dich auch fühlen magst, glaube mir, du hast nicht den geringsten Grund, dich zu fürchten. Ich war dort, wo du jetzt bist, und ich versichere dir bei meiner Ehre, du wirst zurückkehren, ohne dass dir ein Leid geschieht. Nichts Böses wird dir widerfahren; überlasse dich nur der ganzen Wucht deiner Gefühle, in vollem Vertrauen darauf, dass du von keiner Gefahr bedroht bist.» So vollständig neu und unbekannt ist die Haschisch-Welt für den, der zum ersten Mal sie schaut, dass auch der tapferste Mann die grandiosen Wirklichkeiten nicht besser zu ertragen vermag als die schwächste Frau; auch er bedarf des Zuspruchs seiner Umgebung.

Das Delirium, das sich schnell seinem Höhepunkt näherte, liess es geraten erscheinen, dass Bob die übernatürliche Aktivität, die ihn erfüllte, im Freien ausleben konnte, wo es sich freier atmen liess und er sich weniger Zurückhaltung auferlegen musste. Ich kleidete meine Worte in ein phantasievolles Gewand, so phantasievoll, wie ich es nur vermochte, und schlug ihm vor, zu einer Reise durch die wunderbaren Gefilde der Visionen aufzubrechen. Bald schon hatten wir das Strassenpflaster unter unseren Füssen, er sprang herum, die Aussicht auf die grossartige Szenerie, die ihn erwartete, erfüllte ihn mit unbändiger Freude, und ich war bereit, ihm bei jeder angenehmen Phantasie, die sich seiner bemächtigen sollte, bis zum Ende getreulich zur Seite zu stehen; sollte es an einer solchen mangeln oder das Gegenteil der Fall sein, so wollte ich ihm geschickt Wege aufzeigen, denen seine Gedanken folgen konnten.

Es wird wohl niemandem entgangen sein, dass ich mich in einer schwierigen Lage befinde, da ich gezwungen bin, subjektive Zustände und ihre Entwicklung vom objektiven Standpunkt her zu schildern. Die Quelle für alles, was ich von diesem Fall erzähle, ist meine Beobachtung der sichtbaren Phänomene und die Schilderung meines Freundes von den Vorgängen in seinem Inneren, die er mir nach seiner Rückkehr ins Wachbewusstsein gab. Diese Schilderung war in ihrem Ausdruck von einer solchen Verklärtheit, dass ich mich ausserstande sehe, sie zu wiederholen; sie zeugte von einem höchst bemerkenswerten Seelenzustand, wie ich ihn unter der Wirkung von Haschisch sonst nie festgestellt habe.

Während wir die Stufen des Gebäudes hinabschritten, tauchte vor seinen Augen in weiter Ferne eine grosse Moschee auf, unzählige Fahnen flatterten von ihren Minaretten, die den Halbmond als Wappen trugen. Eine riesige Ebene, nur spärlich mit Gras bewachsen, erstreckte sich zwischen ihm und der Moschee. Hoch zu Ross sassen wir, auf edlen Arabern, und mit unglaublicher Schnelligkeit galoppierten wir Seite an Seite dem Bauwerk entgegen; und ich wusste, dass er diese Phantasiegebilde erlebte, seine Antwort auf meine Frage, warum er sich beim Gehen so aufbäume, verriet es mir. Bevor wir noch bei den Mauern anlangten, waren Bogen und Minarette verschwunden; Bob, nun in einen Strauss verwandelt, durcheilte Wüstenstriche, in denen es keinerlei Anzeichen menschlichen Lebens mehr gab. Auch auf diese Tatsache wurde ich im gleichen Augenblick durch seine Worte aufmerksam gemacht; denn obgleich er vollkommen in seiner Halluzination befangen war, vermochte der andere Teil seines Ich, genau wie bei mir, immer noch über seinen Zustand Rechenschaft abzugeben.

Es ist eine bemerkenswerte Tatsache, dass Haschischvisionen fast unweigerlich orientalische Züge annehmen. Dies lässt sich aber keineswegs mit der Annahme erklären, der Experimentierende würde sich daran erinnern, dass die Menschen im Orient diesem Genusse sehr zugetan sind, denn auf dem Höhepunkt des Rausches weiss der Verstand nichts mehr davon, dass er sich in einem unnatürlichen Zustand befindet. Sogar der Gedanke an die Droge ist völlig vergessen, und die momentane Wirklichkeit schliesst alles Forschen nach Gründen und Ursachen aus. Das einzige, was meiner Meinung nach als Erklärung dienen könnte, ist die Annahme, dass Haschisch die Ursache und nicht die Folge jener eigentümlichen Charakteristika orientalischer Denk- und Wesensart ist. Türken und Syrer leben in der Tat in einer Umgebung, die ganz dazu angetan ist, die Phantasie anzuregen. Ein lieblicher Himmel, eine üppige Vegetation und eine Landschaft, wie sie am Bosporus und ausserhalb von Damaskus zu finden ist, laden allein schon zum Träumen und zum Dichten ein; verzaubert überdies noch Haschisch das Gemüt und beschert den von Musik und Düften umgaukelten Sinnen noch viel grossartigere, reichere Genüsse, so bedeutet es den Höhepunkt in einer Harmonie, deren Schönheit fast alles übertrifft, was die Erde beherbergt.

Uns, die wir aus nebligeren Regionen stammen und doch eine viel lebendigere Vorstellung von wahrer Schönheit haben, schenkt die Droge einen ähnlichen Reichtum an Visionen und, indem sich mit ihrer Wirkung ein grösserer Weitblick und eine ausgeprägtere Denkfähigkeit verbinden, als sie der Orientale je besessen, macht sie all den Mangel an Sonnenschein und Landschaftspracht der äusseren Welt dadurch wieder wett, dass sie auf die aktive Mitarbeit des Experimentierenden zurückgreift.

Östliche Architektur und im Grunde auch die östlichen Sitten sind insgesamt Verkörperungen und Ausdruck östlichen Denkens. Dieses Denken, oder zumindest seine besondere Beschaffenheit, ist zu einem grossen Teil auf die Wirkung jener Stimulantien zurückzuführen, deren Genuss im Orient weit verbreitet ist und von denen das Haschisch den obersten Rang einnimmt, weil es auf das Denken selbst Einfluss nimmt und höchst gebieterisch alle Fähigkeiten des Gehirns lenkt. Daher kommt es, dass die Droge, wenn sie mit einem aufnahmefähigen Organismus in Berührung kommt, stets die gleiche Wirkung zeitigt – die Visionen, die sie hervorruft, sind von übernatürlicher Schönheit oder ebensolcher Schrecklichkeit. Es ist das Haschisch, das sowohl den Syrer als auch den Angelsachsen zum Orientalen macht.

Dass diese Hypothese mehr ist als nur ein Hirngespinst, lässt sich, so scheint mir, auf Grund zahlreicher Parallelen belegen, die auch bei anderen Völkern als den orientalischen zu finden sind. Nicht allein das trübe Wetter und die kalten Winde sind es, die den Engländer dazu gebracht haben, in seinem Verhalten wie auch in seiner Architektur eine Mauer der Zurückhaltung aufzurichten. Sein Stimulans ist landesweit das Bier, dessen Wirkung leicht gefärbt wird durch den mässigen Genuss von Tabak; und was charakterlich dabei herauskommt ist Verschwiegenheit, Verlässlichkeit und Nachdenklichkeit.

Ebensowenig liegt es am Land, das so jung, am Klima, das so besonders, und an der Zeit, die so schnelllebig, dass der Amerikaner seine Bauten in luftige Höhen streben lässt – wie Pilze schiessen sie aus dem Boden, vom Fundament bis zum Dach sind sie in vierzehn Tagen vollendet – und er eine Offenheit zur Schau trägt, die ihm Schutz und Schirm sein sollte, die aber in all seine Gedanken Einblick gewährt. Bettelnd strecken seine Kinder die Hände aus der Wiege und langen nach des Vaters Tabaksdose; als wären sie in einem Gewächshaus, so werden die Olivenbäumchen rings um seinen Tisch mit schöner Regelmässigkeit eingeräuchert; der graubärtige Onkel (sofern ein Amerikaner sich überhaupt die Zeit nimmt, so lange zu leben) bläst aus seiner Pfeife unaufhörlich zartduftende Melodien durchs ganze Haus, nach denen die übrigen Mitbewohner nicht ungern tanzen, und aus dieser allumfassenden Durchtränkung mit Nikotin entsteht dieses höchst anormale, doch im grossen ganzen doch recht liebenswerte Produkt, ein Amerikaner. Dieser Mann ist eine einzigartige Mischung aus Vision und Wirklichkeit: visionär deshalb – es gibt auch andere Gründe dafür, gewiss –, weil seine Droge ihn so werden lässt, wirklichkeitsbezogen, weil die Notwendigkeit harter Arbeit in dieser Neuen Welt voller hektischer Aktivität dies von ihm verlangt. Sein Geist manifestiert sich in Bauwerken, deren Ausstattung und rasche Fertigstellung auf Kosten der Sicherheit, Haltbarkeit und Gesundheit erreicht wird, und in Verhaltensweisen, in denen Vorsicht und Zurückhaltung nur dann zum Zuge kommen, wenn er selbst heftig gegen die vorstehende Kante des Schicksals gestossen ist und ihn dies gelehrt hat, dass ohne die beiden – nämlich Vorsicht und Zurückhaltung – kein Auskommen ist.

Seine Häuser in der Stadt sind steingewordene Zigarren, während das Haus des Briten sich als Bierkrug die Ehre gibt – die Lebensweisen beider Völker sind eben in starkem Ausmass von der Essenz ihrer verschiedenen Drogen geprägt!

In allen zivilisierten Ländern bilden öffentliche Bauwerke eine Ausnahme von dieser Regel, denn da der Entwurf zu diesen Steinansammlungen eine eher kosmopolitische Angelegenheit ist, gehen die nationalen Eigenheiten in dem umfassenderen Plan unter, der die gesammelten Vorzüge der Kunst aller Epochen und Länder umfassen soll. Bei den Türken ist das anders: So wie sie in ihrem Wesen zutiefst von sich selbst überzeugt sind, so sind die Moscheen und das Serail ihres Sultans ebenso eindeutig der Ausdruck und die Verkörperung nationaler Eigenheiten wie irgendein Kiosk an der Ecke.

Ich bitte um Entschuldigung für diesen Exkurs und kehre nun zurück zu den Einzelheiten jener Vision, von der ich begonnen hatte zu erzählen.

Die Nacht war viel dunkler, als sie es für den Spaziergang eines Haschischessers hätte sein sollen, der ja, wie man sich erinnern wird, gebieterisch nach Licht verlangt, damit seine Vision Farbe bekommt. Bob war immer noch in der Vorstellung befangen, ein Strauss zu sein, als wir durch den steinernen Torweg am Ende der Collegeterrasse heraus auf die Strasse traten. Wolken verdunkelten den Himmel über uns, aber der Mond, gerade eben voll geworden, schaute am westlichen Horizont hinter den Wolken hervor. Ich zeigte durch die Bäume auf das strahlende Rund und machte Bob auf die eigenartige Schönheit dieses Anblicks aufmerksam. Verzückt klatschte er in die Hände und rief: «Wohlan, das immerwährende Königreich des Mondlichts!» Von diesem Augenblick an bis zum Untergang des Trabanten verweilte er in jenem Königreiche. Von zartem Silberglanz übergossen waren alle Dinge, die er schaute; seine Gefühle brandeten hoch und verliefen sich wieder wie die Gezeiten unter dem Einfluss des Nachtgestirns. Mondhelle Flusslandschaften, Terrassen, Schlösser und schlummernde Gärten, alles, worüber er sich in früheren Träumereien gefreut, verschmolz zu dieser einen Vision voller Entzücken.

Der Mond versank, und undurchdringliche Dunkelheit umhüllte uns auf der menschenleeren Strasse, nur an den Strassenecken blitzten Lampen auf, Lichtpunkte auf dem langen, öden Weg. Eine Weile gingen wir schweigend nebeneinander her. Als er sich auf meinen Arm stützte, fühlte ich mit einem Mal, wie meinen Gefährten plötzlich ein Schauer überlief. «Was ist los, Bob?» fragte ich. «Oh. Unerträglich ist das Grauen, das mich gepackt», gab er zur Antwort. «Rette mich, wenn du kannst!» «Woran leidest du?» «Dieser Russschauer, der vom Himmel auf mich herunterfällt. Schrecklich!»

Ich suchte den Lauf seiner Gedanken in andere Bahnen zu lenken, doch er war in seinem Rausch an jenem Punkte angelangt, da Ratschläge ihn nicht mehr erreichten. Kein Zuspruch aus der Welt des Schattens konnte die Realität seiner Welt in diesem Moment verändern. Ich bin bei späteren Versuchen an dem gleichen Punkte angelangt, und auch bei mir vermochte kein menschlich Wesen den Zustand zu beeinflussen, der mich umfing; es war, als ob ein Erdenbruder die Hände ausstreckte und einem Bruder zu helfen versuchte, der sich in den Schmerzen der Unsterblichkeit wand. Es gibt Männer in den Ländern des Orients, die es sich zur Aufgabe machen, den Haschischessern während ihres Rausches zur Seite zu stehen, und die von sich behaupten, sie könnten die anderen stets auf angenehmen Pfaden der Halluzination führen. Wenn sie tatsächlich über diese Fähigkeit verfügen, muss das Delirium, über das sie wachen, ein Zustand sein, der sich viel leichter lenken lässt als alles, was ich auf dem Höhepunkt des Haschischrausches je erlebt habe. Im gegenwärtigen Augenblick blieb meine ganze Einflussnahme kraft- und wirkungslos. Die Lebendigkeit der Bilder in seinem Inneren und der Schrecken der Dunkelheit, die ihn umgab, waren stärker als meine Einflussmöglichkeiten.

Wieder gingen wir ein kurzes Stück des Weges, ohne ein Wort zu wechseln. Doch nun brach es aus meinem Freund hervor, ein Schrei, schwach zwar, doch voller Erbitterung: «Bete für mich! Ich bin verloren!» Obwohl ich wusste, dass er sich keineswegs in äusserster Gefahr befand, war mir klar, dass ihm dies zu sagen verlorene Liebesmüh' gewesen wäre; darum ging ich auf sein Ersuchen ein und rief: «Oh, allmächtiger Gott, schenke diesem Manne Frieden!» «Halt ein! Halt ein!» fiel mir mein Freund ins Wort. «Schrecklich klingt dieser Name in meinen Ohren; ich kann ihn nicht ertragen. Ich sterbe; bringe mich unverzüglich zu einem Arzt.»

Obwohl keine körperliche Notwendigkeit bestand, so wusste ich doch, dass grosse seelische Not ihn bedrängte, und um ihn zu beruhigen, versprach ich sogleich, seinem Wunsche Folge zu leisten, und lenkte unsere Schritte zum nächsten Arzt. Nun griffen dämonische Schatten aus der Dunkelheit nach ihm, von Kopf bis Fuss in tintenschwarze Leintücher gehüllt, doch feurig glühten die Augen aus der Tiefe ihrer Mönchskapuzen. Ich spürte, wie er kämpfte, und mit nackter Gewalt entriss ich ihn den Geisterhänden. Er selbst schien das Gefühl zu haben, in einer riesigen Arena einherzuschreiten, die von mächtigen Mauern umgeben war. Wie aus dem tiefsten Grunde eines schwarzen Schlundes blickte er empor und sah die Sterne in weiter, weiter Ferne; sie blinkten traurig auf ihn herab, geradezu menschlich mutete ihr Mitleid an, das von Verzweiflung erfüllt war, und er hörte, wie sie leise seinen Untergang beklagten. Teuflische Flammen wogten in der Ferne, ihre schwefeligen Schwaden trugen gepeinigte Gestalten und spöttische Fratzen empor, und auf den uneinnehmbaren Zinnen rings um ihn herum flackerten stossweise Wachtfeuer. Er sprach kein Wort, doch ich vernahm sein Stöhnen, das voller Angst war.

Ganz plötzlich stand mitten in der Dunkelheit ein Rad wie von einer Lotterie; ein leuchtender Fleck umkreiste das Rad und machte alle seine Bewegungen sichtbar. Langsam begann es sich zu drehen; und immer schneller drehte es sich, rasend schnell, und aus seiner Öffnung flogen Lose, die meinem Freund in der richtigen Reihenfolge alle Handlungen seines vergangenen Lebens, auch die unwichtigsten, zeigten: von seinem ersten kindlichen Ungehorsam – der Weigerung seiner frühen Kindertage, an einem bestimmten Tag zur Schule zu gehen, wie man es ihm befohlen hatte – bis zur letzten ungehörigen Tat, die er begangen – sein ganzes Leben flog in Blitzesschnelle an ihm vorüber, eingeschrieben in diese feurigen Zeichen. Dinge, die gänzlich er vergessen hatte – Dinge, die ihm zu der Zeit, da sie geschahen, belanglos erschienen waren – unbedeutende Handlungen, wie das Schneiden einer Weidenrute, alles hastete in Windeseile an seinen Augen vorüber; und doch erinnerte er sich an sie als wahre Begebenheiten, und er erkannte ihren Stellenwert in seinem Leben.

Dieses Phänomen gehört mit zu den erstaunlichsten Beispielen für den Zustand, in dem es tatsächlich eine höhere Verzückung durch Haschisch gibt. Es handelt sich dabei um eine vorübergehende, teilweise Lösung jener Bande, die Körper und Seele zusammenhalten. Dass der Seele aber die Spuren auch nur eines einzigen Eindrucks verlorengehen sollten, ist ausgeschlossen. Wenn De Quincey einen Vergleich zu den Palimpsest-Manuskripten zieht, so ist das wohl einer der schlagkräftigsten Vergleiche, die ein Genius seiner Grösse zu verwenden vermochte, doch ist er keineswegs zu hoch gegriffen, um der Wahrheit Ausdruck zu verleihen. Wir gehen, in träumerisches Nachdenken versunken, über eine Wiese; ein zarter Grashalm streift unseren Fuss; wir werden dessen kaum gewahr; hier auf Erden bleibt es für immer vergessen. Doch nicht einmal diese kleine Empfindung geht gänzlich verloren. Der Druck des Körpers macht die Seele stumpf für diese Wahrnehmung, andere, äussere Erfahrungen verdrängen sie; wenn aber die Zeit für das letzte Erwachen gekommen, für die Auferstehung der Seele aus dem Gefängnis des Leibes, dann wird der forschende Strahl des schicksalhaften Lichts jene alten Inschriften ausleuchten, und keine noch so tief eingravierte Chronik eines irdischen Triumphes könnte dem geistigen Auge klarer erscheinen.

Die lähmenden Einflüsse des Körpers schützen uns vor allgegenwärtigen Gewissensbissen und vergangenem Gram auf Erden. Das Gewicht des Leibes lastet schwer auf der inneren Wahrnehmung und stumpft sie ab – sie vermag eine Vielzahl der Buchstaben, die ein scharfes Unterscheidungsvermögen verlangen, um entziffert zu werden, nicht mehr wahrzunehmen. Sobald der Körper entschwindet, fällt auch die Schranke zur Vergangenheit dahin.

Diese Tatsache mag vielleicht letztlich der Grund dafür sein, weshalb es überhaupt einen Körper gibt. Warum werden wir nicht geradewegs in die geistige Welt hineingeboren, ohne zuerst eine langwierige Erfahrung durchzumachen, behindert von einer grobstofflichen Leibesbeschaffenheit? Wäre es nicht möglich, dass die Antwort in dieser Richtung zu suchen ist. Würde die Seele, in ihrer ersten Inkarnation, direkt in jene Welt eingeführt, in der die Wahrheit unmittelbare Erkenntnis ist, und stünde sie da im gleissenden Licht ihres Wesens, so könnte die ungeheure Erhabenheit dieses Anblicks ihre Zerstörung bedeuten. Aus diesem Grunde machen wir zuerst eine Lehrzeit durch, in der wir wenig Grossartiges zu lernen oder zu tun haben; ewige Wahrheiten erahnen wir erst ganz allmählich, sie zucken nicht wie Blitze auf uns herab. Das Bild der Erscheinungen ist zunächst alles, was wir kennen; wir haben bestimmte Eigenschaften und eine besondere Gestalt, und für die Spanne unserer Kindheit sind wir es zufrieden, die Welt der Erscheinungen zu erforschen. Als nächstes werden wir uns gewisser logischer Fähigkeiten bewusst, die es uns gestatten, das Begriffliche zu erfassen, das nicht in den Bereich der Sinneswahrnehmung fällt: Wir lernen Bezüge herzustellen, die rein gedanklicher Natur sind, die aber in ihrem Wert als ebenso wichtig eingestuft werden wie das, was man schmecken oder greifen kann. Ganz zuletzt aber steigen wir auf in den Bereich der inneren Schau, und ohne dass uns die Sinne in irgendeiner Weise helfend zur Seite stehen, sei es durch Empfindungen, die wir wahrnehmen, oder durch Bezüge, die sich anbieten, erfahren wir die Wahrheit der Welt von Angesicht zu Angesicht. Bei dieser allmählichen Entwicklung von der Sinneswahrnehmung über den Verstand bis zur inneren Schau steigen wir empor zu jener Warte, von der aus wir mit einiger Gelassenheit die Unendlichkeit einer direkt erlebbaren Schönheit und Wahrheit schauen können, sobald der Schild des Körpers uns nicht mehr die Sicht versperrt, und wir erkennen, dass wir in unserem höchsten Bewusstsein Welten zu schauen vermögen, die das, was wir in unseren fesselndsten Visionen je wahrgenommen haben, um ein Vielfaches übertrifft. Ohne die langsame Entwicklung aber wäre die Seele in einem blendenden Strahlenglanz zwar kurz aufgeblitzt und dann im ewigen Nichts verglüht.

Wenn es stimmt, dass der Körper unser Schutzschild ist, das uns vor den tödlichen Herrlichkeiten einer rein geistigen Welt bewahrt und die volle Wucht schmerzlicher Erinnerungen aus vergangenen Zeiten abwehrt, ist leicht einzusehen, welch fürchterliche Strafe die Seele treffen kann, wenn man zulässt, dass

Es gibt Männer in den Ländern des Orients, die es sich zur Aufgabe machen, den Haschischessern während ihres Rausches zur Seite zu stehen, und die von sich behaupten, sie könnten die anderen stets auf angenehmen Pfaden der Halluzination führen.

sie sich in der Ewigkeit aufhält ohne eine Hülle, die sie vor der Wucht der Ereignisse ihres irdischen Daseins schützen könnte. Zweifelsohne wird die Seele, wenn sie in die himmlischen Sphären eingeht, einen neuen Geistkörper bekommen – einen Körper, der, obgleich nicht so drückend schwer wie unser irdischer, dennoch die Seelenzustände in einer Weise beeinflusst, dass lediglich erhebende Empfindungen Eingang finden. Wenn aber eine Seele, die mit solchen Erlebnissen und Daseinszuständen nicht vertraut ist – wegen des Bösen, dem sie verfallen –, nackt vor der umfassenden Erinnerung ihres vergangenen Lebens steht und die strafende Gerechtigkeit das himmlische Licht einer Neuen Welt auf ein solches Schreckensantlitz wirft, so werden alle Zeichen des Feuers und des Skorpions nur milde Abbilder sein der Qual, welche dieser Anblick verursacht. Und so betet Paulus: «... weil wir nicht wünschen, entkleidet, sondern überkleidet zu werden» (2. Kor. 5,4; *A. d. Ü.*).

Ich war von der Wiedergabe meiner Geschichte abgeschweift, während wir uns auf dem Weg zum Arzt befanden. Als wir endlich bei ihm anlangten, fanden wir ihn immer noch in seiner Praxis vor, obgleich die elfte Stunde bereits geschlagen hatte.

Vergeblich versuchte ich, mit ihm zuerst ein Wort allein zu wechseln; denn Bob, der scheinbar – wie dies häufig bei Haschisch-Halluzinationen der Fall ist – befürchtete, ihm könnte ein Unrecht geschehen, liess es nicht zu, dass ich irgend etwas sagte, was die Meinung des Arztes möglicherweise beeinflussen könnte. Beharrlich wiederholte er, dass er dem Tode nahe sei, obgleich er leugnete, an irgendeiner Stelle des Körpers, auf die er hätte zeigen können, Schmerzen zu fühlen! Er war vollkommen ausserstande, den Doktor über den Grund seines Zustandes aufzuklären; doch endlich gelang es mir, das Wort zu ergreifen und selbst Auskunft zu geben. Wie die meisten praktischen Ärzte wusste er nichts über die Droge und ihre Wirkungsweise; er konnte nur mit dem Kopfe schütteln, und aufgrund der verschiedenen Symptome, die das äussere Gehaben seines Patienten kennzeichneten, befürchtete er das Schlimmste. Er erklärte Bob, dass es sehr töricht von ihm gewesen sei, diesen Versuch gemacht zu haben; dass er sich in drohender Gefahr befände – vielleicht gar sterben könnte; er würde ihm ein Pulver geben – aber sagen könne er ihm gar nichts.

Mit dieser vorzüglichen Tröstung schürte er des armen Mannes Aufregung noch mehr; als er eben gerade das Zimmer verliess, um eine Portion Ipecacuana zu holen, machte ich mir dies zunutze und folgte ihm unauffällig, indem ich vorgab, ihm beim Zubereiten der Dosis behilflich sein zu wollen. Sobald wir uns in dem anderen Raum befanden, sagte ich mit grosser Heftigkeit, aber nur gerade so laut, dass Bob es nicht hören konnte: «Um Himmels willen, wenn Sie nur ein Fünkchen Mitleid haben, dann sagen Sie diesem Mann, dass er in keiner Weise in Gefahr ist. Er *ist* nicht in Gefahr. Ich habe den Versuch zu wiederholten Malen gemacht, und ich kann mich dafür verbürgen, dass alles, was er braucht, der ruhige Zuspruch ist, dass ihm rein gar nichts geschehen kann.»

Meine eindringliche Art überzeugte ihn von meiner Aufrichtigkeit, worauf er in das Zimmer zurückkehrte, in dem Bob immer noch sass, und ihm, auf ganz ähnliche Weise wie mein Arzt es getan hatte, als ich bei meinem ersten Versuch in Panik geriet, gut zuredete. Er riet ihm lachend, keinerlei Bedenken zu haben wegen der Folgen, er würde sich gewisslich ohne Schaden von seinen derzeitigen Empfindungen wieder erholen.

Im Handumdrehen wurde Bob vollkommen ruhig, und der Glückszustand, in dem er sich zu Anfang seines Erlebnisses befunden hatte, trat wieder an die Stelle aller Ängste. Wir verliessen die Praxis des Arztes und machten uns auf den Heimweg. Unterwegs glaubte er ein Mandarin zu sein, der eben einen triumphalen Sieg über einfallende Völkerscharen errungen hatte. Er vernahm, wie ich in meiner Vision des siegreichen Marsches, Lobeshymnen und Ruhmesklänge; doch er tat noch mehr – er spielte selbst eines der Instrumente. Stets ein Mann mit vorzüglichen musikalischen Einfällen und ein glänzender Pianist, besass er nun die Fähigkeit, Melodien zu erschaffen, wie er sie im Normalzustand selbst in seinen besten Augenblicken nicht hatte. Er formte seine Lippen, um Töne hervorzubringen, die wie jene einer Trompete klangen, und spielte, soweit ich das hören konnte, eine so schöne eigene Stegreifkomposition, dass sie jedem Bläser zur Ehre gereicht hätte, dessen Instrument je Berühmtheit erlangte. Ein paar Minuten genoss ich dieses unerwartete musikalische Vergnügen, in höchstem Masse erstaunt über ein Phänomen, von dem ich mir noch nie zuvor einen Begriff gemacht hatte.

Wir langten zu Hause an. Der Experimentierende legte sich zu Bett, und Visionen von höchstem Entzücken umgaben ihn die ganze Nacht. Stundenlang sass ich an seinem Bette, und stets erkannte ich den Augenblick, wenn seine Stimmung einen Höhepunkt erreichte, ich erkannte es an irgendeiner Melodie, ähnlich jener, die uns in Dunkel und Einsamkeit bei unserem Aufstieg zum Hügel aufgemuntert hatte; von seinen Lippen kam sie, sogar im Schlaf, eine köstliche Melodie. Am Morgen erwachte er zur gewohnten Zeit; er war aber vielleicht sensibleren Gemütes als ich, jedenfalls hielt die Verzückung – ohne die dazugehörigen Halluzinationen – über mehrere Tage hinweg an. Bob nahm nie wieder Haschisch.

Als nächsten Fall will ich von meinem Freund Fred W - - - berichten, der wohl dem Haschisch jetzt für immer entsagt hat, der aber bei seinem ersten Versuch so vom Zauber der Droge angetan war, dass er mehrere Monate lang Versuche anstellte über den Einfluss der Droge, ebenso erfolgreiche Versuche, wie die meinen, wenn auch niemals in dem gleichen Ausmass wie ich. Vom Typ her war er eine Mischung aus Sanguiniker und Choleriker; seine Vorliebe für die schönen Künste war fast schon eine Leidenschaft zu nennen. Bei seinem ersten Versuch mit Haschisch erlebte er lediglich die Ausdehnung von Zeit und Raum, doch hatte er vom Zauberischen, Unheimlichen einen kleinen Schimmer erhascht, genug, um es wieder zu versuchen.

So manche Nacht ging ich mit ihm im hellen Mondlicht durch die Strassen, vom linden Hauch der Sommernacht umhüllt, oder wir glitten im Ruderboot auf dem silbernen schimmernden Fluss dahin, wobei er achtern sass und verzückt vor sich hinträumte. In die Träume eines Mannes, wie er es war, oder auch des Freundes, den ich zuvor erwähnt habe, konnte ich mich so gut einleben, dass ich ein Haschischerlebnis erfuhr, das fast so köstlich war wie mein eigenes. Einmal, ich mag mich wohl daran erinnern, lautlos glitten wir eben zwischen dem doppelten Himmelszelt dahin – dem herrlichen Himmel über uns und seinem Abbild, das der Strom uns spiegelte –, sah er in den Wolken, die sich am westlichen Horizonte auftürmten, eine strahlende Stadt, im Halbkreis errichtet wie Algier, doch jede Kuppel, jedes Architrav schimmerte im makellosen Glanz des Marmors. Da rief er aus «Bitte sing! Ich fühle mich dem himmlischen Geist der Musik so verwandt.» Leise summte ich: «Spargi d'amaro pianto.» «Das ist wahres Entzücken!» brach es erneut aus ihm heraus. «Entsinnst du dich der Worte ‹Architektur ist steingewordene Musik!› Jedesmal, als wenn Töne in aufsteigender Folge sangst, sah ich prächtige Zinnen riesenhaft in den Himmel emporwachsen; mit den absteigenden Tönen sanken sie wieder in sich zusammen, doch die ganze Zeit über, während du sangst, sass ich da und war bezaubert von einer lieblichen Treppe aus parischem Marmor.»

Doch sein wundervollstes Erlebnis – wundervoll wegen seiner ausserordentlichen Schönheit und mehr noch, weil es ihm einen kurzen Einblick gewährte in die Fähigkeit des Geistes zu sympathetischer Wahrnehmung – war eine Vision, die er kurz nach dem eben geschilderten Erlebnis hatte. Nachdem er Haschisch genommen und seine Wirkung schon seit mehreren Stunden verspürt hatte, besass er immer noch genügend bewusste Selbstkontrolle, um das Zimmer eines bestimmten, ganz ausgezeichneten Pianisten aufzusuchen, ohne diesen in das Geheimnis seines Zustandes einzuweihen. Fred liess sich sofort nach seinem Eintreten auf das Sofa fallen und bat den Künstler, ihm irgend etwas vorzuspielen, wobei er keinen bestimmten Komponisten nannte.

Das Präludium begann. Beim ersten harmonischen An- und Abschwellen der Töne wurde der Träumer emporgehoben zu dem Chor einer herrlichen Kathedrale. Von diesem Augenblick an vernahm er die Töne nicht mehr als von aussen kommend, sondern, und das will ich schildern, als innerlich in eine der wunderbarsten Imaginationen eingebettet, von der ich je im Leben Kenntnis erhielt.

Die Fenster von Schiff und Querschiff leuchteten in den wundervollsten Farben, Ereignisse aus dem Leben der Heiligen schmückten sie. Vor dem Altar schwängerten die Mönche die Luft mit den Düften, die ihren goldenen Weihrauchfässern entströmten; auf dem Boden, den unvergleichliche Mosaiken schmückten, kniete eine Schar ehrfurchtsvoller Gläubiger in stummem Gebet.

... wurde der Träumer emporgehoben zu dem Chor einer herrlichen Kathedrale. Von diesem Augenblick an vernahm er die Töne nicht mehr als von aussen kommend, sondern, und das will ich schildern, als innerlich in eine der wunderbarsten Imaginationen eingebettet, von der ich je im Leben Kenntnis erhielt.

Plötzlich setzte hinter ihm die Orgel ein, sie spielte eine klagende Melodie in Moll, es war wie das Murmeln eines Barden, der sein Herz ausschüttete in einem Klagelied. Zu diesen Mollklängen gesellte sich nun eine sanfte Sopranstimme aus dem Chor, in dem er selbst auch stand. Die leise Klage schwoll an und ebbte ab, sie drückte die ganze Skala menschlicher Trauer aus. Einer nach dem anderen fielen die übrigen Sänger ein, und nun vernahm er ein so wundersames Miserere, dass ein Schauer durch die ganze Kirche ging bis hin unters Dach. Doch die rührende Freude am Lauschen wurde bald verdrängt oder vielleicht eher überlagert von einem anderen Ereignis. Am anderen Ende des Mittelschiffs schwang langsam eine Türe auf, eine Bahre wurde hereingebracht, vier Männer trugen sie in feierlichem Schritt. Darauf stand ein Sarg mit einem schweren Leichentuch bedeckt; vor dem Altar wurde die Bahre niedergesetzt, das Tuch entfernt und so das Antlitz des Schläfers enthüllt. Es war der tote Mendelssohn!

Die letzte Kadenz des Totenliedes verklang; mit schweren Schritten trugen die Männer den Sarg durch eine eiserne Tür an seinen Platz in der Gruft. Einer nach dem andern verliess die Menge die Kathedrale, und zuletzt stand unser Träumer allein da. Auch er wendete sich zum Gehen; wieder zu vollem Bewusstsein erwacht, gewahrte er den Pianisten, der eben sein Spiel beendet hatte. «Was haben Sie da eben für ein Stück gespielt?» erkundigte sich Fred. Der Musiker erwiderte, es sei «Mendelssohns Trauermarsch» gewesen.

Dieses Stück hatte Fred, wie er mir hoch und heilig versicherte, noch nie zuvor gehört. Augenscheinlich lässt sich das Phänomen nicht durch irgendeine Hypothese erklären, die darin nichts als einen Zufall sieht. Ob ein unbewusstes Erkennen von Mendelssohns Stil in dem gespielten Stück diese Vision ausgelöst hat oder ob es seine ureigene Schöpfung war – vielleicht, dass eine bis dahin nicht erkannte intuitive Fähigkeit in ihm geweckt worden war –, ich weiss es nicht, doch ist dies ohne Zweifel ein bemerkenswerter Fall von Hellsehen, dessen Wurzeln in der Sympathieverbindung der beiden Geister gelegen haben mögen.

Dan, der Gefährte meines Haschisch-Spazierganges in der Stadt P---- ich habe davon erzählt –, war zur gleichen Zeit wie ich an diesem College. Mittelpunkt geistreicher Zirkel und Glanzlicht all unserer Festivitäten, war er auch in höheren Sphären voller Phantasie, und ob nun am Rednerpult oder auf dem Thron des Dichters, am gemütlichen Kamin oder an der üppigen Tafel, stets stand er seinen Mann mit Würde. Er war ein Dichter und ein begeisterter Freund der Musik, musizierte auch selbst, und darum nahm ich an, dass das Haschisch auf sein empfängliches Gemüt in höchst wundervoller Weise Einfluss nehmen würde. Doch um ein solches Ergebnis zu erzielen, war der Zeitpunkt, zu dem er die Droge nahm, so ungünstig, wie er ungünstiger nicht hätte sein können – seine Nerven befanden sich in einem Zustand fast krankhafter Erregbarkeit. Wir waren gemeinsam zu einem Spaziergang aufgebrochen, als der Schauer ihn überlief. Ein Schauer – oder vielmehr eine ganze Reihe von Schauern – erstaunlich, was der menschliche Organismus auszuhalten vermag. Zu Anfang war es eine Wolke von undurchdringlicher Finsternis, die ihn umhüllte; dann drückte ganz allmählich ein Gewicht auf den Scheitel seines Hauptes. Es wurde zunehmend schwerer, ohne jedoch dabei an Umfang zuzunehmen, und als es schließlich die Decke seines Schädels durchbrach, glitt es wie ein Blitz die Wirbelsäule hinab und durchzuckte jeden Nerv mit einem einzigen Schauer der Pein.

Dieser Schmerz wiederholte sich immer und immer wieder, bis er mich voller Entsetzen bat, doch umzukehren, dessen ganz gewiss, dass der Tod bald eintreten müsse als Folge des Schlages, wie auch ich bei meinen ersten Versuchen davon überzeugt gewesen war, daß mein Ende nahte. Ich leistete seinem Wunsche unverzüglich Folge, und als wir in sein Zimmer kamen, legte er sich aufs Bett. Plötzlich weitete sich der Raum um ihn auf wunderbare Weise, und in der Ebene, auf der er ruhte, erschienen aus allen Richtungen zahllose Musikkapellen, die auf den verschiedensten Instrumenten spielten – jede einen anderen Marsch und in einer anderen Tonart –, doch dank einer geheimnisvollen Übereinkunft befanden sie sich stets in vollendeter Harmonie, und alle hielten ganz genau den Takt. In demselben Masse wie die Symphonie immer lauter wurde, steigerte sich auch die Tonhöhe, bis sich zuletzt die einzelnen Töne des Klangbildes zu einer Melodie aus einer dämonischen Spieldose mit unglaublich hohen Registern zu vereinigen schien, und dann wirbelten spitze Schreie durch die Kuppel seines Kopfes, in der diese unglaublichen Klänge widerhallten.

An der Wand seines Zimmers – die vom Haschisch bewirkte Erweiterung des Raumes liess sie wie in weiter Ferne erscheinen – wurde ein riesiger aufgespiesster Schädel sichtbar, der anfing, eine ganze Reihe bestürzender und gleichzeitig ergötzlicher Grimassen zu schneiden. Zuerst schob er seinen von einem wilden Barte überwucherten Unterkiefer vor und immer weiter vor, ohne Ende, dann schnellte der Kiefer zurück, und der Mund klappte so weit auf, dass er von einem Ohr bis zum anderen reichte. Bald dehnte sich die Nase zu absurder Grösse aus, bald funkelten die Augen wie rasende Blitze.

Doch die Leiden erfuhr Dan in ungleich grösserem Masse als die Freuden dieser Vision. In seiner höchsten Pein wollte er einen vernichtenden Fluch gegen jemanden schmettern, der gerade das Zimmer betreten hatte, doch als er ihn aussprechen wollte, versagten seine Lippen ihm, wie gelähmt, den Dienst. Als sein Durst fast unerträglich wurde, bot ich ihm zu trinken an, doch er wurde so sehr von der Vorstellung geplagt, dass ein ganzer Wasserfall seine Kehle hinabstürzen würde – etwa so, wie ich es schon zuvor als eigene Erfahrung beschrieben habe –, dass er das Glas zurückstellte, weil er, aus Angst vor den Folgen, diesen Schluck nicht riskieren wollte.

Selbst als er wieder in den normalen Bewusstseinszustand zurückgekehrt war, erholte er sich noch monatelang nicht von der als eher mässig zu bezeichnenden Wirkung des Haschisch. Das nervöse Zittern, von dem ich berichtet habe, zeigte sich hin und wieder bei ihm, und aus seinen Träumen verschwand die Haschischtönung nie so ganz. Bei allen Fällen, die ich kenne, hat die Droge in der Tat eine anhaltendere Wirkung gezeigt als jedes andere Stimulans.

Eine Reihe von Versuchen, die mit anderen Personen mehr oder minder erfolgreich durchgeführt wurden – wobei kein Versuch ein Erscheinungsbild aufwies, das sich völlig von den bereits angeführten unterschied –, zeigt ganz eindeutig, dass die Wirkung des Haschisch bei hochgradig nervösen und lebhaften Menschen weitaus am grössten ist; dass cholerische Temperamente gelegentlich fast ebenso stark reagieren; dass hingegen Phlegmatiker fast gar nicht beeinflusst werden ausser dass gelegentlich körperliche Symptome wie Schwindelgefühl, Brechreiz, Ohnmacht und Muskelstarre auftreten. Doch gibt es augenfällige Ausnahmen von dieser Regel, die auf das Wirken verborgener Lebenskräfte zurückzuführen sind, welche bis jetzt noch nicht in unser Wissen um Körper oder Seele eingegangen sind. Solange die Gesetze, die all dem zugrunde liegen, nicht voll und ganz erfasst sind, solange wird Haschisch ein Geheimnis bleiben und seine Wirkungsweise in jedem einzelnen Fall ungewiss sein.

DER SCHATTEN DES BACCHUS, DER SCHATTEN DES THANATOS UND DER SCHATTEN DER SCHMACH

Und wieder ergriff mich die Hand des Dämons, als ich zu Tische sass. Das Mahl war schon fast beendet, und ich flüchtete auf die Strasse, ohne Verdacht zu erregen.

Strasse habe ich gesagt? Mitnichten! Dieses allgemein gebräuchliche Synonym für Hitze, Staub und Schmutz kennt man nicht an den sonnigen Hängen des Berges Bermius, wo ich, von Bacchus Armen umfangen, inmitten von Mänaden lustwandelte. Durch das schattig-kühle Weinlaub, das unsern wild-verzückten Tanz umrankte, sandte Haliacmon den Schimmer seiner himmelshellen Wasser, und die mittäglichen Strahlen der Sonne, die durch Blätter und Trauben hindurchsickerten, fielen auf uns, weich wie das Gold in den Schoss Danaes. Trauben über uns, Trauben um uns, Trauben allüberall, wie Weihrauchfässchen erfüllten sie die Luft mit Wohlgerüchen; sie waren schwer von ihrer Süsse; mit den flüchtigen Tautropfen der Begeisterung benetzten sie alle unsere Sinne. Sternbilder aus purpurfarbenen Kugeln, das waren sie, und in ihrer eigenen Durchsichtigkeit verlor sich das aus dem All kommende Himmelslicht; und von jenen Hälften aus silbrigem Flaum, die sich zur Sonne kehrten, bis zu jenen Halbkugeln, die mit einem Blick, teils schwarz, teils saphirblau sich unserem Tanze zuwandten, strahlten sie ein sanftes Leuchten aus, bis Wangen und Stirn übergossen waren von den Farbtönen herbstlicher Sonnenuntergänge. Gemeinsam mit ganzen Scharen von Bacchantinnen sprang ich wie toll zwischen den Trauben umher; ich wirbelte meinen Thyrsusstab und war der lautesten einer, die da schrien ‹Evoe Bacche›. Ein Windhauch voll köstlichen Wohlgeruchs wehte mir das Ziegenfell von den Schultern, und liebevoll umkosten Weinlaub und Ranken meines Kranzes mir die Schläfen. Ich trank den Saft der Reben wie Nektar; Loblieder sang ich dem Sohn der Semele; ich taumelte besessen von göttlicher Begeisterung. In endlosen Irrgängen wandelten um mich herum die schönen Gestalten von Männern und Frauen; Hand in Hand tanzten wir und sangen, und die Mänadenhuris spendeten mir Schatten mit ihrem üppigen zerzausten Haar.

Aus ihrem Kreis entfernte ich mich nun; das Entzücken, das mich erfüllte, war zu gross, es suchte die Einsamkeit, ungestört wollte ich der Wonne freien Lauf lassen, und so schritt ich durch das Collegetor und machte mich auf den langen Weg, der mich zuletzt in die Wälder im Osten führen sollte – zuletzt, sage ich, denn heute noch entsinne ich mich, wie sich die Strecke unendlich in die Länge zog.

Als ich schliesslich die Ufer jenes Flusses erreichte, der sich vor meinen Augen schon in den Nil verwandelt hatte und der mein ganzes Haschischleben lang Zeuge so mancher Freude und so mancher Qual, die mir der Rausch bescherte, geworden war, liess ich mich an seinem steil abfallenden Ufer nieder, das hoch über das Wasser aufragte, und gab mich gänzlich meiner Phantasie hin. Der Strom wurde breiter, und seine Herrlichkeit wuchs: Es war der Amazonas, und auf steilem Felsen stand ich, hoch oben, und starrte dem flüssigen Band nach, das sich bis hin zur See zog. Nun kam ein grosses Schiff vorbeigeglitten, sein Bramsegel ragte hoch über meinen Beobachtungsposten empor, und die Männer liefen zu den Wanten und blickten neugierig zu mir herüber. Die lange Fahne wehte, und die Segel waren voll gebläht, so zog das Schiff hoheitsvoll an mir vorüber, und ich kletterte behende hinunter bis an den Rand des Wasser, um einen letzten Blick darauf zu werfen, und traf ein neugieriges Augenpaar, das von der Heckreling zu mir herübersah.

Ich durchwanderte den Wald und trat auf der anderen Seite hinaus auf ein offenes Feld. Vor mir erhoben sich rings um einen grossen Platz Gebäude, es war in irgendeiner Stadt, ihren Namen, das Land, in dem sie sich befand, konnte ich nicht einmal vermuten, so vollkommen fremd wirkte meine vertraute Welt. In der Mitte des Platzes hatte sich eine grosse Menschenmenge versammelt, um das Reiterstandbild eines Helden einzuweihen, das sich, vortrefflich aus rosafarbenem Marmor gehauen, auf seinem riesigen Piedestal hoch über den Köpfen der Menge erhob. Ich fühlte mich unwiderstehlich zu diesen Leuten hingezogen, denn Bildhauerei und Architektur hatten in dieser Stadt einen Stand höchster künstlerischer Vollendung erreicht. Ich dachte an den Helden und schien an seinem Triumphe teilzuhaben.

Vom Rand des dunkelkühlen Waldes, den ich eben erst verlassen, kam ein heisses, zischendes Flüstern: «Töte dich! Töte dich!» Bebend wandte ich mich um und wollte sehen, wer da sprach. Ich bemerkte niemanden. Wieder ertönte das Flüstern, mit noch grösserer Eindringlichkeit; von allen Seiten nun und auch aus der Luft sprach es mit unsichtbaren Zungen. Nicht lange und diesen Worten wurden Gründe hinzugefügt, bis die Atmosphäre zu erglühen schien von grimmig gezischelten Ausdrücken wie: «Du wirst unsterblich sein; was Gott verborgen ist, du wirst es schauen. Der Allerhöchste befiehlt dir, dich zu töten.» «Mein Gott!» rief ich, «kann dies die Wahrheit sein? Ich will Dir gehorchen und die Ewigkeiten in mich aufnehmen.»

Als ob es ein direktes Geheiss der Gottheit sei, so fühlte ich mich gedrängt, die Tat zu vollbringen; ich wagte nicht – um meiner Seele willen –, mich den Einflüsterungen zu widersetzen; und über alle Massen verzückt vom Vorgeschmack der Herrlichkeiten, die da kommen sollten, zog ich in wilder Raserei mein Messer, klappte es auf und setzte es mir an meine Kehle. Ein Schlag des Herzens noch und alles wäre vorbei gewesen.

Just in diesem Augenblick fühlte ich den Schlag einer unsichtbaren Hand gegen meinen Arm; meine Hand flog nach hinten, und durch die Heftigkeit des Schlages wirbelte das Messer davon und fiel ins Gebüsch. Das Flüstern verstummte. Ich blickte auf zum Sternengewölbe, und siehe, vom höchsten Punkt des Firmaments bis hin zum Horizont schwebte die Gestalt eines furchtbaren Engels, schwarz wie die Nacht, mit ausgespannten Flügeln am Himmel. Sein Gesicht senkte unaussprechliche Schrecken in mein Herz, und seine entsetzliche Hand, leicht geballt, krümmte sich über meinem Haupt, als ob sie darauf wartete, mich an den Haaren zu packen. Über das Firmament kam schnell wie der Blitz ein Triumphwagen geflogen; seine Räder waren Regenbogen-Sonnen, die sich im Klange schrecklicher Musik drehten; einen Wagenlenker gab es nicht, an seiner Statt blitzte der Glorienschein einer alles durchdringenden Helligkeit. Bei seinem Nahen wendete sich der schwarze Engel und schoss hinab zum Rande des Horizonts, der zu rauchen schien, als er hindurchglitt; so wurde ich, Gott sei Dank! vor Azarel, dem Todesengel, gerettet.

Wie viele der Versuchungen, welche die gewöhnliche Unschärfe unseres Gehörs so gut wie nie der wahren äusseren Quelle zuschreibt und von welchen wir uns nur allzugerne einreden, sie seien nichts anderes als unsere eigenen Gedanken, würden uns mit wahrhaft dämonischer Gewalt treffen, wären die Bande des Körpers nur ein wenig gelockert! Wie oft würden wir, wenn wir uns zum Guten hingezogen und vom Bösen abgestossen fühlen, die Berührung von Engelshand verspüren! Die Welt von heute ist zu einem grossen Teil sadduzäisch; sie spottet über alles Geistige, das sie nicht wahrzunehmen vermag, weil sie mit Blindheit geschlagen ist, und bleibt dem Fleischlichen verhaftet. Dem höchst ungeistigen Skeptiker kommen die besten Männer auf halbem Wege entgegen, um ihm die Hand zu reichen, und sie stimmen mit ihm darin überein, dass als Erklärung für unsere Wünsche und unsere Ahnungen vernünftigerweise wohl nur die Rückwirkung der Seele auf sich selbst anzunehmen ist. Was diese armen, im erdhaften verwurzelten Kreaturen tun werden, wenn sie wirklich in eine andere Welt gelangen, ist schwer zu sagen. Wenn diese armselige, modrige, mottenzerfressene, vom Zahn der Zeit benagte Umhüllung des Körperlichen, die ihnen während Jahren mit den Windstössen weltlichen Glücks um die Ohren geflattert ist oder in ihren nassen Lumpen die Füsse der Seele gefangenhielt, welche versuchten höher zu klettern – wenn diese armselige Hülle von ihnen abfällt und sie dastehen, verwandelt in jenen Popanz, den sie in ihrem vergangenen Leben am meisten gefürchtet haben, in reinen Geist – dann werden wir sie vielleicht in höchster Pein ausrufen hören: «Oh, mein liebstes Gewand! Mein bestes Kleidungsstück! Was ist mit dir geschehen?» und vor unseren Augen werden sie sich kopfüber von den Zinnen des Lichts hinabstürzen, um sich erneut das einzige Stück ihrer menschlichen Garderobe anzuzeigen, in dem sie sich wohlfühlen können.

«Kann es denn sein?» fragte ich mich. «Oh! Sie wissen um mein Geheimnis!» und in diesem Augenblick schrie das ganze Theater wie irr im Chor: «Haschisch! Haschisch! Er hat Haschisch gegessen!»

Nachdem ich dem Tode entronnen war, kehrte ich ans Ufer des Baches zurück und begann auf einem langen, flachen Stein hin- und herzugehen, der vom Uferrand eingefasst wurde. Sogleich verwandelte sich meine Umgebung zu einer Theaterlandschaft; die Wälder in meinem Rücken wurden zur Kulisse, und auf einer grossen Bühne zog ich eine zahlreiche Zuhörerschaft in meinen Bann, ein Publikum, das auf gigantischen Rängen sass, die von der Erde bis zum Himmel reichten. Ich spielte die Rolle eines siegreichen Soldaten in irgendeinem tragischen Stück, dessen Worte ich improvisierte, und während ich immer mehr in meiner Rede aufging, sprudelte ich Worte hervor – einmal in Prosa, dann wieder in Versen –, von denen die Zuhörer wie von einem Wirbelwind durchgeschüttelt wurden. Als ich mich immer stärker ereiferte, sah ich, wie ein seltsamer und schrecklicher Ausdruck des Verdachtes das Antlitz jedes einzelnen aus meinem Publikum überschattete. Ich wollte den fragenden Blicken aus dem Parkett entkommen und wandte mein Gesicht den Logen zu. Wieder traf mich der eisige Blick unter gerunzelten Brauen, und als ich mein Antlitz verzweifelt zu den oberen Rängen emporhob, wurde ich auch von dort derselben erbarmungslosen Prüfung unterzogen. «Kann es denn sein?» fragte ich mich. «Oh! Sie wissen um mein Geheimnis!» und in diesem Augenblick schrie das ganze Theater wie irr im Chor: «Haschisch! Haschisch! Er hat Haschisch gegessen!» Dann flüchtete die Menge in wildem Aufruhr. Ich schlich mich von der Bühne davon, verzehrt von unaussprechlicher Scham. Weiter flussabwärts suchte ich mir ein Plätzchen am Ufer des Flusses, dort wo ein grosser Haselstrauch über dem Wasser hing, und unter seine Zweige duckte ich mich. Helm und Rüstung waren verschwunden. Ich betrachtete meine Kleider und sah, dass sie vermodert und zerlumpt waren, wie die eines Bettlers. Von Kopf bis Fuss war ich der leibgewordene Geist der Armut.

Oh weh! Nicht einmal hier konnte ich mich verstecken. Ich hatte meinen Unterschlupf mitten auf dem Gehsteig der Hauptdurchgangsstrasse einer grossen Stadt gewählt. Kinder kamen auf dem Weg zur Schule an mir vorbei und zeigten auf mich voll des Spotts; Müssiggänger hielten inne und musterten mich, fragend und ärgerlich zugleich. Mensch und Tier, alle beäugten sie mich; ja selbst die Pflastersteine machten sich mit allzu menschlichen Neckereien lustig über mich, als ich mich in meinen schmutzigen Lumpen an eine Hauswand drückte.

Nun kamen inmitten der Schar der Passanten, und keineswegs wirklicher als sie, zwei meiner Studienfreunde den Bach entlang herangeschlendert. Sie sahen und erkannten mich, und meine Scham steigerte sich bis zur Unerträglichkeit, als ich bemerkte, wie sie auf mich zukamen und mir Blicke zuwarfen, die ich ebenfalls für Sarkasmus hielt. Doch als sie zu mir herantraten, redeten sie mich freundlich an und wollten wissen, was los sei mit mir und warum ich mich hinter dem Haselbusch versteckte. Einen Augenblick zögerte ich, doch als sie mir versprachen, Stillschweigen zu bewahren, erzählte ich ihnen von meinem letzten Erlebnis. Sie setzten sich zu mir, und während des Gesprächs ging die Halluzination vorüber.

Plötzlich packte mich eine unüberwindliche Angst. Da gab es bestimmte Geheimnisse, die ich um nichts in der Welt, und hätte es ein Bein gekostet, preisgegeben hätte, und dennoch fühlte ich mich mit aller Macht dazu gedrängt, sie auszusprechen. Ich kämpfte gegen diesen Impuls mit der Kraft eines geistigen Titanen. Ich war entschlossen, Sieger in diesem Kampfe zu bleiben, doch um einer Niederlage vorzubeugen, fand ich folgenden Ausweg: Ich las ein welkes Blatt vom Ufer des Flusses auf und bat die beiden, es in die Hand zu nehmen, ein jeder an einem Stück des Randes, während ich es beim Stiel hielt. So hoben wir das Blatt gen Himmel, und während wir einander die Hände reichten, sprach ich feierlich diesen Schwur: «Wie dieses Blatt verdorren wird im feurigen Atem des Jüngsten Tages, so sollen wir verdorren in der Verdammnis der ewigen Finsternis, wenn das, was hier gesagt wird, je über unsere Lippen kommen sollte ohne Zustimmung von uns allen dreien.» Darauf sagten wir alle: «Amen», und erneut war ich es zufrieden. Ich gab mein eigenes Geheimnis nicht preis.

Als ich wieder ruhig war, verliessen mich die beiden und kehrten auf ihre Zimmer zurück. Ich spazierte noch einmal zu meinem alten Posten auf dem hohen Felsen, von wo aus ich das Schiff an mir vorübergleiten gesehen hatte, und liess mich nieder. Als ich zwischen den Baumwipfeln hindurch zum Himmel aufblickte, schien die Sonne sich von ihrem angestammten Platze fortzubewegen, und die Wolken umtanzten sie wie ein Chor. Ich senkte meinen Blick und sah, dass Krieger mich umstanden, die gekommen waren, um mir eine Einladung zur Krönung Karls des Grossen zu überreichen. «Ich werde alsogleich Euch folgen», liess ich sie wissen, «zuerst jedoch muss ich etwas trinken; ich bin entsetzlich durstig.» Direkt unter mir murmelte der Strom; selbst wenn ich die leichteste Route für den Abstieg wählte, war ich mit allen Umwegen nicht mehr als fünfzig Fuss davon entfernt, und doch muss ich sagen – auch wenn ich dabei Gefahr laufe, zuviel zu verraten von der Vergrösserung der Distanzen welche das Haschisch bedingt –, dass ich auf dem Weg hinunter das Gefühl hatte, über einen endlos langen Berggrat abzusteigen. Ich spazierte dahin, ich wanderte, ich ging auf eine Reise, bis ich an mein Ziel gelangte, und als ich mich endlich am Rande des Wassers niederlegte, trank ich solche Ströme der erfrischenden Köstlichkeit, dass der Wasserspiegel schon zu sinken schien. Mühselig kämpfte ich mich den Abhang wieder hoch, und als ich oben angekommen, da waren meine Begleiter verschwunden, was ich ihnen keineswegs verübeln konnte, selbst wenn ihnen die Zeitspanne meiner ungezwungenen Abwesenheit nur halb so lang vorgekommen war wie mir.

Durch Dschungel, Heide, Dickicht und Farn wanderte ich – durch die Savanne, durch Schonungen mit weit auseinander stehenden kleinen Eichen, durch die Prärie – durch alle möglichen und unmöglichen Länder zog ich – zu Zeiten zweifelte ich an meiner Fähigkeit, je wieder den Weg zu finden, dann wieder nahm ich allen Mut zusammen und ging weiter – viele Tage lang, nein, es dauerte einen ewig langen Reisetag, bis ich nach Hause kam.

Ich warf mich aufs Bett und wurde sogleich für alle ausgestandenen Qualen entschädigt. Inmitten einer riesigen, menschenleeren Ebene stand ich mutterseelenallein. Ein einziges rasches Entzücken trug mich empor wie auf übermenschlichen Schwingen, bis hinauf zum Himmelszelt; dort oben stand ich, sah hinunter und erblickte unter mir alle Welten, die Gott erschaffen hatte, doch sie kreisten nicht auf ihren leuchtenden Bahnen durch den Äther, standen aber auch nicht stille, bedeutungslos umherliegenden Brocken vergleichbar.

Dank einer plötzlichen Offenbarung wurde ich einer riesigen Harfe gewahr, die quer über der himmlischen Halbkugel lag und mein Blickfeld in seinem ganzen Umfange ausfüllte. Der funkelnde Glanz von Myriaden von Sternen flammte in den tiefblauen Weiten zwischen ihren Saiten, und prachtvolle Sonnen besetzten gleich Edelsteinen mit unvorstellbarem Feuer das ganze riesige Rahmenwerk. Während ich dastand, von dem Anblick überwältigt, erklang klar und deutlich eine Stimme aus den Tiefen des Himmelsrunds: «Siehe die Harfe des Universums.»

Sogleich erkannte ich die Versinnbildlichung der grossen Harmonie von Gottes unendlicher Schöpfung, denn jeder Impuls, ob er nun die Schwingen des Ithuriel beflügelt oder die kleinste Kraft darstellt, die zum Wachstum drängt, alles fand eine Entsprechung hier in einer schönen und ganz besonderen Saite.

Noch schlummerten die Töne, als die Stimme von neuem zu mir sprach: «Erhebe deine Hand und wecke die Harmonien.» Zitternd und bebend und doch voll guten Mutes strich ich über die Saiten, und sogleich erfüllten unbeschreibliche Klänge den ganzen Himmel. Mein Arm wurde seltsam länger, meine Kühnheit wuchs, und meine Hände griffen immer tiefer in die Saiten. Der Klang schwoll an; überwältigt hielt ich inne, und ein mächtiger Widerhall kam zu mir zurück aus den Weiten der Unendlichkeit. Wieder schlug ich die Saiten an, doch die Erhabenheit des Klanges vermochte ich nicht mehr zu ertragen, und so sank ich verzückt in Trance; bewusstlos wurde ich zu den Pforten einer neuen Vision getragen.

Nimium –
Amrita Kelch der Enthüllung

Kurz nach der eben geschilderten Vision machte ich zum ersten Male mit jenen Leiden Bekanntschaft, die aus dem Genuss von Haschisch erwachsen, so man sich erneut ihm hingegeben, um die Wirkung der vorangegangenen Dosis zu verlängern.

Einen halben Tag hatte ich unter dem Einfluss des Krautes in stiller Ruhe zugebracht, keine Halluzination hielt mich gefangen, doch eine Abfolge anmutiger Bilder, die an meinen geschlossenen Augen vorüberzogen, ergötzte mich. Unvorstellbare Huris umgaukelten mir die Sinne mit graziösen Tänzen voll göttlicher Anmut, von Rosen bekränzt tanzten sie auf einer Bühne, die von Rosen übersät war, eingehüllt in den Hauch eines rosaroten Schimmers. Durch herrliche Alleen von weitausladenden Ulmen schwebte ich dem fernen Glühen eines purpurfarbenen Himmels entgegen, magisch angezogen von diesem Anblick; aus der Luft blickte ich auf die Tore von Sienit, die in rosafarbenes Licht getaucht waren, und in Ägypten wandelte ich zwischen Karyatiden. Geheimnisvollen Pfaden folgend pilgerten die Priester einer namenlosen Religion den Berg hinauf, der mit Immergrün bewachsen war, von allen Seiten strömten sie, die Mitra krönte ihr Haupt, und über die Schwelle des Horizonts traten sie ein in den Tempel der Sonne. Nun stand ich da, umringt von einer azurblauen Welt, über mir wölbte sich das einsame Himmelszelt, unter mir lag eine ruhige, schweigende See; plötzlich trieb ein Eiland mit gefiederten Palmen in die Mitte der grenzenlosen Wasserflächen, und geflügelte Schrate sprangen ans Ufer. Nun glitten Landschaften von fremdartigem Liebreiz langsam an mir vorüber, hielten aber nach meinem Wunsch inne, so dass ich an ihren Buchten entlangwandern konnte, wo Musik mich umwehte und ich, in Sonnenlicht getaucht, auf riesigen Felsbrocken ruhte, die an den menschenleeren Küsten verstreut umherlagen.

Einmal jedoch schlug ich die Augen auf, und Furcht liess mich in die Höhe schnellen; denn in die Gärten der griechischen Villa, in denen ich mich zwischen Statuen und Brunnen erging, stürzte mit wildem Geschrei ein wüster Haufe indianischer Krieger und tanzte einen Kriegstanz; sie wanden sich in wilden Verrenkungen, schwangen Keulen und Tomahawks, riefen meinen Namen und hielten Ausschau nach mir zwischen den Olivenbäumen. Kaum hatte ich mich wieder niedergelegt, da schwang ich mich auch schon empor zum Petersdome, landete leichtfüssig auf der Feder des Apostels und legte meine Hand auf die Schulter des Engels. Wahrlich ein gewaltig langgestreckter Arm; doch dem Haschischesser ist alles möglich.

Um die Mittagsstunde fühlte ich, dass die Wirkung meiner ersten Dosis sich rasch verflüchtigte. Es war nur eine kleine Dosis gewesen, fünfzehn Gran vielleicht, und wie ich schon bemerkt habe, rief sie keinerlei Halluzination hervor; doch die Aufeinanderfolge lieblicher Bilder, die sie ausgelöst hatte, erregte so sehr mein Gefallen, dass ich, um länger in diesem Zustande verweilen zu können, noch fünf Gran zu mir nahm.

Stunde um Stunde verrann; ich befand mich wieder in meinem normalen Zustand und liess alle Hoffnung fahren, dass die letzte Dosis noch eine Wirkung zeitigen würde. Abends um neun Uhr sass ich im Kreise meiner Freunde und schrieb, während die andern um mich herum ins Gespräch vertieft waren. Ich bemerkte, dass es mir allmählich immer leichter fiel, mich auszudrücken; schon flammte meine Feder auf wie ein Blitz in dem Bemühen, mit meinen Ideen mitzuhalten. Zunächst wunderte ich mich lediglich über diese Erscheinung, ohne dass in mir auch nur der leiseste Verdacht aufgekeimt wäre, das Haschisch, das ich neun Stunden zuvor gegessen hatte, könnte seinen Teil dazu beitragen. Zuletzt flogen die Gedanken in solcher Windeseile dahin, dass ich überhaupt nicht mehr zu schreiben in der Lage war. Ich liess die Feder fallen, schritt im Zimmer auf und ab, rieb mir die Stirne und bemühte mich, meine Ruhe wiederzufinden, indem ich mich zu den anderen gesellte und an ihrer Unterhaltung teilnahm.

Doch umsonst! Fieber wallte heftig in meinem Blut, und jeder Schlag des Herzens war wie der Kolbenhub einer riesigen Maschine. Ich fühlte in mir das Herannahen jener fürchterlichen Qual, die jeder Haschischesser so unmissverständlich erkennt, als sei sie mit flammendem Finger in seine Seele geschrieben, deren Zeichen aber allen ausser ihm unverständlich sind. In tiefer Seelenqual stöhnte ich innerlich: «Mein Gott, hilf mir!»

Ein alles durchdringendes Leuchten und Strahlen machte den Raum unerträglich. Ich wuchs in dieses Strahlen hinein, dehnte mich aus, wuchs darüber hinaus, gemartert von einer blinden, stummen Pein, die sich mitten in meinem Herzen zusammenballte und langsam wuchs, um später mit dämonischer Qual hervorzubrechen. Ich spürte, dass ich weinte, und eilte zu einem Spiegel, um das Aussehen meiner Augen darin zu prüfen. Ströme von Blut quollen aus ihnen hervor! Plötzlich blutete ich inwendig; mein Herz hatte sich aufgelöst, und auch von meinen Lippen tropfte das Blut.

Dennoch verschwieg ich, mit jener Selbstbeherrschung, zu der der Haschischesser durch bittere Erfahrungen gelangt, den Freunden meine Qual und drehte den Kopf zur Seite, bis die Erscheinung vorüber war. In der Tat kam es, wie häufig in solchen Fällen, zu einer Sprachlähmung, die mich daran hinderte, mich den anderen mitzuteilen: nicht körperlich, sondern seelisch; denn zehnfach scheint die Qual zu wachsen, wenn man sie in Worte fasst und der Wahrnehmung die Umrisse klarer zeichnet, und darum wagte ich nicht, ein Sterbenswörtchen zu verlauten.

Und nun blitzte mir eine neue Erkenntnis auf. Diese Qual war mir nicht fremd; Jahre zuvor hatte ich sie schon einmal erlebt, in demselben Raum, umgeben von eben diesen Leuten, und auch die Unterhaltung war dieselbe gewesen. Die meisten Menschen haben irgendwann einmal ein gleiches Gefühl erlebt, doch höchst selten ist es mehr als nur verschwommen und meist von kurzer Dauer. Bei mir aber war es so deutlich ausgeprägt und dauerte auch lange genug, dass ich es gründlich untersuchen und als echte Erinnerung wiedererkennen konnte. Plötzlich erkannte ich es als einen Moment aus einer Reihe vorangegangener und nachfolgender Ereignisse eines früheren Lebens, an das ich mich deutlich erinnerte.

Welche Lehre lässt sich aus diesem Faktum ziehen? Wenn wir keinen Grund zu der Annahme haben, dass wir je bewusst in irgendeinem anderen Zustand gelebt haben, und also damit nichts zu erklären vermögen, könnte dann nicht folgendes des Rätsels Lösung sein? In dem Augenblick, da die Seele einen neuen Eindruck empfängt, fasst sie ihn zunächst einmal als reine Sinneswahrnehmung auf; sie berichtet uns über seine Grösse und Beschaffenheit. In Zeiten grosser Aktivität gesellt sich zu dieser Umschreibung des Eindrucks und seiner Form ein Erkennen der Tatsache, dass diese Empfindung auch in jener zukünftigen Enthüllung wahrgenommen werden wird, welche die ganze Vergangenheit auftut. Prophetisch verzeichnet sie diesen Sinneseindruck auf den unzerstörbaren Blättern ihres Tagebuches und ist dessen gewiss, dass er dereinst in der Offenbarung zutage treten wird. Doch wir, die wir – von unsrer Art zu denken her – jedes Wissen um die Zukunft von uns weisen, vermögen Wahrnehmungen allein dem Heute und dem Einst als Ursprung zuzuordnen und beziehen dementsprechend die zwiefache Erkenntnis immer auf einen Zeitabschnitt, der schon vergangen ist. Wir nehmen wohl wahr, dass zwei Empfindungen einander entsprechen, doch dank einem augenblicklich wirksam werdenden Mechanismus setzen wir die zweite Empfindung im Ablauf der Geschehnisse an die falsche Stelle. Die Seele wird als Historiker betrachtet, wo sie doch in Tat und Wahrheit die Sybilla ist; und so winzig klein ist jener Zeitabschnitt, in dem das Missverständnis zustande kommt, dass eine Entdeckung unmöglich ist. Wenn im Haschischrausch Sekunden zu Minuten werden, ja, die Zeitspanne sich in ihrem Verhältnis noch mehr verschiebt, bietet sich die Möglichkeit, ein bis dahin nicht fassbares Phänomen eingehend zu untersuchen, und so kommt die Wahrheit ans Licht. Wie viele derartige Voraussichten sonst noch durch die Stumpfheit des Körpers möglicherweise zurückgewiesen wurden, das werden wir wohl niemals wissen, es sei denn, die Seele macht ihren Anspruch geltend vor einem Gericht, bei dem sie Gehör findet.

Schliesslich wurde die Qual meines Deliriums so gross, dass ich nicht länger ohne das Mitgefühl anderer sein konnte. Mein Freund Bob, der aus eigener Erfahrung ein besseres Verständnis besass für das, was ich durchlitt, zog ich allen anderen vor; so wandte ich mich an ihn. «Lass uns spazierengehen», sagte ich, «es ist mir unmöglich, hier zu bleiben.»

Arm in Arm schritten wir die Treppen zum

College hinunter. Und nun verschwanden alle Spuren der Welt, die mich umgab, wie Zeichen, die man von der Schiefertafel wischt. Als wir das Gebäude verliessen, bemerkte ich eben noch, dass es dunkle Nacht war, doch das war das letzte was ich von äusseren Dingen wahrnahm. Ferne war ich allen Kümmernissen des Himmels und der Erde; meine Qualen lagen im seelischen Bereich, und ein entsetzliches Licht verbreitete sich dorten allüberall. Was körperlich war an mir, hatte die Flamme meiner vorangegangenen Vision zur Gänze verzehrt, und ich trat die verkohlten Reste mit Füssen, ohne mich daran zu erinnern, dass sie je empfindend und ein Teil von mir gewesen. Eine Stimme sprach zu mir: «Durch deine Auflösung in den Flammen bist du frei geworden, die Dinge zu schauen, so wie sie sind, Wirklichkeiten zu erblicken, Urgründe zu erfassen, Seinsbestimmungen zu verstehen.»

Jetzt erkannte ich, dass ich eine ehrfurchtgebietende Offenbarung erleben sollte. Himmel und Hölle sollte ich schauen, die beiden einzigen Seinszustände des Universums, die allen nach freiem Willen handelnden Kreaturen gemeinsam sind – hier auf Erden wie auch im Jenseits. Von beiden trank ich in grossen Zügen und hob die Schale an meine Lippen, wie ich es nie wieder würde tun können bis zu dem Tag, da es Zeit war, von einer der beiden den letzten Schluck zu nehmen.

Über Berge und Hügel, über Feld und Fluss wehte das Weinen meiner Familie, die um mich trauerte, hin zu mir, und so laut war das Wehklagen, dass mir schien, es sei ganz in der Nähe. Lauter als alle anderen weinte meine Schwester bitterlich um den Bruder, der sich anschickte, zur Hölle hinabzusteigen!

In weiter Ferne züngelten die Flammen eines ewigen Feuers; doch schien dies nicht der Ort zu sein, dem ich zustrebte, nur ein Symbol war es eines bestimmten geistigen Zustandes, der hier in diesem Leben keine Entsprechung hat. Und plötzlich offenbarten sich mir, wie die prophetische Stimme verkündet hatte, die Urgründe des Seins. Oh entsetzlicher Anblick! Ehern, denn unbeugsam waren die Gesetze; gestreckt wie das Ideal einer geometrischen Geraden, denn unveränderlich waren sie; wie riesige Eisenbahnschienen erstreckten sie sich nach beiden Seiten von jenem Punkte aus, an dem ich stand. Doch mehr bedeuteten sie mir als bloss Begriffe, sie waren die Verkörperung eines unerschöpflichen Quells erhabener Wahrheit.

Welcher Art diese Wahrheit war, versuchte ich meinem Begleiter klarzumachen, doch umsonst, denn noch mangelte es der menschlichen Sprache an Zeichen, diese auszudrücken. «Oh Gott!» rief ich, «sei gnädig und verleihe mir eine Zunge, die des Übernatürlichen mächtig, auf dass ich, so ich je zurückkehre, wie ein neuer Apostel vor die Menschheit zu treten und ihr die Wirklichkeiten zu schildern vermag, die der wahre Grund ihres Seins sind!» Ich erkannte, dass auch dies unmöglich war. Doch wie ein Weitsichtiger, der seinen Brüdern in Sturm und Ungewissheit die ferne Küste zeigt, sollte ich imstande sein, den Menschen, die im Schattenreiche leben, wenigstens vage zu enthüllen, was ich an Wirklichem geschaut.

Noch Tage danach entsann ich mich der Offenbarung. Ich wusste, was sich mir da aufgetan, doch ich vermochte nicht, es in Worte zu kleiden; und heute ist der tiefere Sinn meinem Gedächtnis entfallen, nur die leere Hülle und ein Scherbenhaufen von Symbolen sind geblieben.

Nach zweierlei Richtungen strebten die Eisenbahnschienen, die ich sah: Zu dem fernen Höllenfeuer meiner Qual führte der eine Strang, der andere verlief sich in umwölkter Ferne, die sein Ende meinen Blicken gänzlich verbarg. Auf dem ersten ging meine Reise dahin, doch nicht auf Rädern, denn immer noch fühlte ich, dass meine Füsse mich trugen, durch alle Grade eines stetig schneller werdenden Laufs.

Symbole – überall Symbole. Während der ganzen Reise signalisierten sie die Enthüllung von verborgenen Wahrheiten. All die seltsamen Dinge, die mir durch den Kopf gingen und mich zuvor verwirrt hatten, fanden eine Erklärung – all die umstrittenen Fragen eine Lösung. Die Quellen von Leid und Freud, die Wirkungsweise des menschlichen Willens, das Gedächtnis, jedes komplexe Faktum des Daseins, wurde mir mit solcher Deutlichkeit und Klarheit enthüllt, dass es Augenblicke höchsten Glücks bedeutet hätte, wäre dies alles nicht in Verbindung mit dem Hang des Menschen zum Bösen gestanden. Ich war mir damals dessen bewusst (und bin es auch heute noch genauso), dass für jemand in normaler geistiger Verfassung die Symbole, die meiner Belehrung dienten, ohne Saft und Kraft und bedeutungslos gewesen wären; doch ihre Übereinstimmung mit bis anhin unfasslichen spirituellen Wahrheiten war so überwältigend, dass ich nicht umhin kann, ein oder zwei von ihnen in dieser Erzählung weiterzugeben.

An einem wolkenlos blauen Himmel erschien, umschlossen von den Mauern meines eigenen Herzens, meine Seele als Münze in einem funkelnden Strahlenkranz, der aus dem Antlitz Gottes leuchtete, das auf ihr eingeprägt war. Eine nicht in Worte zu fassende Wahrheit meines Seins offenbarte sich mir so. Und wieder zeigte sich die Seele als unerschöpflicher Hort ebensolcher Münzen, die verschwenderisch über die ganze Erde ausgestreut wurden. Durch einen Spalt in der Felswand, die neben mir am Rand des Weges aufragte, schnellten mit unglaublicher Wendigkeit Krallen, mit Widerhaken versehen, packten die Münzen, eine nach der anderen, so dass sie wie an einem Angelhaken hingen, der seine Beute festhält, und holten sie langsam ein, während ich hilflos dastand und schrie, dass es durch die Wüsteneinsamkeit hallte. Jedes Stück meines Schatzes, das durch die Spalten verschwand, hörte ich fallen, grausam klirrte es metallisch auf dem Boden einer unsichtbaren Geldkassette, und jedem Klirren folgte schallendes Gelächter, das hohl aus dem Inneren empordrang. Eine andere Wahrheit, wenn auch nicht die nächstliegende, die sich direkt anbietet, sondern eine viel schrecklichere, enthüllte mir dieses Symbol.

Dann wieder war mein Herz ein tiefer Brunnen, gefüllt mit vergänglichem Blut, und ohne Unterlass senkten sich Eimer herab, wurden randvoll wieder hochgezogen und von unsichtbaren Händen davongetragen, um die Flammen zu nähren, die an der fernen Feuerstelle züngelten. Diese ganze Zeit über war ich Zeuge einer weiteren ungeheuerlichen Wahrheit. Nur eines dieser Bilder ist mir in seiner ganzen Bedeutung im Gedächtnis haften geblieben und kann auch anderen mitgeteilt werden.

Hoch oben auf dem Gipfel eines Berges stand ein heiterer alter Prophet, von dessen Antlitz göttliche Würde strahlte. Sein Aussehen, seine Gestalt, seine Gesten, sie alle waren die Verkörperung dessen, was einen Weisen ausmacht; in wunderbarer Weise entsprach er dem Ideal des Barden. –

«Seine wachen Augen wollen die Wahrheit schauen; tausendjährige Weisheit liegt in ihnen.»

Alles, was Wissenschaft, Kunst und ein untadeliger Lebenswandel dazu beizutragen vermögen, einen Menschen zu adeln, hatte ihn geadelt, und nur wenig hätte gefehlt und ich wäre voll Ehrerbietung vor ihm hingekniet. Eine Stimme sprach zu mir aus den Unendlichkeiten: «Siehe des Menschen Seele in der Grossartigkeit ihrer ersten Tage, zu jener Zeit, als er noch mit Gott sprach.»

Durch die unendliche Weite wurde ich davongewirbelt und irgendwo im Universum auf einem kleinen Hügel abgesetzt, der mit einem Pflanzenwuchs von ganz gewöhnlichen, grellbunten Blumen prunkte. Am Abhang sass auf halber Höhe ein hässlicher Zwerg, der Körper missgestaltet, doch schrecklicher noch seine Seele, aus bleiernen Augen glotzte er mich an, und manchmal brach er in idiotisches Gelächter aus, das stossweise von seinen schlaffen, ausdruckslosen Lippen quoll. Planlos riss er die Blumen aus, in denen er sass, eine nach der andern; er drückte sie an seine Brust und betrachtete sie mit verschlagenem Blick, wie ein von Sinnen geratener Geizhals, der seine Schätze beäugt; dann zerpflückte er die bunten Blütenblätter, warf sie in die Luft und brach in wildes Gelächter aus, als er sah, wie sie um ihn herumwirbelten und tanzten und seinen Schoss übersäten. Voller Entsetzen wandte ich mich ab, doch ein seltsamer Zauber ging von ihm aus, ich musste wieder zu ihm hinblicken, als noch einmal die entsetzliche Stimme an mein Ohr drang: «Siehe, dies ist deine eigene Seele!» Gepeinigt rief ich: «Warum nur, warum?» Streng, doch ohne jede Leidenschaftlichkeit, erwiderte die Stimme: «Du hast die dir verliehenen Gaben missbraucht, du hast die dir gebotenen Gelegenheiten vertan, du hast die an dich gerichteten Warnungen in den Wind geschlagen, und blind für die grossen Dinge, spielst du mit Tand herum. Dies ist der Grund, warum du dich so siehst!»

Sprachlos und in tiefer Schmach verhüllte ich mein Antlitz und wandte mich ab. Einem Giessbach gleich ergoss sich nun alles, was ich an Grundsätzen, die sich mir offenbarten, verletzt hatte, aus den Höhen der Vergangenheit auf mein Haupt herab. Es war nicht die Trauer über die Untunlichkeit irgendeiner Handlung oder eines Gedankens, der ich daraufhin Ausdruck verlieh, ein Schrei der Qual stieg aus den Abgründen meiner Seele empor, weil ich Schuld trug an Missklängen in der grossartigen Harmonie des Weltengesetzes. Ob ich mich bei dieser oder jener Handlung zum damaligen

Zeitpunkt wohlgefühlt hatte, das machte jetzt keinen Unterschied, doch unbeschreiblich war die Qual, die ich empfand, wenn ich an all diese Unstimmigkeiten dachte. Ob mir eine bewusste Lüge aus der Vergangenheit vor Augen geführt wurde oder ein erfundener Zusatz, der um der Ausgeglichenheit willen einer ansonsten wahren Erzählung hinzugefügt worden war, das Entsetzen, das mich packte, war in beiden Fällen gleich. Nicht die Auswirkungen auf meine zukünftige Glückseligkeit bereiteten mir Kummer, es war etwas, das viel gewaltigere Ausmasse hatte, denn ich betrachtete irgendeine kleine Schwingung des Bösen, die, kaum erstanden, im nächsten Gedanken bereits ausgelöst zu sein schien, und siehe da, in all den Jahren seit ihrem Entstehen hatte sie sich ohne Unterlass in immer grösseren Kreisen fortgepflanzt, bis der äussere Rand den grossartigen Gleichklang der unumstösslichen Grundsätze von Schönheit und Wahrheit berührte und durchbrach. Wer das sah, für den konnte es so etwas wie ein kleines Unrecht nicht geben, im ganzen weiten Universum nicht.

Und nun zogen rückblickend an meinem inneren Auge alle jene Widersprüchlichkeiten des Daseins vorüber, die nach unserem angeborenen Empfinden auf ewig Verwirrung stiften in den Beziehungen zwischen Gott und den Menschen – auf der einen Seite Gott, der Allmächtige; auf der anderen der Mensch, das aus freiem Willen handelnde Wesen, diese beiden konzentrischen Räder selbstbestimmten Wollens, die das Universum in Bewegung halten. Wie war das möglich?

Schlagartig erkannte ich dieses bis anhin unfassbare Wie. Aus den Tiefen brach das Geheimnis hervor und stand in grossartiger Erhabenheit jenseits aller mitternächtlichen Schleier. Keine Lücke klaffte mehr zwischen den Wahrheiten; wie auf einer Landkarte, beleuchtet von ewigem Licht, sah ich alle Zusammenhänge, und überzeugt davon, das Wesentliche unmittelbar erfasst zu haben, rief ich aus: «Wahr, wahr, göttlich wahr!»

Verlangt ihr von mir, dass ich den Ablauf schildere? Es käme wohl dem Versuche gleich, jemandem zu erklären, was Augenlicht ist, der ohne Augen geboren, sowenig kann ich mir selbst vorstellen, wie diese Offenbarung beschaffen war. Wäre mir mehr als nur ein Faktum im Gedächtnis haften geblieben, ich wäre schon lange verzehrt worden so wie sich eine rotglühende Nadel in reinem Sauerstoff einfach auflöst. Wie die Dinge aber nun einmal liegen, kann ich mich nicht mehr daran erinnern, ich weiss nur, dass es mit Sehen zu tun hatte; keine menschliche Sprache hätte es in jenem Augenblicke auszudrücken vermocht. Doch der Stempel dieser inneren Schau hat sich meiner Seele so unauslöschlich aufgedrückt, dass ich jeder offen zutage tretenden Wahrheit leichter abschwören könnte als der ungetrübten und vollendeten Harmonie, die ich in jener entsetzlichen Nacht als das wirklich Wesentliche schaute.

Anschliessend litt ich höllische Qualen, die sich über einen nicht endenwollenden Zeitraum hinzogen. Nur schwach vermag ich mich daran zu erinnern, denn alles war in Symbole gekleidet, und der Versuch, sie wiederzugeben, wäre schmerzhaft und ohne Sinn.

Am Ende meines symbolischen Weges angelangt – immer grösser waren die Entfernungen geworden, die Zeiträume und die Qualen –, wurde ich, von Gott angezogen, eilends zurückversetzt und gleich darauf in die andere Richtung, die himmelwärts strebende, hinausgeschleudert. Mit jeder Meile drangen unvorstellbare Harfenklänge immer deutlicher an mein Ohr; Symbole wurden auf bezauberndste Weise eingesetzt; der Schimmer kristallener Tore und himmlischer Zinnen leuchtete mir entgegen, und immer stärker wurde der Glanz; der Himmel verströmte einen Duft, der Liebe bedeutete, Liebe – unauslöschliche Liebe. Auch hier gelangte ich ans Ende meiner Reise; eben schickte ich mich an, zwischen Türmen von Licht hindurchzuschreiten in ein Land, das von jauchzenden Freudenchören widerhallte. Ich wurde aufgehalten. Wieder sprach die Stimme zu mir: «Zu überwältigend ist dies alles für dich; erheische keinen Zutritt. So wie du am Ende deines ersten Weges davor bewahrt wurdest, in die Flammen zu gehen, in die er dich geführt hätte, so schütze ich dich jetzt davor, die verderbenbringende Herrlichkeit des Göttlichen von Angesicht zu Angesicht zu schauen.» Unermessliche Trauer übermannte mich, ich barg mein Gesicht in meinen Händen und ging, bitterlich weinend, den Weg zurück.

In diesem Augenblick wurde ich zum ersten Mal, seit ich mein Zimmer verlassen, der Aussenwelt gewahr. Immer noch schritt mein Freund an meiner Seite dahin und geleitete mich durch die Dunkelheit. Noch keine achthundert Meter hatten wir zurückgelegt, während ich diese entsetzliche Vision durchlitt!

Gleich darauf gelangten wir an eine kleine Brücke. Nur in geringem Masse vermochte Bob zu erfassen, aus welchem Geisteszustand ich eben emporgetaucht war, und in der Meinung, die Neuartigkeit der Vorstellung würde mir angenehmer Anstoss sein für ein Erlebnis, sagte er: «Siehe, der Styx!» Innerlich aufstöhnend, schaute ich nieder auf das dunkle, düstere Wasser, das unter mir dahinfloss, und sah, wie es sich mächtig ausdehnte unter den schrecklichen Schatten zu einer Küste hin, die aufflammte von den Feuern meiner vorigen Vision. «Mein Gott!» rief ich, «gehe ich von neuem dem Inferno entgegen? Ja, so muss es sein; da doch selbst dieser Mann, der nichts erfahren hat von den Qualen, die ich durchlitten, weiss und mir sagt, dass dies einer der Flüsse der Hölle ist!»

Bob fühlte etwas von dem Schmerz, den er mir arglos zugefügt, und versicherte mir um meines Seelenfriedens willen, dass dies nichts andres als ein Scherz gewesen. «Dies hier ist mitnichten der Styx», sagte er, «sondern nur ein kleiner Fluss, der durch Schenectady fliesst.» Auf Vertrautes in der Umgebung wies er mich hin, redete mir gut zu, beschwor mich und bewegte mich endlich dazu, über die Brücke zu gehen; doch brachte ich dies nur zuwege, indem ich mein Gesicht an seiner Brust verbarg und seine Hand umklammerte wie ein Schraubstock.

In der Annahme, dass Licht und der belebende Einfluss des Weines mir Erleichterung verschaffen würde, führte er mich zu einer Gaststätte, liess sich mit mir an einem Tische nieder und verlangte ein Glas Portwein. In dem unwirklichen Schatten, der alle Gegenstände und Lebewesen umhüllte, stand ein Mann in der Nähe der Tür, und während der Unterhaltung, die er mit jemand anderem führte, hörte ich, wie er das Wort «verdammt» gebrauchte.

Sogleich entflammte sich mein Geist, der nun aufs äusserste empfänglich war, an diesem Fluch wie Zunder an glühendem Stahl. «Wohl gibt es», sprach ich vor mich hin, «eine Verdammnis, denn ich habe sie geschaut. Doch werde ich gerettet werden?» Diese schreckliche Frage liess mir keine Ruhe, so zwingend war der Bann, in den sie mich schlug. Ich fuhr fort: «Oh du Engel des Schicksals, in dessen Buch die Namen aller der Geretteten verzeichnet, ich flehe dich an, schlage die Seiten für mich auf!»

Kaum hatte ich geendet, als auf einem schwarzen Wolkensockel der gefürchtete Archivar mir gegenüber sass und mich unendlich mitleidvoll mit überirdischen Augen ansah. Stumm reichte er mir das grosse Buch, mit gierigen Augen überflog ich die Seiten, blätterte sie um in grosser Hast, wobei ich es an grösster Genauigkeit keineswegs fehlen liess. Seite um Seite schlug ich um; von oben bis unten prüfte ich sie mit von Angst gezeichnetem Blick. Von Zeit zu Zeit begegnete ich einem vertrauten Namen, doch auch diese Freude milderte nicht die grausame Spannung, mit der ich nach meinem eigenen Namen forschte. Kalt wie Stein war mein Gesicht, als ich zur letzten Seite kam und ihn noch immer nicht gefunden hatte. Angstschweiss perlte auf meiner Stirn, während Blick und Finger hastig die letzte Spalte absuchten. Eins, zwei, drei – bald war ich unten angelangt – der letzte Name. Der meine war nicht dabei!

Mein Gott! Deine stützenden Arme allein bewahrten mich in diesem Augenblicke vor ewiger Vernichtung. Starr vor Entsetzen sass ich wortlos da.

Der Schicksalsengel hatte sein Buch wieder an sich genommen und zugeschlagen, alles hallte wider von der Verdammnis des Jüngsten Gerichts, und ich sass da, ich weiss nicht wie lange, gefangen in abgrundtiefer Verzweiflung. Ich sah die Ewigkeit wie einen Streitwagen, aus dem ich gestürzt war, auf hochgewölbten, rauchenden Wolken entschwinden, und ich blieb zurück als ein der Verdammnis anheimgefallenes Geschöpf, umgeben von unendlicher Leere stand ich da, ausgeschlossen vom Kreislauf der Zeiten. Vertraute Gesichter umgaben mich, doch nie kam mir der Gedanke, ich könnte durch sie Linderung erfahren. Sie hatten nicht die Kraft, einem Leidenden zu helfen, der immerwährende Qualen ausstand.

Hätte jemand, während ich an dem Tische sass, einen Kessel mit brodelndem Blei hereingebracht und neben mich gestellt, ich hätte nicht an mich gehalten und wäre mit freudiger Hast in den Behälter gesprungen, um von der seelischen Qual mich abzulenken durch körperliche Schmerzen. Eine Zeitlang – und nur der Haschischesser kann ermessen wie lange – sass ich wortlos neben meinem Freund.

Plötzlich erschien auf der gegenüberliegenden Wand ein Kreuz, und Christus, der Barmherzige, war darangeschlagen. Ich sprang vom Stuhl; ich stürzte zu ihm hin; ich umklammerte seine Knie; in stummem Flehen blickte ich fest in sein Gesicht. Und dieses traurige Antlitz lä-

102

chelte liebevoll zu mir herab, und ich sah, dass mein unausgesprochenes Gebet erhört worden war. Durch meine Seele wehte wie Balsam ein linder Hauch und liess sie geläutert zurück. Die Stimme, die mich auf all den vergangenen Reisen begleitet hatte, klang nicht mehr streng und vorwurfsvoll, denn unvorstellbare Liebe und Zuneigung schwang in ihr mit, und sanft sprach sie: «Mit dem Odem des Geistes sind deine Sünden zur Gänze vergeben.» Auf die übergrossen Qualen folgte ein ebenso grosser Friede, und solchermassen gestärkt, kehrte ich auf mein Zimmer zurück.

Doch das Mass meiner Leiden war noch nicht voll. Kaum war ich zu Hause, warf ich mich sogleich aufs Bett. Ich hatte die Laken noch nicht einmal richtig berührt, da loderten von allen Seiten verzehrende Flammen empor und umschlossen mich mit einem Feuerkranz. Schreiend sprang ich auf und rannte zu meinen Freunden, die sich meiner annahmen, bis die dämonische Vision vorüber war.

Bis zum heutigen Tage scheint es mir beinahe unfasslich, dass ich bei dieser Begebenheit überhaupt lebend davonkam. Doch, so unerklärlich es auch sein mag, als ich am nächsten Morgen erwachte, war ich frei von allen Leiden, nichts spürte ich mehr davon, und mir war, als ob mich den ganzen Abend zuvor der Mutter Arme gewiegt hätten.

Das Buch der Symbole

Von allen Erfahrungen, die ich mit Haschisch machte, war meine Einsicht in die geistige Welt, in die Welt der Symbole, das wundervollste Erlebnis. Zwar hatte ich in anderen Visionen eine Schönheit erfahren, die viel köstlicher war, und Grauenvolles durchlebt, das weitaus schrecklicher gewesen; nun aber wurde ich aus der Welt der Erscheinungen herausgelöst, und ich lernte, Formen und Existenzmöglichkeiten zu schauen, die sich in dieser Welt nicht in Worte fassen lassen, einfach, weil es keine fassbaren Zeichen gibt, die auch nur annähernd die Wahrheit der Dinge auszudrücken vermögen.

Untereinander verständigen wir Menschen uns ausschliesslich mit Hilfe von Symbolen. Jeder Gedanke, der in der Aussenwelt kein entsprechendes Symbol findet, wird notwendigerweise mit dem Vermerk «nicht mitteilbar» versehen. Ein menschlicher Geist erkennt, dass zwei Gedanken in einer bestimmten Beziehung stehen. Was kann er tun, um seinem Mitmenschen diese Beziehung mitzuteilen? In keinem der Labyrinthe sinnlicher Wahrnehmung gibt es dafür eine Möglichkeit; man kann sie nicht sehen, nicht hören, auch nicht fühlen, weder riechen noch schmecken. Wie kann er sich da helfen?

Ein Zug Kraniche kommt aus allen Himmelsrichtungen herbeigeflogen, um auf einem grossen Felsen über ihm in luftiger Höhe Rat zu halten. Da durchzuckt unseren Denker eine blendende Idee. Diese Vögel sollen ihm ein Bild sein für seinen Zusammenhang und einen Passus dem Verständnis seines Bruders näherbringen. Die Kraniche (grues) kommen zusammen (con), und dieses sichtbare Symbol macht er zum Träger seines unsichtbaren Zusammenhangs, und seither gebrauchen die Menschen das Wort «congruous» – übereinstimmend.

Doch die Entdeckung eines geeigneten Symbols allein genügt nicht, eine weitere Voraussetzung muss erfüllt sein, bevor das Symbol wie eine Banknote in Umlauf gesetzt werden kann, als Banknote, deren Sicherheit auf einem unantastbaren Goldstück in der Schatzkammer des Geistes beruht. Diese Münze muss weltweit als bestehendes Zahlungsmittel anerkannt sein, sonst ist der Wechsel keinen roten Heller wert. In unserem Falle muss die Vorstellung eines Zusammenhanges, welcher durch das Wort «congruous» ausgedrückt wird, auch beim Empfänger bereits vorhanden sein, sonst ist der Sender nicht in der Lage, sich verständlich zu machen. Genauer gesagt, der Gedanke der Möglichkeit eines solchen Zusammenhanges muss bereits angelegt sein, bevor der Empfänger ihn mitgeteilt bekommt; denn wenn er eine solche Möglichkeit erkennt, dann wird er dank dieser Anlage das Mögliche als Wirkliches erfassen können und bei Übermittlung des Symbols den Gedanken der «Kongruenz» erfassen, auch wenn er ihn in dieser Form zum ersten Mal hat.

Es erhebt sich nun die Frage, welcher Geisteszustand der Fähigkeit zugrunde liegt (und sie bedingt), mittels Symbolen die Gedankengänge eines anderen zu erkennen? Ganz einfach: Die beiden, die sich miteinander unterhalten, müssen einander auf gedanklicher Ebene so nahe stehen, dass sie dieselben Wahrheiten erblicken und von denselben Gefühlsregungen berührt werden. In dem Masse, in dem diese Voraussetzung nicht erfüllt ist, werden die beiden Menschen nicht imstande sein, den inneren Zustand des anderen zu verstehen.

Beim Haschisch nun kann von einer Verständigung kaum noch die Rede sein. Tatsächlich haben sich für den Haschischesser ganze Welten verändert, dadurch, dass seine Fähigkeiten eine ausserordentliche Erweiterung und Anregung erfahren haben. Nicht die Wahrheit hat eine Erweiterung erfahren, wohl aber hat das Wahrnehmungsvermögen teleskopische Formen angenommen, so dass, wo andere nur verschwommene Nebelgebilde erkennen oder überhaupt nichts sehen, er zu einer Einsicht kommt und einen Scharfblick besitzt, dem auch Fernliegendes sich oft nicht entziehen kann. Wo ein anderer nur lichten Nebel sieht oder überhaupt nichts, findet er wundersame Konstellationen geistiger Natur, erfasst ihre Bedeutung und erkennt die Gesetze ihrer göttlichen

Harmonie. Zu seinem Begleiter, der sich nicht im selben Rauschzustand befindet, wendet er sich, will ihm erklären, was er geschaut hat, doch er muss feststellen, dass die Symbole, die sich ihm offenbart haben, für den anderen ohne Sinn sind, weil in unserem Alltagsleben die Gedanken, welche sie auszudrücken vermöchten, nicht vorhanden sind; die beiden Gedankenebenen sind gänzlich verschieden.

So ist es nicht nur mir ergangen, sondern auch einigen anderen, die unter meiner Anleitung mit Haschisch experimentiert haben. Auf dem Höhepunkt des Rausches war der Wunsch, den andern von Erkenntnissen, die zu einer schweren Last wurden, Mitteilung zu machen, so überwältigend, dass sie versuchten zu beschreiben, was sie wahrnahmen; doch die Menschen ihrer Umgebung, welche sich nicht im Rauschzustande befanden, sahen in dem Gestammel eine ganz andere Bedeutung als das, was es beschreiben sollte, und wenn sie gar keine darin zu entdecken vermochten, verlachten sie das Gesagte, hielten es für absurd und sahen keinen Grund, warum der Name eines ganz gewöhnlichen Gegenstandes oder einer Seinsweise derartige Gefühle des Schreckens oder der Verzückung hervorrufen sollte, wie dies beim Haschischesser der Fall ist. So manches Mal aber, wenn ich dabeistand, war ich aufgrund der solchermassen geschilderten Symbole in der Lage, dem verzückten Wanderer zu folgen und zu erkennen, an welchem Punkte seiner Wanderung er angelangt, denn es war etwas, das auch ich selbst früher schon gesehen hatte.

Es liegt an diesem Symbolisierungsvorgang, dass bei gewissen Rauschzuständen jeder Baum und jedes Haus, jeder Stein und jedes Blatt, jeder Fussabdruck, jeder Gesichtsausdruck und jede Geste über das Gegenständliche, Äusserliche hinaus eine Bedeutung erlangt, die unfassliche Qual oder ein unsagbares Glücksgefühl in sich birgt.

Es ist wohl eines der schwierigsten Dinge, jemandem, der sich nicht im Haschischrausch befindet, mit Hilfe jener Symbole, die auf die inneren Zusammenhänge der Dinge abzielen, die Vertauschbarkeit der Sinnesempfindungen begreiflich zu machen. Manchmal wird die Seele deutlich als eine Einheit von ihrem eigenen Bewusstsein wahrgenommen, während man vom Körper meint, dass er auf so vielfältige Weise die Eindrücke bestimmt, dass sie das eine Mal als Geruch, dann wieder als Geschmacksempfindung oder als Gesicht usw. wahrgenommen werden können. So weiss der Haschischesser, was es heisst, von *Salz*feuer verbrannt zu werden, Farben zu *riechen*, Geräusche zu *sehen* und, was noch häufiger der Fall ist, Gefühle zu *sehen*. Oft, so kann ich mich erinnern, bin ich zitternd über den Boden geschwebt, der mit glühendheissen Nadeln gespickt war, und obwohl ich niemals das Gefühl hatte, ich würde mit ihnen in Berührung kommen, die Empfindung ihrer entsetzlichen Schärfe *fühlte* ich mit den *Augen*, so deutlich, als ob sich ihre Spitzen geradewegs in mein Herz bohrten.

Oft habe ich, wenn meine Leiden bodenlos oder mein Entzücken ohnegleichen war, an die Verzückung des Paulus gedacht und an seine Worte: «ἄρρητα ῥήματα, ἃ οὐκ ἐξὸν ἀνθρώπῳ λαλῆσαι.» Von nichts war ich in meinem ganzen Leben mehr überzeugt als davon, dass unsere Übersetzung: «... die ein Mensch nicht sagen darf», völlig unzureichend ist. (In der engl. Übersetzung lautet die Stelle: «... which it is not lawful for a man to utter», die hier angegebene Übersetzung ist der Zürcher Bibel entnommen, während in der Lutherbibel zu finden ist: «... welche kein Mensch sagen kann». 2. Kor. 12,4; *A. d. Ü.*) Es sollte heissen: «... die ein Mensch nicht sagen kann», denn dies allein lässt sich in Einklang bringen mit jenem Zustande ganzheitlicher Sinneswahrnehmung, in dem Worte eben «unaussprechliche Worte» sind und die geschauten Wahrheiten auf Erden keine Zeichen finden, die sie auszudrücken vermöchten. Wiewohl ich weit davon entfernt bin, zu glauben, dass meine eigene Ekstase, oder auch die anderer Haschischesser, für sich in Anspruch nehmen könnte, der göttlichen Eingebung eines Apostels vergleichbar zu sein, so entsprechen die Zustände einander doch insofern, dass ihnen beiden die Empfindung zu eigen ist, sich ausserhalb des Körpers zu fühlen, wobei die Seele, wiederum in beiden Fällen, Wirklichkeiten erfährt – seien sie nun von grösserer oder geringerer Bedeutung –, wie sie vielleicht nur im Licht der Ewigkeit erfahren werden können.

Ein Gedanke drängt sich mir noch auf im Zusammenhang mit der Fähigkeit des Haschisch, seine Anhänger ins Reich der Symbole zu entführen, den ich nicht umhin kann, hier zu erwähnen. Bei einigen der apokalyptischen Rauschzuständen gleich dem, den ich eben erwähnte, und einigen, die ich später erlebte, wurden ganz alltägliche Symbole benutzt, die mir nie zuvor solche Wahrheit vermittelt hatten, ja die für mich zuvor überhaupt nie irgendwelche Wahrheiten beinhaltet hatten. Dinge, von denen man am allerwenigsten erwarten würde, dass ihnen über ihre materielle Eigenschaft hinaus noch irgendeine Bedeutung zukäme, erwiesen sich höchst aufrüttelnde Bilder und Darstellungen spiritueller Wahrheiten.

Welche der sinnlichen Dinge aber tragen die Möglichkeit in sich, zu einem Symbol zu werden, und welche nicht? Wo liegt die Grenze? In Anbetracht dessen, was ich sah, vor allem in jener letzten Nacht, deren ich mich bis in alle Einzelheiten entsinnen kann, fühlte und fühle ich mich zu der Annahme geneigt, dass es dafür keinerlei Grenzen gibt. Wenn, wie der wahre Philosoph annehmen muss, das Materielle um des Spirituellen willen geschaffen wurde, das Mindere für das Höhere, das Mittel für den Zweck, dann ist es nicht möglich, dass auch nur die kleinste Flechte lediglich als leblose Materie vorhanden sein könnte, ohne Sinn und Bedeutung für die Seele des Menschen, jene Krone der Schöpfung.

Ach, welche Welt von Symbolen liegt da noch im Schlummer, in Erwartung kommender Tage hofft sie auf ihre Entdecker und Erforscher, die von den geschauten Schönheiten und Wahrheiten zu erzählen verstehen.

Den pervertierten Neigungen einer Pseudowissenschaft bis zum Letzten folgend, suchen wir immerwährend nach einem Grund für das Bestehen der äusseren Welt in ihrer gegenwärtigen Form, was unvermeidlich dazu führen wird, dass wir sie fesseln und knebeln im Streben nach materiellen Werten. Deutlich erkennend, dass die Achtung vor der Weisheit des Schöpfers uns nicht erlaubt anzunehmen, dass irgend etwas, und sei es noch so winzig, ohne Sinn und Zweck geschaffen wurde, zermartern wir uns das Gehirn in dem Versuch, der Existenz eines jeden Gegenstandes im ganzen Erdenreich einen Nutzen abzugewinnen. Dieses da wurde geschaffen, um den Menschen von seinen Kopfschmerzen zu heilen; jenes da, damit Abwechslung in seinen Speisezettel kommt; und dies wiederum, damit er ein bequemes Verkehrsmittel zur Verfügung hat. Ohne Zweifel waren diese materiellen Güter für einen bestimmten Teil der Schöpfung von grosser Wichtigkeit. Schwierigkeiten bereitet uns nicht unser eifriges Bemühen um eine Entdeckung derselben, sondern die Tatsache, dass die Entdeckerfreude nicht wagt, aus diesem engen Kreis herauszutreten, aus Furcht versponnen genannt zu werden.

Ohne Zweifel, wenn Gott uns eine Unterkunft gewährt hat, darin zu wohnen, und sei es auch nur für ein paar Tage und Nächte, so ist es unsere Pflicht, alle materiellen Möglichkeiten ausfindig zu machen, die ihrer Instandhaltung dienen und sie auch anzuwenden, auf dass alles wohlgeordnet sei, bis wir schliesslich von dieser niedrigen Türschwelle hinüberwechseln in unseren Palast; sind wir doch ehrenwerte Pächter, und auch um unserer eigenen grösseren Sicherheit willen, ist es sowohl unsere Schuldigkeit als auch unser Recht, dies zu tun, solange es geschieht, ohne unser Rasthaus zu putzen und auszuschmücken, als wäre es eine Bleibe auf ewig. Dennoch, welches Bemühen könnte erbärmlicher sein, was dem Geist unwürdiger, als in unermüdlichem Eifer den ganzen erhabenen Kosmos zu einer einzigen riesigen Gaststätte, Kleiderkammer oder Apotheke für den Leib zu degradieren? Gute Menschen, vielleicht auch weise Menschen, suchen beständig nach etwas, das heilkräftig sei am Skorpion oder essbar am Pilz, um Gottes Anspruch, dass alles zweckvoll sei, zu rechtfertigen. Mit grossem Geschick erfinden sie hypothetische Zwecke für die Dinge auf dieser Welt; hoffnungslos verheddern sie sich in den Falten der Bestürzung, wenn sie mit all ihren weit hergeholten Hypothesen nicht in der Lage sind zu erkennen, welchen greifbaren Sinn es haben soll, wenn sich etwas hartnäckig ihrer Analyse widersetzt.

Oh ihr Philosophen, die ihr mit Blindheit geschlagen seid! Die Natur lehnt es ab, sich in die Form eurer unmöglichen Gesetze pressen zu lassen; sie weist eure Verallgemeinerung zurück; sie schüttelt die Fesseln eurer Theorie ab! Wenn es nur ums körperliche Wohlbefinden ginge, dann wäre es wahrhaftig besser gewesen, wenn nie ein Tausendfüssler erschaffen worden wäre; wenn die gewaltigste Schlange ein harmloses Strumpfband wäre; wenn die Wolfsmilch niemals ein Blatt ausgetrieben hätte, die Selenen nie ihre Dunstschleier entwickelt hätten. Doch dies ist nicht die Bedeutung der Ordnung aller Dinge, denn die Dinge sind das Material, aus dem der Mensch seine Symbole schafft, um menschliche Gedanken anderen mitzuteilen; und Gott selbst hat für die Zukunft sich Symbole geschaffen, um die Göttliche Wahrheit zu offenbaren, wenn zur Stunde der grossen Enthüllung Felsen, Bäume und Flüsse – ja, auch das kleinste Atom – auf allen Wegen des Universums herbeiströmen, um ihre langgehütete Bedeutung preiszugeben und sich einzureihen in den Reigen der spirituellen Kraft – dem einzig wahren Wissen –, zu den orphischen Klängen der erweckten Seelen tanzend.

HEUTE ZEUS, MORGEN PROMETHEUS

Wann genau im Verlauf meiner Haschischerfahrung ich daran zu zweifeln begann, dass die Droge für mich eine rein experimentelle Bedeutung hatte und nicht ein faszinierender Genuss war, weiss ich mit Sicherheit nicht zu sagen. Möglich, dass mir die Tatsache ihres Einflusses nur ganz *allmählich* zu Bewusstsein kam; auf jeden Fall schob ich, jedesmal wenn sich der Verdacht erhärtete, diesen Gedanken beiseite, änderte die Art des Genusses und redete mir damit ein, dass es sich so doch immer noch um ein Experiment handelte.

Ich war spazierengegangen im Haschischrausch, hatte mich unterhalten und geträumt; nun hörte ich zumeist Musik oder verfolgte ein Schauspiel, damit ich auch unter diesen Umständen die verschiedenen Phänomene würde erkennen können, falls derartige sich zeigen sollten.

In dieser Absicht wollte ich auf dem Wasserwege nach New York reisen, den wunderbaren Hudson flussabwärts dahingleiten, beschienen vom vollen Mond; und auch dieser Anlass sollte erneut Gelegenheit bieten für ein Experiment.

Auf einen der grössten und schönsten Dampfer, die je das schimmernde Band des Flusses in einer mondhellen Sommernacht hinabgeglitten, setzte ich abends um acht meinen Fuss, begleitet von mehreren Freunden, in der Tasche eine Schachtel mit Pillen. Die Laufplanke wurde eingezogen, und unsere Fahrt begann.

In den wenigen Augenblicken, die verstrichen, bevor der Steward mit lautem Glockenklang zum Dinner rief, gelang es mir, unbemerkt ein paar der Kügelchen zu schlucken, welche meine Schachtel enthielt.

Auf Deck zurückgekehrt aus jener würzig duftenden, unter Wasser liegenden Höhle, in der wir uns, fünfhundert Amerikaner an der Zahl, bei Grabesbeleuchtung über den unglaublichen Zeitraum von fünfzehn Minuten hin in irrer Hast die Ellenbogen in die Rippen gebohrt hatten, um uns das erhebende Ziel der Nation – Verdauungsbeschwerden – einzuhandeln, sahen wir die ausladende Scheibe des Mondes knapp über dem Horizont, und auf Stühlen, die wir uns geholt hatten, liessen wir uns nieder, die Zehen ins Netzwerk der Reling gebohrt, um nach dem Mahle zu rauchen. Zigarren und studentische Denkgewohnheiten veranlassten uns zu singen, und während mindestens zweier Stunden widerhallten die Felsen, die den oberen Kanal einsäumen, von Melodien wie «Musik liegt in der Luft», «Co-cache-lunk» und anderen Studentenliedern.

Die Oper mit ihrem Lichterglanz, dem leidenschaftlichen Gesang, dem orchestralen Getöse und mit ihrer Szenerie reisst die Seele wirklich mit in einem verwirrenden Freudentanz; die Ballade, die wir besonders lieben, innig vorgetragen von der Frau, die wir verehren, zu einer Stunde, da das Aufziehen der Vorhänge das dämmernde Licht nur verstärken würde, hält uns sanft gefangen und tut dem Herzen wohl; das Horn, wenn es nicht allzu nahe tönt, verströmt füllige Klänge und weckt die Geister seiner heimatlichen Berge, doch köstlicher als jede andere Musik ist mir ein Lied, wenn es männlichen Kehlen entströmt, wohlklingend und im Takt, zum ersten Male gelernt innerhalb jener vertrauten Mauern, die dem wahren amerikanischen Collegestudenten teurer sind als alle Türme von Oxford.

Verehrungswürdiger Verein!, es steht dir nicht an, dich mit dem abgenutzten Putz feudalen Pomps zu kleiden; auch ist es dir nicht gegeben, auf deiner Stirn die Falten ungezählter Jahre eingekerbt zu haben, obwohl du, lange bevor du diesen Nimbus vermissen wirst, sein Zeichen zu tragen beginnst. Du bietest keine Ehrenplätze für edle Abkunft, noch üppige Tische für Gold; deine Schönheit ist weder in Marmor gehauen noch in Holz geschnitzt. Und doch bist du die Mutter von Denkern und Arbeitern – von grossen Seelen und tapferen Herzen, deren Pochen nicht ungehört verklingt im gewaltigen Pulsschlag einer grossen Nation. Auf diese deine Gracchen zeigst du und sagst: «Sehet meine Kostbarkeiten.» Die Liebe deiner Söhne krönt dich königlicher, als Türme dies vermöchten; und besser als jede Eintragung von Adelskronen in deinen Jahrbüchern und die Gegenwart von Hermelinpelzen in deinen Hallen ist der Gedanke, dass an deiner schützenden Hand so mancher sich mit eigener Arbeit emporgekämpft hat zu Ruhm, aus der Vergessenheit der Namenlosigkeit heraus und aus der Umklammerung der Armut.

Hier im amerikanischen College, das frei ist von künstlichen Unterscheidungen, das alle entwürdigenden Rangabzeichen ablehnt, die Abstammung und Geld höher einschätzen als Geist und Herz; das eher mannhafte Selbstbeherrschung einschärft als die Furcht vor willkürlichem Spionieren fördert; das zwischen geistesverwandten Seelen einen uneingeschränkten Austausch ermöglicht und durch gesellschaftliche Bande und Wesensähnlichkeiten zusammenbringt, hier findet die soziale und individuelle Entwicklung des Menschen in vollendeter Weise statt. Hier ist es möglich, dass durch die gegenseitige geistige Auseinandersetzung unnütze Überspanntheiten abgeschliffen und Persönlichkeit und Charakter des Menschen gefestigt und zu höherem Ebenmass verfeinert werden. Und hier – wiewohl es auch an letzter Stelle stehen mag, so ist es doch nicht das geringste unter allen wahren Zielen der Erziehung – kommt das Herz zu seinem Recht, indem es jene unirdischen Beziehungen knüpfen kann, welche – viele Jahre nachdem ihr tatsächliches Bestehen, das sie symbolisieren, in das «lang, lang ist's her» hinabgesunken sind – welche also den geheiligt wohltuenden Nachklang von Freundschaft und Uneigennützigkeit emporsteigen lassen durch all den Staub und die Spinnweben, an denen jede andere Erinnerung fast ersticken würde.

Es ist nicht weiter verwunderlich, dass einem solch freien und vertrauten Umgang der jungen Menschen miteinander, wie wir ihn an unseren Colleges finden, das Lied als höchlichst angemessene und anerkannte Frucht entspringt. Derjenige, der vielleicht einmal die Collegelieder unseres Landes sammelt, zumindest diejenigen, deren Frische nicht gänzlich verloren geht, wenn sie von Ort und Zeit ihres Ursprungs verpflanzt werden, würde der Literatur des Landes keinen unbedeutenden Bereich erschliessen. Pikant, spontan, sprudelnd und dicht an ihre Melodien angeschmiegt, verkörpern sie häufig zugleich beflügelte Dichtkunst und hervorragende Musik. Ob sie durch die klare Luft eines lauen Sommerabends klingen, von einer Gruppe gesungen, die auf der Terrasse oder einem Rasen beisammensitzt und zwischen den Strophen eine aromatisch duftende, alte Virginia pafft, oder an langen Winterabenden ein Collegezimmer mit Heiterkeit erfüllen, stets wirken sie belebend, verbinden die Herzen und werden immer, wenn ich mir diese Bemerkung erlauben darf, gut gesungen.

Weit bin ich abgeschweift und kehre zurück zu der Stelle, an der ich meine Freunde verlassen habe, auf dem Vorderdeck sitzend und im Scheine des aufgehenden Mondes singend. Als wir des Singens schliesslich müde geworden, erglänzte der Fluss wie ein Spiegel im klaren Widerschein des Himmels, zu Silberperlen wandelte sich die Gischt vor unserem Bug, und mehr noch als zuvor leuchtete unser Kielwasser in schneeigem Weiss auf. Die erregende Wirkung der Musik hatte die Wirkung des Haschisch aufgehoben, doch war ich keineswegs überrascht, als ich den wohlbekannten Schauer fühlte, sobald unsere Stimmen allmählich verstummten.

Sogleich wurde ich der Elfenkönig. Luftig leicht und in neuer Schönheit glitt ich dahin auf meinem Vergnügungsboote, glitt, von meinem Willen getragen, durch das mondhelle Königreich, über das ich herrschte. Von den verträumten, bewaldeten Ufern sangen mir die Nachtschwalben klagenden Willkommensjubel; Leuchtkäfer illuminierten mit hellem Licht die Fassaden ihrer Paläste unter den schattigen Ulmen; und die kleinen mondumstrahlten Inseln, an deren Stirn sich unsere Wellen brachen, schickten mit lieblicher Stimme und Dank Lob und Freude zurück.

In dieser Verzückung verharrte ich und überschaute mein Reich, bis der Mond am höchsten Punkt des Himmels stand, dann schritt ich durch lange Säle und ergötzte mich an dem Besitze wundervoller Tapeten und Täfelungen, und von der Galerie blickte ich voll Stolz auf mein Gefolge schöner Frauen und tapferer Männer, welche unten sassen oder lustwandelten.

Als ich meine Augen schloss, befand ich mich im wunderbaren Land der Träume. An

Sogleich wurde ich der Elfenkönig. Luftig leicht und in neuer Schönheit glitt ich dahin auf meinem Vergnügungsboote, glitt von meinem Willen getragen, durch das mondhelle Königreich, über das ich herrschte.

der Spitze einer stets siegreichen Legion schritt ich zum Angriff und trieb Millionen lachender Feinde als unordentlicher Haufe in spielerischer Flucht durch ein endlos weites Rosenfeld. Von den Bergen des Kongo kamen in grossen Sprüngen ganze Scharen graziöser, wohlgestalteter Negerkinder herbeigerannt, sie trugen Elefantenzähne, Kisten mit Goldstaub und frische Kokosnüsse, denn sie waren es, die meinen Palast belieferten. Auf den Schwingen lautloser Musik schwebte ich durch die Luft, und in den Wolkentälern spielte ich Verstecken mit den Meteoren.

Es war kurz nach Mitternacht, als ich fühlte, dass die Wirkung des Haschisch nachliess, und da ich mit dem Gesetz der Droge, welches verbietet, ihre Träume mit Hilfe einer zweiten Dosis zu verlängern, noch nicht vertraut war (ja erst damit vertraut wurde, nachdem einige bittere Erfahrungen mir eine Lehre erteilt hatten), nahm ich noch weitere fünf Gran.

Allmählich verflüchtigte sich die Wirkung des Haschisch immer mehr. Ich ging in meine Kabine und legte mich, jetzt wieder völlig im Normalzustand, zu Bett und schlief tief und fest die ganze Nacht hindurch.

Als ich im frühen Morgenlicht die Augen aufschlug, sah ich, dass wir die steilen Klippen gut zur Hälfte passiert hatten. Am Ostufer des Flusses waren die ersten Anzeichen von Vorstadtleben aufgetaucht, Terrassen, Rasenflächen und Veranden, und über die ganze Bucht hin waren die Glocken zu hören.

Erst als wir den Landungssteg erreicht hatten, begann ich die Wirkung meiner letzten Dosis zu verspüren. Ich ging an Land und trennte mich zum ersten Male für eine Weile von meinen Mitreisenden. Der Morgen schon gab deutlich das Versprechen für einen Tag, der wohl zu einem der heissesten dieses Sommers werden sollte, und während ich alleine auf dem unbeschatteten Kai dahinschritt – die Sonne strahlte prall auf mich hernieder –, da plötzlich fühlte ich, wie mein Herz Feuer fing. Dies geschah ohne jede Vorwarnung, ohne Heimlichkeit, ohne einen Schauer; schrecklicher noch war damit der Tenor meines Leidens, denn mitten in bekannten und vertrauten Wirklichkeiten brannte ich lichterloh, ohne jede Möglichkeit, mich an einen früheren Zustand zu erinnern, der von ruhigerer Art gewesen und mir einen gewissen Halt hätte gewähren können.

In ihrem ganzen Umfange erkannte ich da die Hölle von Eblis und ihre unauslöschlichen Qualen, als ich, unterwegs durch die überfüllten Strassen der grossen Stadt, die Hand mir auf das Herz legte, um zu verbergen, wie es vor Schmerzen zuckte, und in jedem Gesicht der flutenden Menge, die an mir vorüberhastete, Zeichen sah von Verzweiflung und Teufelei. Die wohlbekannten endlosen Reihen prächtiger Geschäfte und bunter Schaufenster huschten an mir vorüber, als ich mit schnellen Schritten dahineilte. Die hastende Menschenmenge auf dem Bürgersteig, die zur Arbeit ging, und der wogende Strom von Kaleschen und Wagen, die auf der Strasse dahinrollten, schienen mir in ihrer Beschaffenheit nicht weiter ungewöhnlich. Doch der Geist, der alle Dinge durchdrang, war des Teufels. Ich spazierte durch eine riesige Stadt in der Hölle, in welcher die Menschen, umgeben von Pomp und Überfluss wie eh und je, ihrer irdischen Beschäftigung nachgingen, doch ihrer Stirne war das Zeichen aufgedrückt, jenes schreckliche Zeichen, welches davon kündet, dass alle Hoffnung auf glücklichere Umstände für immer verloren sind.

Stets sind die Durchgangsstrassen einer grossen Stadt für mich eine Wüste. In der Einsamkeit der Einöde, auf Bergesgipfeln, an eines abgelegenen Flusses Ufer, nirgendwo lässt sich ein Einsiedler denken, der einsamer wäre als der Mensch in der Menge. Dem Studium der Physiognomie, ganz allgemein der menschlichen Natur, wie sie sich ihrem Ziel entgegen drängelt und schlängelt, lässt sich auf dem Pflaster einer grossen Stadt aufs vorteilhafteste nachgehen, doch stärker als alle äusseren Eindrücke, die die Gesellschaft hinterlässt, ist die Einsamkeit spürbar, die den Wanderer auf sich selbst zurückwirft, wenn er meilenweit im Umkreis kein Wesen erblickt, dem er sich enger verbunden fühlt als nur durch das gemeinsame Menschsein.

Doch diesmal, auf welch seltsame, eigenartige Weise war ich doch jetzt ein Einsiedler! Noch waren mir einige menschliche Eigenschaften zu eigen, dessen war ich mir bewusst, doch um mich herum sah ich teuflische Gestalten und Fratzen, wie ich gebaut, das wohl, indessen von ihnen war alle Zuneigung, Hoffnung, alles Vertrauen in unser gemeinsames Leben für immer gewichen. Jedes einzelne dieser Wesen, das lärmend und geschäftig an mir vorüberhastete, schielte, von schrecklichem Misstrauen erfüllt, unter den Augenbrauen hervor auf seinen Nachbarn und auf mich. Das Sinnbild der Hölle, wo aller Glaube dahin ist und wo im unaufhörlichen Wechsel Mann und Frau, alle Gefallenen sich beständig gegenseitig verhöhnen und wild anstarren, war in dieser Szene Wirklichkeit geworden.

Ich hielt es nicht aus auf der Strasse und stieg in einen Omnibus, um dieses schreckliche Auf und Ab des Lebens im Tode nicht mehr so deutlich sehen zu müssen. Während wir schwerfällig über das Strassenpflaster holperten, fühlte ich, wie mein Herz in ein steiniges Schienenbett gelegt wurde, einen Klafter unter der Erde, wo es sich unter dem Knarren der Räder und unter den Stichen von grausam spitzen Steinen wand, und feine Verbindungsfäden leiteten alle seine Schmerzen weiter zu mir; immer mehr dehnten sich diese elastischen Fasern während der Weiterfahrt, immer stärker spannten sie sich an unter unaussprechlicher Pein. Indessen schienen meine Mitreisenden im Wagen mit glühenden, forschenden Augen mich anzustarren; ich duckte mich in eine Ecke, um ihren Blicken zu entgehen, und sass da mit den Händen vorm Gesicht. Sie flüsterten; ich war es, von dem sie sprachen, und deutlich hörte ich sie das Wort «Haschisch» sagen.

Ich stieg aus dem Wagen, und wieder stand ich auf der Strasse, nun wohlwissend, dass ich nirgendwo Erlösung finden würde von meinen Qualen. Ein unnütz Unterfangen wäre es, die Schrecken alle anzuführen, die ich durchlebte, bevor ich Schutz und Hilfe suchte im Hause eines Freundes: Mein Herz stand in Flammen, mein Kopf wurde durchbohrt von einer Vielzahl kreiselnder Bohrer, und inmitten schwach flackernder innerer Flammen kehrten jene beängstigenden Bilder und dämonischen Gesänge vergangener Visionen wieder.

Als ich im Hause meines Freundes ankam, schützte ich Müdigkeit vor und legte mich nieder. Qualvoll verstrichen die Stunden, ich fiel in Schlaf, dann schreckte ich wieder hoch, von Panik gepackt ob einer eingebildeten Gefahr. Einmal blickte aus der Dunkelheit ein Wahnsinniger mit gefletschten Zähnen mir entgegen; dann wieder fiel ich von den höchsten Himmeln hinab in dunkle Höhlen, wohin noch kein Sonnenstrahl sich je verirrt; zuweilen kam es vor, dass die hochaufragenden Häuser einer unbekannten Stadt auf mein Haupt herniederstürzten, weil die Erde im Todeskampf erzitterte. Ich sage Todeskampf, denn ihre Erschütterungen schienen menschlichen Qualen verwandt.

Gegen Mittag tauchte ich aus dem Jammertal wieder auf, und allmählich kam mir zu Bewusstsein, dass ich mich im Haschischrausche nie wieder jener Gewissheit ungetrübter Visionen würde erfreuen können wie zuvor. Zu oft schon war der Becher aufgerührt worden, als dass der Geschmack der Bitterkeit je wieder ganz daraus verschwinden würde. Ich schrieb jedoch die Qual, die ich in diesem Fall erduldet, einer ungünstigen Disposition des Körpers zu (noch hatte ich das Gesetz der zweiten Dosis nicht erkannt), und nahm an, dass Haschisch ohne schlimme Folge genossen werden könne, wenn ich nur meinen Körper bei guter Gesundheit erhielt.

Eidola Theatri und der Prinz von Wales

Bis zum Abend des nächsten Tages wartete ich, dann nahm ich eine kleine Dosis von vielleicht fünfundzwanzig Gran zu mir und begab mich ins Theater.

In der Handlung der Stücke, welche gespielt wurden, lebte ich so wirklich wie in der Welt draussen. Mit dem Geschick eines Abenteurers in einer der Aufführungen fühlte ich mich so vollkommen verbunden, dass ich, als er zum Richtblock geführt wurde und der Henker über ihm stand, mich zusammenriss und Mut fasste für den tödlichen Streich und darauf wartete, dass der Stahl meinen Nacken durchschlug. Er wurde begnadigt, und ich war es, der über seine Befreiung frohlockte.

Ein in leuchtend satten Farbtönen gehaltenes Fresko über der Bühne rief in mir die Vorstellung wach, ich befände mich im Himmel. «Vorstellung» ist vielleicht nicht das ganz richtige Wort, denn es kommt darin nicht jene ungetrübte Überzeugung zum Ausdruck, dass alles Wirklichkeit sei, was doch für diese Vision gerade das Typische ist. Keine Gestalten und Gesichter zeigten sich mehr unter mir, aber aus der wunderbar rosigen Ferne der oberen Täfelung schwebten Engel herab, wie durch Korridore von Rubin, und liessen Musik herabrieseln in Strahlen, die auch als Farben sichtbar wurden.

Ein höchst aussergewöhnliches Phänomen zeigte sich, während ich dem Orchester mit gespannter Aufmerksamkeit lauschte. Aussergewöhnlich deshalb, weil es eines der treffendsten Beispiele, die mir je begegnet sind, zu sein scheint, für die über das Natürliche hinausgehende Fähigkeit der Sinneswahrnehmung im Haschischrausch, wobei das Unterscheidungsvermögen bis ins Kleinste geschärft ist.

Mitten im Orchester spielten Seite an Seite zwei Geiger. Dass beide die selbe Stimme spielten, zeigte sich an der vollkommenen Übereinstimmung in ihrer Bogenführung; während des ganzen Stückes hoben und senkten sich die Bogen stets gleichzeitig und blieben exakt parallel zueinander. Zahlreiche Blas- und Streichinstrumente schmetterten und brausten zu ihren beiden Seiten, und der Zusammenklang war so vollendet, wie er vollendeter nicht hätte sein können; und dennoch vermochte ich aus all diesen ineinander verschmelzenden Harmonien herauszuhören, welcher Ton von der einen Geige kam und welcher von der anderen, und zwar so deutlich, als ob der eine Geiger wohl hundert Fuss vom anderen entfernt gesessen und von den übrigen Instrumenten keines Zwiesprache mit den anderen gehalten hätte.

Einem der Haschischgesetze folgend, die ich bereits erwähnt, trat eine äusserst drollige Halluzination nun in Erscheinung, um mein Gemüte aus der grossen Spannung zu lösen. Gerade als das Entzücken über Musik, Lichtermeer und Darstellungskunst in seinem Übermass zur Qual wurde, fühlte ich, wie ich jede menschliche Gestalt verlor und, während ich zu gewaltigen Höhen emporwirbelte, zu Kleopatras Nadel wurde.

Ein Mann bemerkte einst zu dem jungen Dumas: «Mein armer Freund, M. Thibadeau, kam nach Haus, nahm seine Brille ab und verschied.» «Nahm er zuerst seine Brille ab?» wollte Dumas wissen. «Gewisslich», erwiderte der andere; «aber warum?». «Wie angenehm muss es doch für ihn gewesen sein, dass ihm die Trauer erspart blieb, die ihn beim Anblick seines Hinscheidens ergriffen hätte!»

In ihrer Absurdität ähnlich der Schlussfolgerung im Falle des M. Thibadeau, wenn er seine Brille aufbehalten hätte, war jene Zwiespältigkeit, mit der ich aufblickte und meinen eigenen Kopf einige hundert Meter über mir in luftiger Höhe sah. Plötzlich vernahm ich eine Haschischstimme ganz deutlich in meinem Ohr: «Halte stille auf deinem Sockel, Ewiger Obelisk!» Oh weh! Bis zu jenem Augenblicke hatte ich nicht erkannt, wie wichtig es war, dass ich den Schwerpunkt nicht verlagerte. Was, wenn ich umstürzte? Nur eine einzige Bewegung nach links oder rechts, und grauenhafte Verwüstung würde über das ganze Parkett hereinbrechen. Von meinem luftighohen Platze aus blickte ich herab auf Väter, die Verantwortung trugen für ihre Familien; auf unschuldige Kinder; auf junge Mädchen, deren Wangen im ersten Pfirsichhauch der Weiblichkeit erblühten; auf junge Männer, in deren Augen das Feuer ehrgeizigen Unternehmungsgeistes loderte. Keine Mühe dieser Welt hätte ich gescheut, um diese Menschen vor der Vernichtung zu bewahren. Und so redete ich mir gut zu: «Sei ein braver Obelisk und benimm dich, alter Junge; halte dein Gleichgewicht, ich flehe dich an. Du willst doch nicht, dass alle Familien in New York Trauer tragen müssen, ich weiss, dass du das nicht willst; nimm dich zusammen, ich bitte dich.» Kerzengerade und regungslos sass ich da, bis es den Göttern gefiel, mir eine andere Gestalt zu geben, und sie mich – eben als mir die Kräfte schwanden – im letzten Moment in eine sichere Pyramide verwandelten, worauf die Halluzinationen sich alsbald gänzlich verflüchtigten.

Der Haschischrausch in seinen intensivsten Erscheinungsformen ist zumeist ein Zustand wildesten Wahnsinns. Damit möchte ich nicht sagen, dass der Haschischesser in einem solchen Zustand unbedingt seine Selbstbeherrschung verliert oder in einem Gewirr von Träumen umherirrt, die seiner Phantasie entsprungen und ohne jedes Gesetz sind, denn keine dieser beiden Vorstellungen trifft zu. Wie ich zuvor schon erwähnt habe, entwickelt sich die Selbstbeherrschung während des Rausches, die sich zunächst als eine Notwendigkeit erweist, mit der Zeit zu einer Gewohnheit, und die Visionen, die dem Verzückten erscheinen, ob er die Augen nun offen oder geschlossen hält, unterstehen einem geregelten Ablauf und einem folgerichtigen Gesetz, nach dem sie sichtbar werden; das hebt sie hoch hinaus über die verschwenderischen aber bedeutungslosen Phantasievorstellungen in die höchsten Sphären der Imagination.

Trotz allem aber gibt es Gründe, diesen Zustand als Wahnsinn zu bezeichnen, als wilden Wahnsinn sogar, Gründe, welche diese Bezeichnung in den Augen all derer rechtfertigen, die sich von der Beschreibung her die Auswirkungen vorzustellen vermögen, und mehr noch jener, die sie aus eigenem Erleben kennengelernt haben.

Zunächst einmal, wenn die Selbstbeherrschung sich zu höchster Vollkommenheit entwickelt hat und der Geist, ob nun von Qualen gepeinigt oder vor Freude jauchzend, sich bezähmt und jedes plötzlich aufsteigende Mitteilungsbedürfnis Leuten gegenüber unterdrückt, die sein Geheimnis doch nicht zu respektieren wüssten, bleibt immer noch ein Gefühl absoluter Ausgeliefertheit einer unbestimmten titanischen Lebenskraft gegenüber bestehen, einer Kraft, die im Guten wie im Bösen weiterwirken muss bis in alle Ewigkeit.

Über aufsteigende Pfade von höchster Erhabenheit wird sie vorangetrieben, in immer schwärzer werdende Unendlichkeiten hinabgewirbelt, nach einem Lemnos sehnt sie sich, wo die Beine auf festem Boden federn, auch wenn der Schlag sie erschüttert, keine Erleichterung gibt es für die Seele, ertragen muss sie es, warten, sich gedulden über eine Zeitspanne hin, für die die neun Tage des unbesonnen Hephaistos nur ein schwaches Abbild sind. Wenn der Afrit, von altersher dein Diener, nun dein Herr wird, ist er für Bitten so taub wie du begierig warst in deinem Verlangen nach Glanz und Herrlichkeit.

Dann wieder nimmt die Seele im Augenblick der hinreissendsten Verzückung den Aufschrei der physischen Wesenheit wahr, der zu den Höhen der Vision aufsteigt aus der fleischlichen Hülle und schweres Leid herausschreit: «Ich leide Qualen; ich bin endlich, auch wenn du unendlich bist!» Die Bande, welche die beiden geheimnisvollen Teile unserer Dualität zusammenhalten, sind bis zum Zerreissen gespannt, und um seines eigenen Bestehens willen ruft der Körper die Seele zurück in jene Hülle, welche sie nicht mitsichnehmen kann. Und oft, wenn ich die hinreissendsten Bilder in mir schaute, fühlte ich, wie diese Bande mich hinabzogen, und so klar und deutlich war diese Empfindung, als ob es gleich richtige Sehnen wären, und wenn es mich drängte zu fragen: «Ist dies nun Glückseligkeit oder Qual?», gaben Seele und Körper ganz entgegengesetzte Antworten.

Diese beiden Tatsachen machen aus Haschisch eine schreckliche Form des Wahnsinns.

Dazwischen aber gab es in dem verzauberten Leben, das ich unter dem Einfluss der Droge führte, Zeiten, welche ruhiger waren als während der grössten Ekstase im Rausche, Zeiten, in denen mein Geist mit einer kraftvollen, ruhigen Einsicht in eines seiner eigenen Reiche vordrang, von dem er bis dahin nur die äusseren Grenzen gekannt hatte, es überdachte, bewunderte und Aufzeichnungen machte mit einer heiteren Gelassenheit, wie sie einem philosophischen Reisenden zu eigen ist.

In dem Institut für Sprachwissenschaft

schwelgte ich manchmal stundenlang, entdeckte Hinweise für die Genealogie von Wörtern und unvermutete Ähnlichkeiten zwischen Sprachen, die ich, wenn ich sie mir später in Erinnerung rief (obwohl ich nur in wenigen Fällen dazu in der Lage war), im allgemeinen von anerkannten Männern der Wissenschaft bestätigt fand, oder die, wenn sie keinem der Schriftsteller, zu denen ich Zugang hatte, zuvor aufgefallen waren, doch zumindest den Stempel einer grossen Wahrscheinlichkeit trugen.

Ich führe ein einziges Beispiel an, über das ich allerdings nur Mutmassungen anstellen kann, denn seine Wahrscheinlichkeit gründet auf einer Wurzel aus dem Sanskrit, einer Sprache, mit der vertraut zu sein ich nicht vorgebe.

Während einer dieser ruhigen, die Gedanken anregenden Phasen, erinnerte ich mich, dass das Lateinische *cano* (ich singe) und *candeo* (ich leuchte) ihren Ursprung in der gemeinsamen Sanskritwurzel haben sollen, die da bedeutet «hervorbrechen wie die Lichtstrahlen der Sonne». Da kam mir der Gedanke: Wäre es nicht möglich, dass noch andere Lautäusserungen als das Singen mit dem Hervorbrechen des Lichts verwandt sein könnten? Das würde sich zeigen. Das lateinische «fari» (sprechen) liess mich an seine griechische Entsprechung «φάναι» denken. Das Wort «leuchten, scheinen» hiess «φαίνειν». So gab es, zumindest dem Klang nach, zwischen den beiden einen Zusammenhang. Nun kam mir in den Sinn, dass «φως» sowohl «ein Licht» als auch «Mensch» in seiner Eigenschaft als sprachbegabtes Wesen bedeutet, wobei der Akzent bei beiden Wörtern geringfügig verschoben ist. Hier hatte ich also vier Wörter vor mir (das letzte teile ich auf in seine zwei Bedeutungen), deren eigentliche Wurzeln sehr ähnlich dem φα gewesen sein müssen. Beim Studium der Fachliteratur entdeckte ich, dass als Ursprung des griechischen «φαίνω» das Sanskrit-Wort «bhâ» «erstrahlen, leuchten» angenommen wird. Auf dem Ergebnis meiner früheren Beweisführung aufbauend, brachte ich alle erwähnten Wörter mit dieser Wurzel in Verbindung, und diese Annahme liess mich beide, Licht und Sprache, als dem Gotte Brahma entströmend erfahren, dem grossen Spender allen Lichts, und der Mensch erschien mir nicht einfach als ihm entströmend, sondern im wahrsten Sinn des Wortes ebenfalls als ein «Leuchtender», als einer, der Ihn widerspiegelt, aus dessen Strahlen er kam und in dessen Herrlichkeit er aufgehen sollte. Diese ganze Überlegung (mag ihr Ergebnis nun richtig sein oder falsch) lief innerlich ab, in einem Hundertstel der Zeit, welche für die Lektüre desselben vonnöten ist – nein, praktisch im Handumdrehen, begleitet von einem Gefühl der Freude ob dieser geistigen Regsamkeit, die solches bewirkt, ein Gefühl, wie es die Schöpfung seines höchsten Ideals dem Künstler vermittelt, wenn er stumm vor seinem Marmor steht.

Ein anderes Feld, das ich zuweilen durchstreifte, war übersät mit jenen Ähnlichkeiten im Klang von Wörtern, welche das Wesen des Wortspiels ausmachen. Stundenlang spazierte ich, von Lachen durchgeschüttelt, dass es schmerzte, durch dieses Land der Paronomasie, wo das ganze Wörterbuch in Strophe und Gegenstrophe Aufstellung genommen hatte und einen drolligen Reigen aus Witz und Wortspiel tanzte. Wäre Hood dabeigewesen, die Aufzeichnungen, die er gemacht hätte, wären Stoff genug gewesen für eine komplette Folge der Comic Annuals. Trefflich mischte sich die Melodie eines scharfsinnigen Witzes mit den prächtigen Phantasien des Wortspiel-Landes; nie war etwas anderes als herzhaftes Lachen dort zu hören, ja sogar die Luft schien vom Sauerstoff berauscht zu sein. Gäbe es die Möglichkeit, all jene todernsten Moralapostel in ein solches Land zu versetzen, welche der Missachtung des Gerichtes für Frohsinn und Heiterkeit und des Hochverrats am König der Unordnung für schuldig befunden worden sind, wie ergötzlich wäre es doch zu sehen, wie ihre eisernen Zwerchfelle gezwungenermassen erbebten und ihre stets gleichbleibend nach unten verzogenen Mundwinkel sich aufwärts kehrten, bis sie auf das Gebiet ihrer saftlosen Wangen übergreifen würden! Da aber im Haschischrausche Temperament und frühere Gewohnheiten so sehr entscheidend sind für den Verlauf, nähme dieses Transportschiff mit seinen Sträflingen an Bord unweigerlich Kurs auf die Mündung des Acheron oder strandete auf halbem Wege an einem Riff, das Millionen zoophytischer Duns Scotuse errichtet hatten. (Johannes Duns Scotus, franziskanischer Scholastiker, * Maxton [Schottland] um 1265, † Köln, 8. 11. 1308, lehrte in Paris, Oxford, Köln, wurde durch seine Auseinandersetzung mit der Lehre des Thomas von Aquin bekannt und erhielt den Ehrennamen Doctor subtilis [scharfsinnig]. Er lehrte insbesonders den Vorrang des Willens vor der Vernunft *A. d. Ü.*)

Von den zahlreichen Doppelsinnigkeiten, welche ich entdeckte (wahrscheinlich gingen sie in die tausende), vermag ich mich nur weniger zu entsinnen. Sie mir alle ins Gedächtnis zurückzurufen, käme an Schwierigkeit wohl beinahe, wenn nicht sogar ganz, dem Versuche gleich, sich dem Merkmale jeder einzelnen Ähre in einem riesigen Erntefeld zu erinnern, das man einmal durchstreift hat. Zwei von ihnen aber gebe ich hier wieder.

Ein junger Mann, dessen Aussehen keineswegs dem entsprach, welches «einem Vater zur Freude gereichen» würde, stand an der Theke eines spelunkigen Restaurants. Ein Glas ums andere, gefüllt mit verschiedenen aufheiternden Gebräuen, reichte der Mann hinter der Theke seinem Gast, und so rasch wie er sie erhalten, waren sie auch geleert. Ich bemerkte nicht, dass der gute Geist der Karaffe irgendeine Entschädigung erhielt für die Alkoholika, welcher der junge Mann, der sie bestellte, trank, und stellte die bescheidene Frage, was ihn dazu bewog, den Durst des Trinkenden auf so grosszügige Art und Weise zu stillen. Da erwiderte der Mann, die Arme in die Hüften gestützt und mit einem höchst eindrucksvollen Blick auf mich: «Wie den Mann in Thanatopsis

stützt mich der unverrückbare Glaube an einen Wechsel». (eigentlich: I am sustained by an unfaltering trust.)

Auf den Treppen zum Postamt stand ein anderer junger Mann, dem zu seiner Enttäuschung kein Geld aus dem elterlichen Schatzkästlein überwiesen worden war. «Was machst du denn hier?» erkundigte ich mich. «Ich warte geduldig darauf, dass ich eine *Anweisung* erhalte.» (eigentlich: I am waiting patiently until my *change* come.)

Manchmal schob sich zwischen die Streifzüge durch Wortspiel und Doppeldeutigkeit die Darstellung irgendeiner komischen Eigenheit im Wesen des Menschen, die ebenso unterhaltsam war wie die Wortspiele selbst. Ich erinnere mich zum Beispiel, dass ich die Bekanntschaft eines Mannes machte, dem ein bemerkenswertes Selbstbewusstsein zu eigen und der, als er in meiner Gegenwart so dasass, den Juckreiz, welcher ihn auf seiner Kopfhaut plagte, mit dem Finger gerade befriedigte. In diesem Augenblick liess ein Donnerschlag den Himmel über uns erzittern. «Grosser Gott!» rief da unser Freund, «wenn man sich vorstellt, dass es donnert, nur weil ein Mann sich auf dem Kopfe kratzt!»

Ich habe das Gefühl, dass diese Dinge beim Erzählen sehr viel von ihrer ursprünglichen Spritzigkeit verlieren, denn damals, als ich sie erlebte, schienen sie mir keineswegs erzählt, sondern vielmehr vorgespielt zu werden; doch mit Bühnendarstellung hatte dies nichts gemeinsam, es war ein lebendes Bild, bei dem der Scherz in seiner unendlichen Vielfalt von Verwandlungen sichtbare Gestalt annahm und der Schwank von Auge und Gemüt gleichermassen erfasst wurde. Jede Geste der Gestalten, die an mir vorüberzogen, verlieh dem Spott mehr Ausdruck als die Zunge es könnte, und dank dieser Tatsache wurde die Pantomime auf der Bühne gelegentlich zu einem vollendeten Fest der Heiterkeit, dessen Betrachtung ich mich hingab in jenem durch das Haschisch herbeigeführten Zustand der Aufmerksamkeit und Offenheit. In solchen Augenblicken entging mir auch nicht die leiseste Andeutung von Humor in Mimik und Gestik, und ohne Zweifel beging ich häufig den schlimmsten Fehler, den ein Mensch begehen kann, und lachte, wo meinen Nachbarn es geziemend schien, keine Gemütsbewegung zu zeigen.

Einmal, ich streifte gerade durch das Reich der Widersinnigkeiten, gelangte ich ans Ufer des Mittelmeeres und sah einen meiner Bekannten am Rande des Wassers stehen. Einen Tornister auf dem Rücken und einen massigen Schirm in der Hand, der zum doppelten Behufe auch als Spazierstock diente, kam er auf mich zu und sprach mich an: «Willst du mit mir gehen», fragte er, «und einem alten, hochgeschätzten Freund einen Besuch abstatten?»

«Nur allzu gerne, wenn Ihr mich seinen Namen wissen lasset.»

«Es handelt sich um den Propheten Jonas, der immer noch in unterseeischem Quartiere haust, das seiner Lage nach gewisslich ziemlich kalt und feucht, doch selten schön im Wasser gelegen ist.» «Nichts», gab ich zur Antwort, «könnte mir grösseres Vergnügen bereiten; doch sagt, was ist zu tun?» «Geduldet Euch, Ihr werdet sehen.» In eben diesem Augenblicke kräuselten kleine Wellen die Oberfläche des Meeres, Blasen stiegen auf, und in ihrem Gefolge erschien das schwarze Maul von Leviathan, der mit mächtigen Stössen dem Ufer entgegenschwamm. Am Ziele angelangt, schob sich sein Unterkiefer den Strand hinauf, während sein Oberkiefer sich gleich einer Falltür langsam hob und den Blick freigab auf eine furchterregende, finstere Höhle. Ich blickte in den Schlund des Ungeheuers und erspähte eine wackelige Holztreppe, die in die Tiefe führte und augenscheinlich den einzig möglichen Zugang zu den Gemächern im Innern darstellte. Schwerlich hätte ich mich diesem halsbrecherischen Stege anvertraut, wäre nicht die drängende Hand meines Begleiters gewesen, die mich mitzog durch den Türeingang und die Treppen hinunter. Hinter uns liess das Ungeheuer sein graues Fallgitter herab, und in pechschwarzer Finsternis ertasteten wir uns den Weg in die Tiefe, bis wir zu dem schäbigsten Raum gelangten, der sich je den Blicken der Besucherdelegation eines Wohltätigkeitsvereines darbieten könnte.

Die alles beherrschende Figur war ein unsagbar dünner, von Gram gebeugter Mann, der auf einem Stuhle aus Binsengeflecht sass, dem einzigen im Raum, und der das eine Paar Unaussprechlicher flickte, das in seinem Besitze war, unter Zuhilfenahme eines kleinen Nadelbriefchens, das er, wie ich erfuhr, von seiner Mutter bekommen hatte, als er von zuhause wegging.

«Herr Jonas, Herr Fitz-Gerald», sagte mein Freund ohne grosse Umstände. «Sehr erfreut, Sie kennenzulernen, Mr. Fitz-Gerald», erwiderte der Prophet; doch als ich seine mageren, geisterhaften Finger drückte, schien er das pure Gegenteil von glücklich zu sein. Wenn er auch körperlich eine Ruine war, schlurfte er doch umher und machte uns die Honneurs, wie es sich für einen Hausherrn geziemt; er bot uns den Stuhl an, auf dem er eben gesessen. Wir lehnten es ab, ihn zu vertreiben und nahmen auf dem wackeligen Holztisch Platz, der, zusammen mit einem darauf befindlichen zerbeulten Messingleuchter, in dem ein schwach leuchtendes Talglicht steckte, und einer Ausgabe von Watts Hymnen, die voller Eselsohren und ebenfalls ein Geschenk seiner Mutter war, seine Einrichtung vervollständigte.

«Wie finden Sie Ihre gegenwärtige Lage?» erkundigte sich mein Freund.

«Undicht», gab Jonas zur Antwort; «das Klima tut mir nicht gut. Ich denke oft, wenn ich doch nur nicht hierhergekommen wäre.»

«Können Sie diesen Ort nicht verlassen, wenn Sie es wünschen? Man sollte meinen, Sie würden hier ausziehen, wenn Sie es ungemütlich finden», so sprach ich zu unserem Gastgeber.

«Ich habe meinen Hauswirt verschiedentlich gebeten, mir die Rechnung zu schreiben und mich ziehen zu lassen», erwiderte der edle Herr; «doch er ist es nicht gewöhnt, seine Propheten auszuspeien, und ich kann nicht sagen, wann ich *wirklich* hier rauskommen werde.»

In diesem Augenblick schaute Leviathan dank einer merkwürdigen Umstülpung vom oberen Treppenabsatz herab in sein eigenes Inneres und verlangte zu wissen, ob wir die Nacht über zu bleiben gedächten, da er die Läden schliessen wolle.

«Ich würde mich glücklich schätzen, Euch ein Bett anzubieten, meine Herren, doch auch meine Schlafstatt ist der Boden», murmelte wehmütig der arme Seher. «Ihr dürft nicht verabsäumen, mir wieder Eure Aufwartung zu machen, wenn Euer Weg Euch je durch Joppe führt und – und – ich jemals dorthin zurückkehre.» Kräftig schüttelten und drückten wir Jonas Hand, polterten die irrwitzigen Stiegen nach oben und sprangen, just in dem Augenblicke, als Leviathan Anstalten machte, sich ins tiefe Wasser zu trollen, auf den Sand hinaus.

Es ist vielleicht nicht einfach zu verstehen, was dieses ungereimte Element der Haschischvisionen mit all dem zu tun haben sollte, was ich über jene Schönheit gesagt habe, die verzückt und bezaubert und über die Wahrheit, die sich erhaben offenbart, diese beiden Reiche, die unter dem Einfluss der Droge über den Geist hereinbrechen.

Wie, so wird man fragen – wie man mich schon oft gefragt hat – kannst du vertrauend auf jene Entdeckungen von ungeahnter Bedeutung, welche Dinge betreffen, die ausserhalb deiner selbst sind, und auf die wundervollen Gesetze geistigen Seins bauen, welche du während des Haschischrausches erfährst, wenn du auch Phantasien geschaut hast, die die Vernunft sogleich als Absurditäten erkennt? Du glaubst doch nicht, dass du Jonas wirklich gesehen hast; wie aber kannst du dann glauben, du habest die Wahrheit gesehen?

Ich möchte folgendes darauf antworten: Die Bereiche von Intuition und blühender Phantasie waren in meinen Visionen durch klar gezogene und anerkannte Grenzen stets voneinander getrennt. Das Gereimte und das Ungereimte mochten einander wohl folgen, doch nie vermengten sie sich. Das Licht, welches den einen Bereich erhellte, unterschied sich von dem, das auf den anderen fiel, wie die Sonne im Zenith vom Lampenlichte. Überdies erkannte ich im Verlaufe einer bestimmten Vision ganz deutlich, welche geistige Kraft am Werke war, wie ja auch der Chemiker bei den einfachsten Versuchen in seinem Laboratorium weiss, ob Kobalt oder Lackmus eine bestimmte Farbänderung herbeiführt. Im einen Falle hatte die Wahrheit eine Überzeugungskraft wie ein Axiom; im andern Falle entsprach es lediglich einer Schlussfolgerung, die man rein verstandesmässig zieht.

Nur selten wird uns bewusst, dass es in unserem Alltagsleben zwei Arten von Überzeugung gibt, welche jeder Mensch zu Zeiten empfindet, doch ein Augenblick des Nachdenkens genügt, um uns zu zeigen, dass dem so ist. Ich werfe zum Beispiel einen Blick auf ein Stück Seide und sage, dass es schwarz ist; würde ich mich nun ohne weitere Prüfung abwenden, ich wäre nicht im mindesten überrascht, von jemandem, der den Stoff eingehender und bei besserer Beleuchtung betrachtet hat, hinterher zu vernehmen, dass er nicht von schwarzer Farbe sei, wie ich behauptet hatte, sondern von einem sehr dunklen Blau. Ich wäre ohne weiteres bereit, meiner früheren Überzeugung abzuschwören, und würde mit dieser Bereitschaft zeigen, dass ich dem, was mir die Sinne beweisen, keine absolute Wahrheit zubillige. Wenn mir aber derselbe Mensch versicherte, dass die Seide gleichzeitig völlig schwarz und völlig blau sei, würde ich seine Versicherung augenblicklich als absurd zurückweisen und zwar deshalb, weil dies allen Gesetzen der Wahrscheinlichkeit widerspricht. Es wäre nicht nötig zurückzugehen und nachzuprüfen, ob er die Wahrheit gesprochen, denn eine gänzlich andere Gewissheit als die der Sinne spricht dagegen – die Gewissheit, welche der Einsicht in ein notwendiges, allgemein gültiges Gesetz entspringt.

Noch deutlicher als im Normalzustand sind in den verschiedenen Rauschzuständen die Grenzlinien zwischen den Abstufungen gezogen, in denen sich die Wirklichkeit als überzeugend erweist; und nicht nur das, der Haschischesser wird sich dieser Grenzlinien auch bewusst und erkennt sie in einer Weise an, wie es dem Beobachter im Normalzustand niemals möglich wäre, allein aufgrund der Tatsache, dass die praktischen Bedürfnisse des Lebens es füglich erscheinen lassen, nein, sogar erfordern, dass die von den Sinnen gelieferten Eindrücke als verlässliche Grundlagen für alle Handlungen gelten müssen. Während unserer täglichen Arbeit haben wir weder die Zeit noch die Kraft, Sinneswahrnehmungen mit derselben unbeirrbaren Sicherheit zu beurteilen, welche uns das Axiom für Erscheinungen der Intuition verleiht.

Es ist auch nicht vonnöten, dass in diesem Leben eine Kraft wie diese im Bereich des Möglichen läge. In einem früheren Abschnitt dieses Buches haben wir aufgezeigt, warum es für die Seele nicht unbedingt gut wäre, wenn zu einem so frühen Zeitpunkt ihrer Entwicklung der intuitive Bereich eine Erweiterung erführe. Vielleicht gelingt es uns hier auf anderem Wege, einige der entscheidenden Ursachen herauszukristallisieren, warum dieser Bereich eben gerade diesen Umfang aufweist, nicht mehr und nicht weniger. Unsere Intuition hat genausoviel Spielraum wie wir für alle unsere irdischen Zwecke benötigen. Jene Wahrheiten teilen sich uns als Axiome mit, die notwendig sind, um unsere Gewohnheiten zu formen. In den Tausenden von immer wiederkehrenden Fällen, da es, wollen wir unseren Kurs in kluger Weise steuern, vonnöten ist zu wissen, dass eine gerade Linie die kürzeste Entfernung zwischen zwei Punkten darstellt, dass das Ganze gleich der Summe seiner Teile ist und dergleichen mehr, wäre unsere Handlungsfreiheit in hohem Masse eingeschränkt, würden wir für jede Überlegung Lineal und Waage benötigen und mit dem Verstande Mass nehmen. Darum stehen diese Wahrheiten vor jedem Menschen als allgemein gültig und notwendig da; sie werden überall anerkannt einfach aufgrund ihres Bestehens. Nicht Gottes unermüdlicher Arbeiter ist das Tier, sondern das des Menschen; deshalb bedarf *es* keiner solchen Fähigkeit wie der Intuition, sein Tagewerk verlangt nicht nach rascher Erledigung und nach Genauigkeit; und wenn das Tier dem Menschen zum Nutzen ins Geschirr oder in die Tretmühle gespannt wird, dann sind es Klugheit und Scharfblick seines Meisters, die ihm mit Zügel und Halfter den Weg weisen.

Zweifelsohne wird mit der Erweiterung unseres Tätigkeitsbereiches auch unsere intuitive Schau zunehmen; und zwar nicht allein deshalb, weil unsere Kurzsichtigkeit und das Gefühl, verglichen mit dem Fortschritt unserer Umgebung, nicht voranzukommen, uns demütigen und traurig stimmen würden, sondern weil Gott es niemals zulassen wird, dass die Geschöpfe, die er mit dieser Absicht geschaffen, daran gehindert würden, ihren Beitrag zu leisten im Rahmen des gewaltigen Bauplans für das göttliche Bauwerk.

Eine Tatsache noch möchte ich in diesem recht weitschweifigen Teil meiner Erzählung erwähnen, die typisch ist für den Haschischrausch, der sich nicht bis zum vollen Delirium steigert. Ich meine damit eine lebhafte Anteilnahme an den Gefühlen und Verhaltensweisen aller Menschen, gleichgültig in welchem Land und zu welcher Zeit sie leben – ein vorurteilsloses Mitfühlen, ein geistiges Weltbürgertum. Dies zeigt sich nicht nur in der liebevollen Zuneigung, welche wir Freunden entgegenbringen, die um uns sind, und in dem aussergewöhnlichen Verständnis für ihre charakterlichen Vorzüge, nein, wenn wir die Dinge in grösserem Rahmen betrachten, führt es uns dazu, das Heldentum der Philantropen und die Begeisterung der Kreuzfahrer zu verstehen und zu empfinden. Die Klage eines thrakischen Gefangenen aus alter Zeit erfüllt den Träumer mit aufrichtigem Schmerz, und nicht grösser konnte die Freude sein, die der heimkehrende Camillus Rom bereitete, da er trotzig sein Schwert in die Waagschale warf, als sie des Haschischessers Herz über alle Abgründe der Zeit hinweg erschauern lässt. Sei es nun die Vergangenheit oder die Gegenwart, von der er liest oder hört, alles Weh erfüllt ihn mit Trauer, und Freude ist in seinem Herzen bei allen Vergnügungen. Er begreift alle Empfindungen; wie Eisen lässt sein Geist sich nach allen Gedankenformen schmieden, und in die Gussformen aller Gemütsbewegungen fliessen seine Gefühle ein.

In diesem Zustand geistiger Verschmelzung habe ich die alten Damen aus römischer Zeit gehört, die da bei Spindel und Spinnrocken sassen und plauderten, mit ihrem ewigen «inquit» und «papae», das sie ganz deutlich vernehmbar und mit der gleichen Wertschätzung sagten, so als wären sie unsere eigenen geliebten amerikanischen Tanten und Grossmütter, die nach dem Tee noch stricken und dabei viele «sagt er» und «erzähl doch mal» austauschen. Epaminondas, als Sieger von Leuctra heimkehrend, hätte ich ebenso begeistert zujubeln mögen wie jeder andere Thebaner, und dem Horaze bei seinen

«Pocula veteris Massici»

zutrinken können mit echt römischer Gemütlichkeit und Herzlichkeit. In solchen Augenblicken wird kein Anachronismus als Überraschung erlebt; die Zeit stellt nur noch eine unwesentliche Grenze dar zu jenen Seelen, die mit dem Element ihrer grossherzigen Menschlichkeit das einzig wahre Band der Gemeinschaft besitzen, ein Band, das eines Tages – wenn es auch jetzt noch so elastisch ist, dass viele Jahre und meilenweite Entfernungen die Seelen voneinander fern halten – sich mit einer Kraft zusammenziehen wird, welche stark genug ist, um alles Geistesverwandte in Raum und Zeit zu vereinen, und jeder Mensch wird bei jenen weilen, die er aufgrund ihrer seelischen Qualitäten während seines ganzen Lebens am meisten geliebt hat.

Heil Dir! Pythagoras

Die Himmelskuppel, welche uns umgibt, ist einiges mehr als nur gerade das Ergebnis der Gesetze optischer Wahrnehmung. Sie ist unser Schild, der uns vor unerträglichen Anblicken schützt und bewahrt. Innerhalb des kleinen Ausschnitts, den wir sehen, begrenzt vom Horizont und überdacht vom Himmelsdome – gibt es Leid genug, und zahllose Gefahren, aber auch Schönheit und Freude, und jeder einzelne Anblick genügt, um die Seele in ausserordentliche Bewegung zu versetzen. Jene weniger bedeutende und auch nicht sichtbare Hemisphäre, welche die Grenze bildet für unsere akustische Wahrnehmung, ist gleichwohl von unermesslichem Umfang, denn Musik und Klagen hallen in ihrem Raume wider, bis zu den Grenzen der Aufnahmefähigkeit der Sinne. In dieser Welt sind wir nur zur einen Hälfte als geistige Wesen vorhanden; darum können wir lediglich die Wahrnehmungen und Gefühle der einen Hälfte des Erdkreises erfassen. Sobald wir einmal selbst zu vollem Ebenmasse auferstanden sind, werden wir die Kraft haben, den Herrlichkeiten eines ganzen Himmelskreises von Wahrheit und Lieblichkeit standzuhalten.

Dieser halbentwickelte Zustand, in dem wir uns derzeit befinden, ist es, welcher uns die Unendlichkeit, die der Genuss des Haschischs offenbart, so unerträglich macht, auch wenn ihre Erhabenheit eine Erhabenheit voller Entzükken ist. Es gibt für uns keinen Horizont mehr, die Grenzen, die uns Schranke und Stütze zugleich waren, fallen weg, und wir vergehen fast angesichts der auf uns einströmenden Wahrnehmungen.

Besonders eindrücklich wurde ich mir dieser Tatsache bewusst, als das Haschisch bereits zu einem Zaubermittel und einer Sucht für mich geworden war. Im hellen Licht glänzte der Sommernachmittag, als ich, vom Rausch beseligt, spazierenging. Eine ganze Stunde schon waren alle sichtbaren Dinge immer grösser und grösser geworden; nun war der Höhepunkt erreicht, und ich begriff im vollen Ausmass, was die Unendlichkeit des Raumes bedeutete. Fluchtlinien liefen nicht mehr in der Ferne zusammen; auf keine Grenzen stiess der Blick; die Welt war ohne Horizont, denn endlos erstreckten sich Erde und Himmel auf parallel verlaufenden Ebenen. Über mir die Himmel waren furchtbar in der Herrlichkeit ihrer unergründlichen Tiefe. Ich sah auf, doch ungehindert drangen meine Blicke mit jeder Sekunde weiter und weiter in die Unermesslichkeit vor; da senkte ich die Augen nieder, damit sie nicht unversehens in den Bannkreis der tödlichen Herrlichkeit des Allgegenwärtigen gerieten. Unfähig, sichtbare Gegenstände noch länger zu ertragen, schloss ich die Lider. Im Nu erfüllten machtvolle Klänge die ganze Himmelswölbung über mir, und auf unsichtbaren Schwingen bebte ich durch den Äther empor. Es war kein Lied und kein Ton eines Instruments, sondern das unaussprechliche Wesen eines erhabenen Klanges – mit nichts zu vergleichen, das ich je gehört hatte – und allen Versuchen unzugänglich, es in Symbolen auszudrükken; eindringlich, aber nicht laut; von vollendeter Harmonie, und doch eine köstliche Vielfalt von Elementen.

Ich öffnete die Augen, der Klang aber blieb. Ich blickte forschend umher und suchte irgendein natürliches Geräusch zu entdecken, das sich zu etwas Derartigem zu steigern vermochte; doch nein, nicht irdischen Ursprungs war der Klang, und durch das Weltall pflanzte er sich fort, eine unerklärliche, eine schöne und dennoch schreckliche Symphonie.

Plötzlich erfüllte feierlicher Ernst mein Gemüt, als mir meine gesteigerte Wahrnehmungsfähigkeit bewusst wurde. Und welch ungeheure Feierlichkeit ist es doch, die der Haschischesser in einem solchen Augenblick empfindet! Der Schlag seines Herzens verstummt; er steht da, den Finger an den Lippen; sein Auge blickt starr, zu einem Standbild wird er, in ehrfürchtiger Verehrung versteinert. Das Antlitz eines solchen Menschen, mögen Gesichtszüge und Ausdruck während seiner normalen Gemütszustände auch noch so wenig verklärt sein, habe ich oft voll stiller Ehrfurcht betrachtet in dem Bewusstsein, dass sich darin mehr von dem verkörpert, was das wahrhaft Erhabene ausmacht, mehr als es irgendein Werk von Künstlerhand je zu erschaffen vermöchte.

Ich blickte in die Ferne, auf Felder und Gewässer und zum Himmel, und es erschütterte mich, was ich sah. Ich fragte mich, wie ich all dies je als tote Materie hatte betrachten können, der ich bestenfalls eine *Andeutung* von tieferem Sinn zugestanden hatte. Jetzt waren sie, wie in meiner früheren Vision, grossartiges Symbol der erhabensten geistigen Wahrheiten – Wahrheiten, die ich nie zuvor auch nur annähernd erfasst und auch nie vermutet hatte

Wie eine Landkarte lagen die Geheimnisse des Universums offen vor mir ausgebreitet. Ich sah, wie jeder kleinste Teil der Schöpfung nicht nur das Abbild eines göttlichen Gesetzes war, sondern als dessen direkter Abkömmling daraus entsprang, als dessen notwendige Entfaltung – nicht blosse Hülle für das Wesen, sondern das substanzgewordene Wesen selbst.

Ich bin mir dessen bewusst, dass ich in diesem Bericht zu wiederholen scheine, was ich zuvor über meine entsetzliche Nacht der Offenbarung erzählt habe; doch die beiden Visionen unterschieden sich insofern, als dem Blick diesmal keine Grenzen gesetzt waren. Während die Musik die weiten Himmel über mir durchströmte, wurde ich eines darin enthaltenen Zahlengesetzes gewahr, und da ich auf dieses Gesetz achtete, fand ich es in jeder Bewegung des Universums wieder. Jeder Himmelskörper bewegte sich auf seiner Bahn, jede Regung der Seele stieg empor und sank nieder, Moose und Pilze, und wären sie auch noch so klein, keimten und wuchsen im Einklang mit einer eigentümlichen Folge von Zahlen, die sie bestimmten, und welche sie wiederum aufs Wunderbarste symbolisierten. Eine köstliche harmonikale Proportion, das «rechte Mass» (Dürer, *A. d. Ü.*) herrschte allüberall im Weltenraum, und ich glaubte zu erkennen, dass die Musik, welche ich vernahm, nichts anderes war als eben diese Zahlenharmonie, die Gestalt annahm, indem sie eine grossartige Harmonik von Tönen entwickelte.

Die Deutlichkeit, mit der sich diese Erkenntnis mir offenbarte, liess sie zu etwas werden, das zu ertragen schrecklich war. Eine unaussprechliche Verzückung riss mich mit sich fort, ich aber wagte nicht, mich ihr hinzugeben. Ich war kein Seher, welcher die Enthüllung solcher Herrlichkeiten von Angesicht zu Angesicht zu ertragen vermochte.

Unbändiges Verlangen packte mich, Mitteilung zu machen von dem, was ich sah. Die Bürde dieser ungeheuren Offenbarung wollte ich teilen mit einer anderen Seele. Von dieser Absicht getragen unterzog ich die Vision einer eingehenden Prüfung; ich suchte nach irgendeinem Charakteristikum, mit dem ich einem anderen Wesen das Geschaute verständlich machen konnte. Ich fand keines. Im Reich der Sprache gab es kein Symbol für sie.

Lange Zeit – wie lange, das zu ermessen ist einzig einem Haschischesser gegeben – litt ich Todesqualen. Jede Tasche durchwühlte ich auf der Suche nach meinem Bleistift und Notizbuch, auf dass ich wenigstens ein anschauliches Zeichen zu Papier bringen konnte, um mir später die Lineatur dieser Offenbarung wieder ins Gedächtnis rufen zu können. Ich hatte weder Stift noch Heft zur Hand. Ich wanderte an einem Bächlein entlang, meinem vertrauten und in vielen Fällen einzigen Weggefährte vieler verzückter Reisen, da sah ich einen flachen Stein, der übers Wasser hinausragte. «Ehre sei dem Höchsten!» schrie ich frohlockend; «auf diese Tafel hier will ich zumindest ein Zeichen setzen als Ausdruck dessen, was ich fühle». Zitternd und bebend suchte ich nach meinem Messer; auch dieses war verschwunden! Da warf ich mich wie ein Rasender flach auf den Stein und versuchte, mit den Nägeln einen Kratzer darauf einzuritzen als Erinnerung. Hart, hart wie Feuerstein! Verzweifelt stand ich auf.

Plötzlich überkam mich ein Gefühl, als ob ein unsichtbares Wesen mich begleitete auf dieser grauenvollen Reise, in einem gewissen Abstand, wie abgerückt von meiner Seite durch einen langen Strom der Zeit. Da nahm ich allen Mut zusammen und rief: «Wer war je vor mir hier? Wer hat in Jahren, die schon längst vergangen, diesen unbeschreiblichen Anblick erlebt gleich mir?» Da erklang – und diese Klänge höre ich noch heute – eine mächtige, deutlich vernehmbare Stimme und erwiderte: «Pythagoras!» Sogleich überkam mich eine grosse Ruhe. Ich hörte den Schritt des erhabenen Weisen durch die Jahrhunderte zu mir emporhallen, und in himmlischem Lichte schaute ich meine Vision ohne jedes Entsetzen, da sie sich ihm doch schon vor mir gezeigt.

Jahre zuvor hatte mich seine geheimnisvolle Philosophie beschäftigt und in Erstaunen versetzt. Für mich war er eine Ausnahmeerscheinung, losgelöst vom allgemein herrschenden

Zeitgeist, für die ich keine Erklärung fand. Zu einer Zeit, als sich die ionische Schule auf dem Höhepunkt ihrer Vormachtstellung befand, trat er allein hervor als Urheber eines Systems, das sich so deutlich von ihr unterschied, als ob er geistig auf der andern Seite des Erdballs stünde.

Auf den ungewissen Vorgängen einer obskuren Logik baute die Lehre des Thales auf; Intuition schien der Quell zu sein, aus dem Pythagoras schöpfte. Aus seinen Theorien sprach zu mir stets eine im Tiefsten überzeugende Wahrheit, eine klar erkennbare Aufrichtigkeit, die ihnen grosses Gewicht verlieh, obwohl ich sie durch die trübe, verzerrende Optik der Überlieferung sah und ihre Bedeutung nur unvollkommen zu erfassen vermochte. Nun war es mir vergönnt, die Wahrheiten, die er aufgezeigt hatte, unverfälscht in ihrem eigenen Licht zu schauen. Auch sah ich – davon bin ich noch heute fest überzeugt – die Quelle, aus der ihre Offenbarung sprudelte.

Man rede mir nicht ein, dass von Phönizia er den Feldherrnstab erhalten, auf dessen Zeichen hin Kohorten aller Sternenwelten und Planeten zur Truppenschau vor ihm aufmarschiert sind, um ihm die ewigen Gesetze und die Aufmarschpläne ihrer Umlaufbahnen zu enthüllen, und in sein Ohr die urgewaltige Musik zu träufeln, zu deren Sphärenklang sie durch den Weltraum ziehen. Nein. Ein halbes Leben hatte er in Ägypten und Indien zugebacht, die beide Heimat dieses Zaubertranks sind, und so bezweifle ich nicht, dass er von diesem apokalyptischen Trank genossen hat und dank der fürchterlich verschärften Wahrnehmung zum Bewusstsein jener allgegenwärtigen und alles durchdringenden Harmonie erwachte, «die wir nicht hören können, weil die Grobheit des Alltags unser Ohr stumpf gemacht». Das düstere Innere des thebanischen Memnomiums oder auch die stillen Gewürzhaine am oberen Indus mögen die Walstatt seines Ringens mit dem mächtigen Offenbarer gewesen sein; Priester oder ein Gymnosophist (Yogi) waren vielleicht die ersten, die ihn mit dem Öle salbten für die Palästra, doch den Sieg errang er allein. Die seltsame Intuition, die sein System kennzeichnet; die Sphärenklänge; die Hierarchien aller erschaffenen Dinge, und die Entwicklung dieser Dinge nach den Zahlengesetzen; ja, die Verwendung der Symbole selbst, die allein schon Einfluss nehmen könnten auf den Jünger der Esoterik (und welch erschreckende Bedeutsamkeit hat doch schon die einfachste Form für ein Gemüt, dessen Wahrnehmungsfähigkeit durch das Haschisch gewaltig gesteigert ist, um ihren Sinn zu erfassen) –, sie alle tragen den sichtbaren Stempel der Haschisch-Inspiration.

Es wäre wohl nicht schwer, zumindest mit grosser Wahrscheinlichkeit, zu beweisen, dass die Einweihung in die pythagoreischen Mysterien und die fortlaufende Unterweisung, die sich daran anschloss, in beträchtlichem Masse in der verständigen – wenn wir dieses Wort gebrauchen dürfen – Anwendung von Haschisch bestand, da es dem Denken eine Fähigkeit zur Kritik und Analyse verlieh, welche es dem Novizen ermöglichte, die Finsternis verborgener Wahrheiten zu durchdringen, bis diese deutlich sichtbar zu Tage traten im Glanze ihrer eigenen harmonischen Schönheit als Intuition.

Eine Begebenheit, die man von Pythagoras und seinen Freunden erzählt, schien mir sehr typisch. Die Legende berichtet, dass die Fluten eines Flusses, den er eben überquerte, zu ihm emporriefen – und seine Jünger waren bei ihm –: «Heil Dir! Pythagoras». Oft, wenn ich ganz in der Gewalt des Haschischrausches war, habe ich unbeseelte Dinge mit solchen Stimmen wohltönend sprechen hören. Von allen Seiten sandten sie mir Grüsse zu, Fels und Baum, Wassersfluten und Himmelshöhen; wenn ich voll der Glückseligkeit war, habe ich sie gehört, und ungeheures Entzücken erfüllte mich, wenn ich vernahm, wie ihren Meister sie willkommen hiessen; in meiner Todesqual vernahm ich, wie sie namenlose Flüche auf mein Haupt häuften und mich ins ewige Exil schickten. (Diese Überlieferung des Jamblichus hat es mir angetan und überzeugt mich beinahe davon, dass die Stimme des Flusses tatsächlich gehört wurde, wenn auch nur von dem aufgeweckten Sinn eines vom Haschisch verklärten Esoterikers). Dagegen könnte es sein, dass thebanische Priester es waren, die Pythagoras zuerst mit der Lehre von der Seelenwanderung vertraut machten; doch sollte bei unserem Versuch, die erste Anregung dazu sowie die nachfolgende Verbreitung auf ihre eigentlichen Ursachen zurückzuführen, jene verblüffende Anschaulichkeit nicht übersehen werden, welche das Haschisch zu dieser Lehre beitragen würde.

Einer unserer zeitgenössischen Kritiker, der die These verfocht, Pythagoras sei ein Betrüger gewesen, stellte triumphierend die Frage: «Warum hat er sich bei den Olympischen Spielen als Apoll ausgegeben? Warum brüstete er sich dessen, dass seine Seele schon früher inkarniert gewesen sei und er zuerst als Aethalides, Sohn des Merkur, auf Erden geweilt habe, dann Euphorbus gewesen sei, darauf Pyrrhus von Delos und schliesslich Pythagoras, doch wohl nur, damit er ein unwissendes und abergläubisches Volk in seiner Leichtgläubigkeit besser hintergehen konnte?» Uns scheinen diese Tatsachen eher ein Beweis für seine Aufrichtigkeit zu sein. Hätte er diese Behauptungen aufgestellt ohne einen Beweis dafür zu haben, dann liesse sich nur schwer verstehen, wie seine Äußerungen nicht eine genau gegenteilige Wirkung gehabt hätten als die, den Weg zu ebnen für einen vollendeten Betrug, der auf der Leichtgläubigkeit des Volkes gründete. Aufgrund unserer Hypothese ist es nicht nur ein Leichtes aufzuzeigen, wie er selbst diese Behauptungen voll und ganz glauben konnte, sondern auch wie er ihnen eine tiefe Bedeutung im Denken seiner Schüler zu geben vermochte.

Wir wollen sehen. Betrachten wir zum Beispiel seine Rolle als Phoebus bei den Olympischen Spielen. Nehmen wir an, Pythagoras habe – beseelt von dem Wunsche, eine auserlesene und von Begeisterung erfüllte Gruppe aus der Schar derer, welche aus den entlegensten Gegenden der zivilisierten Welt herbeigeeilt waren zu dem feierlichen Feste in Elis, dazu zu verlocken, sich mit seiner Philosophie eingehend zu beschäftigen – zu dem Zaubermittel Haschisch gegriffen und damit das Lockmittel einer übernatürlichen Beredsamkeit zu Hilfe gerufen; nehmen wir weiter an, unvermittelt habe ihn, während er seine Worte an die Menge richtete, die er mit dem unheimlichen Feuer seiner Blicke, mit einer Bildhaftigkeit der Sprache, die nicht mehr von dieser Welt war, und mit der orakelgleichen Schau seines Denkens in Bann geschlagen hatte, so dass sie atemlos lauschte, da ihm so viel Ehre zuteil wurde, die Vorstellung gepackt, er sei die Inkarnation einer erhabenen Gottheit. Es ist nicht weiter verwunderlich, dass er seine Göttlichkeit preisgab als ein Geheimnis, das zu gewaltig war, es zu bewahren; und wen erstaunt es schon, dass diese plötzliche Offenbarung seiner selbst, die in flammenden Worten aus ihm herausbrach in einer Umgebung von monumentaler Grossartigkeit, den Strom der Überlieferung hinabfloss und Zeit und Ort mit ihr?

Es möge mir gestattet sein, Grosses mit Kleinem zu erläutern – wohl kann ich mich an viele eigene Halluzinationen erinnern, die genau dem entsprechen würden, was sich Pythagoras in seiner Phantasie einst ausgemalt. Kein Eindruck hat sich meinem bisherigen Leben tiefer eingeprägt als die Erinnerung an eine Wanderung entlang des Baches, der so manches Mal Zeuge meines Ringens mit dem Haschisch-Dämon war und der mich nun erblickte, mich, den unsterblichen Zeus, der ich herabgestiegen war unter die Menschen, um sie der erhabenen Segnung eines neuen Lebens teilhaftig werden zu lassen. Zu diesem Zwecke hatte ich die heiteren Gefilde des Olymp verlassen, die Gemeinschaft der Götter und die Herrlichkeit einer unvergänglichen Königswürde; an meiner Seite berührte Hermes die Erde mit heiterem Fusse, der Gefährte und Überbringer, welcher die Gaben verteilte, die Geschenke des Gottes. Über Seen und Meere, von Kontinent zu Kontinent schritten wir; des Haimos und des Himalyas Schnee knirschte unter unseren Sohlen; das Himmelslicht umstrahlte unsere Stirne, unsere Brust erglühte von der beglückenden Inspiration des goldenen Äthers. Auf dem Chimborazo hielt ich Rast, erteilte einen huldvollen Segen allen meinen Geschöpfen, und mit einem alles erfassenden Blick schaute ich alsogleich jede einzelne menschliche Behausung im ganzen Erdenrund erstrahlend von unaussprechlicher Freude.

Ich sah, wie der König mit grösserer Klugheit herrschte; wie der Arbeiter nach des Tages Müh' und Plage zu einer glücklicheren Familie heimkehrte; wie der Park in dichterem Pflanzenwuchs ergrünte; wie die Herbstfelder aufstöhnten unter der Last der Garben, die eine umsichtigere und ertragreichere Landwirtschaft hervorgebracht. Die blauen Hänge herab zogen neue Herden, grösser an der Zahl, und ihnen voran die Hirten, ohne Angst und voller Fröhlichkeit; kräftig wuchs der Wein in tausend Gärten auf den neuangelegten Terrassen; alle Herzen, auch das kleinste, erglühten in größerem Jubel, der wie ein Schauer sie erfüllte, und der allgemeine Freudentaumel stieg auf zu meiner eigenen Seele in solcher Intensität, dass meine Göttlichkeit vor Entzücken erstrahlte.

Und dabei handelte es sich lediglich um einen Laien-Haschischesser – in eine philosophische Stola gekleidet, die keine Athene gewirkt hatte – der mit seinem Freund hinausspazierte über die Felder, um sich in der Pracht eines klaren Sommernachmittages seines Rausches zu erfreuen. Wie mochte es da erst Pythagoras ergangen sein?

Auf diesem Spaziergang sah ich eine der merkwürdigsten Erscheinungen, die mir je unter die Augen gekommen ist. Jeder Sonnenstrahl wurde in seine Spektralfarben zerlegt; wo auch in der Landschaft ein Lichtstrahl hinfiel, zwischen Felsen und Bäume, er glich einem prismatischen Pfade zwischen Erde und Himmel. Die Atmosphäre war ein einziges Netzwerk aus vielfarbigen Sonnenfäden, das von strahlendem Glanz erzitterte und aus seinen Fasern Entzücken in meine Adern fliessen liess.

Einzigartig ist, in welch vielfältiger Weise sich mir während des Haschischgenusses die Harmonie der Schöpfung darstellte. Die Harfe des Weltalls, die ich bereits erwähnt habe, zeigte sich noch einmal in einer Vision; andere Erscheinungen, die an Grossartigkeit es ihr gleichtaten, sind mir nur in schwachen Umrissen im Gedächtnis haften geblieben; doch eine gibt es, die trotz mindestens dreimaliger Wiederholung und wachsender Vertrautheit nichts von ihrer Herrlichkeit eingebüsst hat, sondern deren erster Eindruck – Ehrfurcht und Entzücken – sich beständig vertiefe. Das erste Mal sah ich sie nach einem Spaziergang als ich, in der Erhabenheit der Apotheose, am Fenster meines Zimmers sass und den Sonnenuntergang betrachtete, der die gigantische Landschaft, die sich vor meinen Blicken weitete, in leuchtende Farben tauchte. Noch hatte die Droge nichts von ihrer vergrössernden Wirkung verloren, und fasziniert richtete ich meine Blicke auf Berge, die den Himmel erstürmten, und auf einen Fluss, der mir weit wie der Ozean schien, und ein atemloses Entzücken durchbebte mich, diamanthart – am Rande des Schmerzes.

Plötzlich entschwebte die Landschaft meinen Blicken, ein riesengrosses Schiff schwamm an ihrer Statt im flirrenden Äther, und jeder kleinste Teil erschaffenen Seins war in ihm beschlossen. Nichts gab es da, kein gottgeborenes Wesen, kein winzigkleines Atom, das nicht zu einem Bollwerk, Balken oder Sparren des riesigen Schiffes geworden war. Die ruhmreicheren Schöpfungswerke zierten die eindrucksvollen Aussenwände, die minderen Werke bildeten das Innere und Verborgene. Die Schiffswände, das Heck, der Bug, sie alle waren aus funkelnden Sternen geschmiedet, deren Strahlen ineinander verwoben waren; die Masten bestanden aus ähnlichen Sternformationen, welche an ihrer Spitze, Hunderttausende und aber Hunderttausende von Meilen über mir, doch immer noch von deutlich erkennbarem strahlenden Glanz, Sonnensysteme trugen als Lichter. Ähnliche Lichter funkelten und blitzten weit weg am Buge, und blendend helle Wolken und Nebelgebilde, die erfüllt waren vom Atem eines allmächtigen Willens, zerrten an den kristallenen Fäden, an denen sie aufgehängt.

Auf einmal befand ich mich an Deck dieses ewigen Schiffes; sein Name wurde mir ins Ohr geflüstert: «Das Schiff des Universums», und das Steuerruder in meine Hand gelegt. Unfassliche Symphonien umschwebten uns, während wir hinausglitten in den endlosen Raum, und die Wellen des erstrahlenden Äthers brachen sich an den fernen, fernen Bugspitzen zu Musik. An diesem Posten hier als Steuermann, der das Schiff hinauslenkt in die unbekannte Leere, hier fühlte ich, wie meine menschliche Natur allmählich Gott gleich wurde bis zum wahnwitzigen Übermass. Ich war der Steuermann, Herr über alles Sein mit Ausnahme des Göttlichen, und triumphierend stimmte ich mit aller Kraft ein Lied an, das die Sternenlichter über mir erzitterten und die Sternentrauben Glanz und Herrlichkeit herabregnen liessen, als sei es Wein.

Der Gedanke kam mir – vergessen war die Unendlichkeit des Ozeans, den wir befuhren – ich möchte wohl den Grad unseres Vorwärtskommens messen, und also zog ich meine Uhr. Der Sekundenzeiger war stehengeblieben. Ich hielt die Uhr an mein Ohr und hörte ihr Tikken. Wieder sah ich sie an; der Zeiger blieb bewegungslos. Ich wendete den Blick nicht mehr von ihm, und endlich sah ich, wie er langsam sich bewegte über den Abstand einer Sekunde hin, dann stand er erneut stille. Immer noch blickte ich darauf und wurde endlich gewahr, dass ich dank der durch das Haschisch bedingten Ausweitung der Zeit imstande war, jenen unendlich kurzen Augenblick als ziemlich ausgedehnte und abgeschlossene Zeitspanne wahrzunehmen – eine Zeitspanne, welche uns in unserem Normalzustand wenigstens wie eine ganze Minute vorkommen würde – während der der Sekundenzeiger tatsächlich bewegungslos verharrt, jenen Augenblick, da die eine Bewegung zu Ende gegangen ist und die neue noch nicht begonnen hat.

«DANN ÖFFNETE SHIVA SEIN AUGE UND BLICKTE ZORNERFÜLLT AUF DEN VERDAMMTEN»

In den Todesqualen des Rausches, die mich nun immer häufiger heimsuchten, begann sich ein neues Element zu einer entsetzlichen Gleichförmigkeit zu entwickeln, die es später zu einem Werkzeug der bösesten aller bösen Geister werden liess. Damit meine ich das Auftreten der Gottheit auf der Bühne meines visionären Lebens, das eine Mal leibhaftig in erhabener Grösse, dann wieder vermittels eines Boten oder Zeichens, doch immer voller Drohung, zornerfüllt oder als Rächer, egal in welcher Art und Weise die Heimsuchung erfolgte. Die Myriaden von Stimmen, die zu Beginn meines verzauberten Lebens auf allen geheimnisvollen Verbindungswegen aus der Natur zu mir gesprochen hatten, erstarben nun für immer, nein, verschmolzen zu einer einzigen mächtigen, alles beherrschenden Stimme, die keinen Widerspruch duldete und meine eigenen zaghaften Antworten verstummen liess gleich dem Urteilsspruch des unvermeidlichen Schicksals.

Zu Anfang wurde die Warnung leise an mich gerichtet. Des öftern, wenn ich in einem Elysium rosig-wohliger Mattigkeit dasass und mich an allen den Köstlichkeiten labte, die meine inneren Sinne in heiterster Ekstase schwelgen liessen, geschah es, dass die Hand, deren Schrift an der Wand erschien, die Weihe meines Festes störte, und Angst packte mich plötzlich ob ihrer grauenvollen Zeichen. In Buchstaben aus Licht sah ich es geschrieben: «Hüte dich, dein Spiel zu treiben mit der geheimnisvollen Macht des Allerhöchsten!», und eine deutlich vernehmbare Stimme, deren Göttlichkeit ich in diesem Augenblick so wenig anzweifelte wie meine eigene Menschlichkeit, sprach mahnend dazu: «Hüte dich! Hüte dich!» Da ich nichts anderes erwartete als eine ununterbrochene Folge erhabener Bilder und engelsgleicher Musik, die mich so oft aus der Enge meiner Sinne entrückt hatte, erschauerte ich plötzlich in unsäglichem Grauen, als ich fühlte, wie eine fürchterliche Wesenheit, auf die ich nicht gefasst gewesen war, mit ihrem Finger meine aufwallenden Gedanken in abwärtsführende Bahnen wies und ihren Fluss in feierlichem Ernste mit solcher Kraft in diese Bahnen zwang, dass alle Hoffnung schwand, ich könnte dieser Kraft je widerstehn, ja sie forderte sogar von mir anzuerkennen, dass eine Flucht unmöglich war.

Endlich erfuhr ich die Gründe für meine Bestrafung. Auch hier wieder wurde mir – so deutlich hörbar wie wenn ein Mensch zum andern spricht – gesagt: «Du hast dich über die Menschheit erhoben, um jene Geheimnisse zu schauen, für die es keine Worte gibt, noch bevor deine Zeit gekommen; gezüchtiget sollst du werden – gezüchtiget – gezüchtiget.» Und während der letzte Nachhall dieser Worte verklang, erfolgte jeweilen ihre Umsetzung in die Tat mit prometheischen Qualen. Zuletzt besass schon die leiseste Andeutung von der Anwesenheit der Gottheit eine solche Kraft mich krank und böse zu machen, wie es nicht einmal die Heimsuchung der Dämonen zuvor imstande gewesen war. Einmal, dessen vermag ich mich wohl zu entsinnen, erblickte ich eine riesige verschleierte Gestalt, die eine Wand düsterer, schwarzer Wolken zerteilte, welche über dem Horizonte hing, und auf ein Podium trat, von dem ich annahm, dass es die Bühne des Universums sei. Kein Laut, kein Lichtstrahl drang hinter dem Schleier hervor, doch als die geheimnisvolle Gestalt die Hände hob, entrang sich mir der Schrei: «Dies ist der Tag des Jüngsten Gerichts, und mein Urteil wird hiemit mir verkündet!» Dann floh meine Seele und verkroch sich in den dunkelsten Winkel, den sie finden konnte.

Eine entsetzliche Vision erlebte ich im Verlauf einer jener seltsamen Zustände, als Todesqual und Verzweiflung für mein eigenes Schicksal mich erfüllten, ich aber gleichzeitig unfasslichen Schmerz litt für ein anderes Wesen. Eine weinende Stimme hörte ich in den Himmeln; nicht der klagende Laut war es, den eine Frau in Weh und Leid ausstösst, nicht der leidenschaftliche Schrei eines starken Mannes, dem die Verzweiflung die Brust zerreisst, nein, eine namenlose Todesangst, die eine gefasste Stimme voll des Wehs erahnen liess, als sie davon sprach, dass die ganze Schöpfung in ihrem Innersten entsetzlich leide und das Leben austrockne im Ursprung seines Seins. «Wer weint?» rief ich in Angst und Schrecken. Und aus der Luft, die keine Sicht freigab, drang die Antwort zu mir: «Der Allmächtige, der von alters her als der Allerhöchste galt, hat entdeckt, dass seine Überlegenheit nichts ist als Schall und Rauch. Schicksal, das blinde Schicksal, welches kein Ohr hat für deine Sehnsüchte, es hält alle Dinge in Bewegung, und Er, zu dem du betest, ist ein entthronter König.» Ach! Wohl gab es allen Grund zu solchem Wehklagen in den himmlischen Gefilden! Denn keinen Herrn hatten wir, keinen Gott als das blinde Schicksal. Und ich sah, wie ganze Generationen ziellos ins Verderben stürzten; Gut und Böse prallten in ewiger Erschütterung aufeinander; das Recht sollte keinen übergeordneten Wert mehr haben; die Seelen der ganzen Menschheit waren nur Atome, die durch ein unendliches, gesetzloses Chaos fort und fort geschleudert wurden. In meiner Seele erklang der Nachhall des himmlischen Stöhnens, und in tränenlosem Entsetzen irrte ich durch den lichtlosen Abgrund des Zufalls, eine gepeinigte Kreatur ohne Ziel. «Mein Gott», flüsterte ich, «vernichte mich!» Verfluchte Torheit, die in diesen Worten lag! Gott war nicht mehr am Leben.

Ich warf mich zu Boden und krallte meine Finger in den toten Staub, der keinen Herrscher mehr hatte. Ich wandte mich nicht mehr an Gott mit meinem Ruf, stumm blieb ich, denn das Schicksal war taub. Ich verfluchte den Tag, an dem ich geboren – es war ohne Sinn, immer noch ohne Sinn, denn es gab keine Macht, die den Fluch hätte hören können. Ich lag da und wog ab, welche Chance ich hätte, ausgelöscht zu werden. Vielleicht, dass irgendwo in der Ewigkeit mir eine Explosion ein Ende setzen würde. Für immer? Was wäre denn, wenn mein zerrissenes Ich nun wieder aufeinander zuschwebte und immer weiter und weiter schwebend seine Kreise zöge ohne Ende? Wieder vereint würde ich erneut als gottloser Schuft dahinwandern!

Von Horizont zu Horizont blitzte ein leuchtender Strahlenkranz auf; das ganze Himmelsgewölbe widerhallte von den Klängen einer Vielzahl riesiger Musikkapellen, und der Klang von Stimmen mischte sich unter diese Symphonie. «Ah! Was soll das bedeuten?» sprach ich und richtete mich auf. «Ich höre eine Harmonie, wo doch das Schicksal nur Dissonanzen kennt.» Wieder gab die Stimme aus der Luft mir Antwort, doch diesmal sang sie ein Triumphlied. «Es gibt doch einen Allerhöchsten; der herrscht, der ein Anrichthat darauf; es gibt kein anderes Schicksal als Gott, und Gott ist ewig.» Ich sprang in die Luft – ich jauchzte vor Freude. Die Hoffnung aller Zeiten war Gewissheit – es gab einen Gott!

Nur wenige meiner Visionen des Göttlichen aber, so habe ich in gar mancher Feuerprobe schmerzlich erfahren, haben einen so glücklichen Ausgang genommen wie gerade diese.

Während einer langen, einsamen Nacht habe ich wach gesessen, und nichts und niemand war bei mir als meine inkrustierte Lampe und die Schatten seltsamer Menschen und Dinge, die ohne Unterlass an mir vorüberzogen in Wellen des Schmerzes und der Freude. Zuletzt fand ich mich im obersten Stock eines unbekannten, verkommenen Hauses wieder, kahle Wände umgaben mich, und durch ein einziges, winziges Fenster fiel das Licht. «Dieser Raum», so sprach die Haschisch-Stimme, «ist das, was du die *Zeit* nennest. Draussen umwirbeln dich die entfesselten Winde der Ewigkeit, denen nichts widersteht.»

Ich ging ans Fenster und blickte hinaus; ich sah nichts; doch die sturmgepeitschte Atmosphäre liess mit mächtigem Brüllen die Scheiben erzittern. Ein seltsamer Zauber trieb mich dazu, näher an den Wirbelsturm heranzugehen. Ich zog das Schiebefenster hoch; im Handumdrehen kam der Wind der Ewigkeit hereingebraust; die Grundmauern meines Hauses wankten, und gleich darauf wirbelten die stürmischen Flügelschläge jedes kleinste Teilchen davon, bis nichts mehr zu sehen war, und ich mich, ohne Haus, in der Unendlichkeit wiederfand. Eine zeitlang wurde ich hin- und hergeweht, die Sinne waren mir geschwunden. Als ich dann wieder zu mir kam, entdeckte ich, dass mich der Sturm an die Schwelle des Hauses eines Freundes getragen hatte, eines Freundes, der sich ganz ohne Zweifel des Leidenden und Verwirrten annehmen würde.

Es war gerade vier Uhr früh an einem Hochsommermorgen, und die Hügel im Westen, die ich durch ein Fenster in der Eingangs-

«Dieser Raum», so sprach die Haschisch-Stimme, «ist das, was du die Zeit nennest. Draussen umwirbeln dich die entfesselten Winde der Ewigkeit, denen nichts widersteht.»

halle sah, färbten sich allmählich purpurn im Widerschein der Morgenröte, die am gegenüberliegenden Horizont heraufdämmerte. Mein Freund stand gerne des Morgens in aller Frühe auf, vielleicht war er bereit, mit mir spazierenzugehen, denn ich konnte keinen Augenblick stille halten, das ertrug ich nicht. «Baldwin!» rief ich; «Baldwin, ich muss unbedingt mit dir sprechen», und klopfte heftig und mit aller Kraft, bis ich ihn geweckt hatte.

Zunächst bereitete es mir grosse Schwierigkeiten, ihm wirklich klar zu machen, wie sehr ich litt, denn die Selbstbeherrschung derer ich mich stets befleissigte, liess mein Antlitz ohne jede Regung erscheinen. Endlich waren wir im Freien, und Baldwins Arm umklammernd, schritt ich dahin. Nur wenig sprach ich, denn es fehlte mir die Kraft lauter als flüsternd zu reden, und selbst dann brachte ich nur unzusammenhängende Sätze heraus. Als wir an die Treppe kamen, welche zu meinem Zimmer führte, liessen wir uns nieder zu einer kurzen Rast. Der Ort hatte jedes vertraute Aussehen gänzlich verloren, und die Bauten, die in meinem Blickfeld lagen, waren zu Tempeln und Pylonen des wieder ausgegrabenen Memphis geworden. Furchterregende ägyptische Torbögen blickten drohend auf mich herab, grimmiger Zorn sprach aus ihnen, und in all den Jahrhunderten, in denen sich seit der Zeit der Pharaonen der Staub auf sie herabgesenkt und sie begraben hatte, war nichts von diesem Ingrimme verloren gegangen; und auch der schreckensvolle, starre Blick der Sphinx und der Karyatiden erfüllte mich mit Entsetzen, es gab kein Entweichen, nirgendwo blieb dem Auge Raum, seine Blicke ruhen oder schweifen zu lassen. Doch nicht genug der Greuel, weit Schlimmeres wiederfuhr mir noch, denn unter Sockel und Fundament, unter dem untersten Stein des am tiefsten gelegenen Tempels des ganzen unzerstörbaren Komplexes lag mein Herz, mein pochendes Herz, das ganze Gewicht der Tempel trug es, und vor Qualen mochte es schier zerbersten und konnte sich doch nicht regen und nicht winden, unerreichbar war es, selbst für das Werkzeug des geschicktesten Leichenräubers aller Zeiten!

Gottes Zorn war es, der diese Stadt verschüttet hatte; also lag auch mein Herz begraben unter diesem Zorn. Dennoch wollte ich untertänigst den Allerhöchsten anflehen, dass er sich meiner erbarme. Ich blickte gen Himmel, doch welche Vision tat sich mir da auf! Im hintersten Winkel einer düsteren, umwölkten Höhle flammten rachedurstig zwei alles durchdringende glühende Augen, die bis in den Grund der Seele zu blicken vermochten. Ich zerfiel unter diesen Blicken, ich wandte mich ab und barg mein Antlitz in meines Freundes Schoss.

Als er forschend sich nach dem Grund für meinen Schmerz erkundigte, war ich ausserstande, ihm davon zu erzählen. In jenem Augenblicke hätte ich die zornerfüllte Drohung, die ich in ihrer ganzen Unermesslichkeit hoch über mir gesehen hatte, nicht in Worte zu fassen vermocht, und wenn alle Reichtümer dieser Welt mein Lohn gewesen wären.

Als ich endlich wagte, aus meinem schützenden Versteck aufzuschauen, fiel mein Blick ganz zufällig auf die von Dunstschleiern umwogten Ufer, die sich im Westen am leuchtenden Horizonte hinzogen. Da wandelte sich gnädig meine Vision zu einer Schau von tiefem Frieden. Als ob Balsam auf die Wunden meiner Seele geträufelt werden sollte, sah ich durch einen Spalt in den Wolken einen silbernen Fluss zu mir herabfliessen, der unaussprechliche Linderung brachte. Bäume, die ich nicht kannte, hingen verschwenderisch beladen mit exotischen Früchten und von Düften schwer über seinen schimmernden Ufern; und seltsame Wesen schwebten über den kristallenen Wassern, ihre leuchtenden Gürtel wehten im Wind; und manche der Wesen beugten sich herab und tranken von dem Wasser; und die Haschisch-Stimme flüsterte mir zu: «Der Fluss vom Wasser des Lebens». Wenn so der Himmel war, dann lohnte es sich, Folter und Qual auf dem Wege dahin zu ertragen!

Langsam verschwand, was ich an Himmlischem geschaut in meiner Vision. Der Fluss noch blieb, aber an seinen Ufern ragten die Mauern einer grossen Stadt empor, und ich wusste, dass der Fluss der Skamander war und die Stadt Troja. Immer noch erhob sich die Zitadelle im Inneren gross und schön, und wehrhaft standen die mächtigen Tore.

Am Ufer des Stromes sah ich ein totes Antlitz. Es war zum Morgenhimmel gewandt. Die Qual des Todeskampfes hatte sich nicht in tiefen Furchen auf Stirn und Wangen eingegraben, und eine geheimnisvolle Anmut, die nicht ihresgleichen hatte, schlummerte in den Zügen, die ohne Fehl und Tadel gemeisselt waren. Mehr als je das Leben verzauberte mich nun der Tod, mein eigenes Leben hätte ich dafür gegeben, einen Kuss auf die heiter lächelnden Lippen des Schläfers drücken zu dürfen oder mir eine Locke zu stehlen aus der welligen Fülle, die unter seinem Helm hervorquoll; die Spangen des Helmes hingen nun, gelöst und ihres Sinnes beraubt, zur Erde nieder.

Ein Krieger, der noch lebte, kam jetzt in mein Blickfeld. Den Schild hatte er zu Boden geworfen, den Speer schleifte er mit der Gleichgültigkeit, welche die Trauer gebiert, hinter sich her, den Helmbusch hielt er gesenkt, und fest ineinander verkrampft waren seine Hände, so stand er schweigend da und starrte auf den Toten, und so voll übermenschlicher Trauer war sein Blick, dass ich aus Mitleid mit ihm weinte.

Und wieder sprach die Haschischstimme zu mir: «Dies ist Achilles, der bei dem erschlagenen Patroklus steht», und meine Trauer wandelte sich in hehres Staunen über das Mysterium, da ich erkannte, dass eine unbekannte Macht mich über einen Abgrund von dreitausend Jahren getragen, den keine Brücke überspannte, damit ich mittrauern konnte mit einem der grössten Kinder der epischen Vergangenheit.

Ich habe es manchmal bedauert, dass in meiner Haschischerfahrung fast immer Visionen der Verzückung auf solche der Qual folgten und recht eigentlich im allgemeinen die Trance abschlossen, ob ich nun spazierenging oder schlief. Bei Opium-Essern oder Leuten, welche dem Alkohol zusprechen, liegt der Fall für gewöhnlich anders. Sie erleben zuerst das Glücksgefühl, und in der darauffolgenden Depression kommt es zu Schamgefühlen, Reue und zumindest zu dem schwachen Wunsche, ein neues Leben anzufangen. Wenn sie ihr Vergnügen voll ausgekostet haben, müssen sie den Preis dafür zahlen, und von allen widerwärtigen Dingen ist es wohl der widerwärtigsten eines, für ein Wohlleben zu zahlen, das man in der Vergangenheit genossen hat. Wenn ich am eigenen Leib erfahren hätte, dass auf den Haschisch-Genuss ein solcher Abscheu und Ekel folgte und Körper und Geist so heftig reagierten, ich hätte viel mehr Veranlassung gehabt, ihm zu entsagen. Bei mir aber hatte stets die Verzückung das letzte Wort, und wenn ich mich wieder im Normalzustand befand, erinnerte ich mich wohl der grossen Qualen, doch waren sie für mich lediglich die unnötigen Begleitumstände einer Glückseligkeit, von der ich mir mit blinder Zuversicht einredete, dass sie mir rechtens zustünde als Geschenk der Droge. Ich habe gesagt, ich hätte gelitten, doch dazu kam es nur, weil gewisse unglückliche Umstände meinen Zustand ungünstig beeinflussten, und das würde ich in Zukunft zu vermeiden wissen. Für die eben geschilderte Vision traf diese Tatsache vollumfänglich zu. Noch Tage später überlief mich ein Schauer, wenn ich an eine bestimmte Stelle am Himmel schaute und mich daran erinnerte, dass ich hier dem Blick der feurigen Augen begegnet war, und unwillkürlich fuhr meine Hand zum Herzen, weil ich in meiner Phantasie die Stadt, aus ihrem Todesschlaf geweckt, in ihrer ganzen Ausdehnung vor mir liegen sah mit ihren alles beherrschenden, mächtigen und grausamen Säulen aus Granit. Von derlei Erinnerungen aber schweifte mein Geist ab mit einer Behendigkeit, der die vielen qualvollen Situationen bis jetzt keinen Abbruch getan hatten, hin zu den heilenden Wassern des himmlischen Flusses oder zu dem Antlitz vergänglicher Lieblichkeit, das niemals, bis zum heutigen Tage nicht, gänzlich aus meinen Träumen verschwand.

Noch oft danach habe ich Haschisch aus diesem Grunde genommen; nein, mehr noch, das Leben wurde für mich zu einem einzigen, andauernden Zustand der Verzückung – ein Geflecht, in höchstem Masse vielfältig, aus goldenen und eisernen Fäden, und dieses ganze Leben hindurch ertrug ich immer wieder Stunden, in denen Drohungen, die nicht von eines Menschenwesen Lippen kamen, mich elend und erbärmlich fühlen liessen; nicht niederschreiben will ich sie, wenn irgend möglich, es sei denn, es würde mir zur Pflicht, ein mahnendes Vermächtnis all jenen zu hinterlassen, die versucht sein mögen, auf andere als die vorgegebene Weise zu einem Leben aufzusteigen, das über dem rein materiellen liegt. Ich will darum nicht all jene Schreckenserscheinungen in chronologischer Reihenfolge und bis in alle Einzelheiten aufführen, welche mich heimsuchten, vielmehr will ich mich bemühen, hie und da jene auszuwählen, die am anschaulichsten «jenen letzten Zustand eines Menschen, der schlimmer ist als der erste», ahnen lassen.

Zu wiederholten Malen wurde ich, wie schon gesagt, von Stimmen bedroht. Die Drohungen aber nahmen manchmal andere Formen an, und nichts war schrecklicher, als wenn mir – und dies war häufig der Fall – gezeigt wurde, wie alles Lebendige mich verabscheute, wobei mir in einigen Fällen der Grund dafür klar und deutlich gezeigt wurde, nämlich dass ich ein Geheimnis angetastet, und damit einen Übergriff auf das Recht Gottes verübt hatte. Dann wieder war ein namenloses Verbrechen der Grund – namenlos deshalb, weil es zu entsetzlich war, als dass man es hätte benennen können – wobei ich Art und Schwere des Verbrechens nicht kannte, es aber in irgendeinem Versteck am Wege lauerte, bereit mich anzuspringen mit dem Schwerte der Nemesis, wenn ich daran vorbeikäme.

Einen ganzen luftig-kühlen Sommernachmittag lang war ich durch die Wälder gewandert, von denen ich so oft erzählt habe, berauscht von einem Übermass an Glück, mir zur Seite ein seelenverwandter Freund, der Unterstützung mir gewährte mit seinem Arm und seiner Unterhaltung, und den mitzunehmen ich jetzt für das Klügste hielt, aus Vorsicht, damit ich nicht allzusehr umherschweifte, wenn ich im Haschischrausch spazierenging. Über einen dicken Teppich abgefallener Tannennadeln führte unser Weg, und mein Ergötzen wurde noch gesteigert durch jene würzigen Düfte, die sie im warmen Windhauch, der uns umfächelte, verströmten. In diesem Wohlgeruch lag eine köstliche Ahnung von indischen Gewürzgärten, und mehr ist für den Haschischesser nicht vonnöten als eine solche leise Andeutung, um vor seinen Augen das Gewebe eines höchst wunderbaren und duftreichen Traumes erstehen zu lassen. Sogleich bewegte sich eine gewaltige Prozession burmesischer Priester den Hang eines fernen Hügels herab; feierlich, doch heiter gestimmt, kamen sie musizierend auf mich zu, und die Luft war geschwängert von dem Hauch, der ihren schwingenden Weihrauchgefässen entströmte. In unendlich weiter Ferne über mir erhaschte ich zuweilen zwischen den Baumwipfeln den Schimmer eines strahlend blauen Himmels, und rosafarbene Wolken segelten verträumt darüber hin, doch die Weihrauchschwaden stiegen auf in diese grosse Höhe bis zu den Wolken und vereinten sich mit ihnen. Ich hielt den Vordersten im priesterlichen Zuge an und sprach mit ihm in seiner eigenen Sprache. Er gab mir Antwort, längere Zeit ging die Unterhaltung hin und her, und wir verstanden einander, während mein Freund mir wartend zur Seite stand, sprachlos vor Staunen ob dem Schauspiel, das ich in meinem Rausche bot, und unfähig, dafür auch nur die kleinste Ursache zu entdecken, welche dieses Verhalten im Haschischrausch zu erklären vermochte.

Unsere Unterhaltung war zu Ende, und von neuem setzte sich der Zug in Bewegung. Da überkam mich das Gefühl – so plötzlich, als sei es direkt vom Himmel auf mich herabgefallen, und mit solcher Gewissheit, als ob der Herr im Himmel es verkündet hatte –, dass diese priesterliche Schar die letzten des Menschengeschlechts seien, die je meine Anwesenheit ertragen würden. Mein Begleiter verabscheute mich, und einzig und allein sein Pflichtgefühl brachte ihn dazu, sich meinem Wunsche zu beugen und mich auf mein Zimmer zu geleiten. Auf dem Heimweg kamen wir an einem Hügel vorbei, der leuchtete und duftete, und darauf tanzte, inmitten einer tropischen Fülle von Blumen und Laubwerk, eine Gruppe burmesischer Kinder zu den Klängen von Saiteninstrumenten. Sie wurden kaum meiner ansichtig, als sie, von Abscheu erfüllt, in überstürzter Hast davonrannten.

Zu Hause angekommen, begab ich mich sogleich auf mein Zimmer. Allüberall, auf Tischen und auf Stühlen, auf dem Bett und auf dem Boden, wo sich nur Platz fand, standen Särge, mit aufgeklapptem Deckel, der den Blick freigab auf das Antlitz eines in lieber Erinnerung behaltenen Verstorbenen. Obgleich ich nie den Tod fürchtete, war mir doch stets wohlvertraut, was unser Ahne aus alter Zeit empfand, der da zu den Söhnen Heths betete und sagte: «Weise mir eine Grabstätte zu bei dir, auf dass ich meine Toten bestatten kann ausserhalb meines Gesichtskreises.» Eben jetzt aber kauerte ich zwischen den Särgen, und sie bedeuteten mir einen Zufluchtsort, mir, einem Dämon seinem Wesen nach, wahrhaftig, und doch überglücklich, dass ich ein Versteck besass, in dem ich mich geborgen fühlte inmitten der Überreste, welche einst von heiligen Seelen bewohnt gewesen. Mein Gott! War es möglich, dass selbst die Toten mich und meinen entsetzlichen Zustand kannten? Über jedes einzelne dieser erkalteten Gesichter lief ein Schauer grässlicher Todesangst! Sie fürchteten mich, sie, die so viele Jahre schon ohne Leben gewesen! Ganz deutlich sah ich, wie sie erbebten

Mein Gott! War es möglich, dass selbst die Toten mich und meinen entsetzlichen Zustand kannten? Über jedes einzelne dieser erkalteten Gesichter lief ein Schauer grässlicher Todesangst! Sie fürchteten mich, sie, die so viele Jahre schon ohne Leben gewesen!

und ein gewaltiger Krampf sie schüttelte. Einer nach dem anderen drehten sie sich um und legten sich aufs Gesicht, wobei ihre Hände hastig nach hinten fassten, um den Sargdeckel zu schliessen, der immer noch zuliess, dass sie meines verfluchten Anblicks ansichtig wurden.

Und nun kamen die beiden liebsten Freunde, die mir noch verblieben waren, auf mich zu, und in Strömen flossen die Tränen aus ihren Augen. Sie waren auf Schusters Rappen aus einer weit entfernten Stadt herbeigeeilt, um mich auf den Knien anzuflehen, bei allem, was mir heilig war an unserer innigen Beziehung und bei meiner Seele, deren Zukunft kostbar sei, doch vom Haschischgenuss abzulassen. Im Augenblick, als wir einander ins Gesicht sahen, ergriffen sie mit einem spitzen Schrei die Flucht.

Ich lief aus meinem Zimmer und begab mich zum Hause eines alten und vertrauten Freundes. In einer Werkstatt, die er sich eingerichtet als einen Ort, an dem er sich erholte, war er bei meinem Eintritt eifrig damit beschäftigt, an einer technischen Erfindung herumzubasteln, die er bei meinem letzten Besuch begonnen hatte. Er kehrte mir den Rücken zu, und um ihn auf mich aufmerksam zu machen, rief ich seinen Namen: «Eduard!»

Flugs drehte er sich nach mir um, ein Lächeln auf den Lippen, denn er hatte meine Stimme erkannt; doch noch während das Entsetzen seine Züge verzerrte, schleuderte er den Hammer, den er in der Hand hielt, gegen meinen Kopf. Nur knapp verfehlte er sein Ziel, und ich erkannte, dass er die Waffe nicht im Zorn geworfen hatte, sondern als letzte Wohltat, welche er mir erweisen konnte, um mich von meinem teuflischen Leben zu befreien. Im nächsten Augenblick sprang er durch das hohe Fenster des Raumes, und ich hörte, wie er Klafter tiefer auf dem Pflaster aufschlug.

In der Vergangenheit hatte ich bei derartigen Qualen plötzlich Erleichterung erfahren, wenn ich eines bestimmten Namens ansichtig wurde, der in sanften Farben an den Himmel geschrieben war. Es war der Name eines schönen, guten und geliebten Mädchens; und wenn ich seiner gewahr wurde, verbanden sich damit für mich so wunderbare Eigenschaften der Unschuld, dass ich darunter süsse Zuflucht suchte wie unter einem Schild. Sogleich wurde ich ruhig, und die Teufelsstimmen, die hinter mir her schrien, verhallten.

Mich darauf besinnend, versuchte ich nun, mir den Namen meiner Schirmherrin in der gleichen Weise wie zuvor auszumalen, und versprach mir davon rasche Linderung. Ich suchte ihn mir vorzustellen, einen Namen, der ebenso einfach wie schön war in sich und in allem, was damit in Zusammenhang stand. Es war der Name «Maria», und ich flüchtete zu ihm, wie noch nie ein wegen Mordes Gejagter geflüchtet ist, um Schutz und Schirm zu finden bei Unserer Lieben Frau, der heiligen Namensschwester dieses wahrlich unschuldigen Kindes.

Zuerst war ich bestrebt, das ganze Wort vor meinen Augen erstehen zu lassen. Es gelang mir nicht. Dann ging mein Bestreben dahin, mir Buchstabe für Buchstabe auszumalen und sie nacheinander zu erfassen. Ich versuchte, dem ersten Buchstaben Gestalt zu verleihen. Und da widerfuhr mir das unerklärliche Kümmernis, dass ich wohl vollkommen in der Lage war, mir den Buchstaben zu denken, den ich wollte, aber absolut unfähig war, mir seine Gestalt vor meinem inneren Auge zu vergegenwärtigen. Vorwärts und rückwärts ging ich das ganze Alphabet der Reihe nach durch. Mit unfasslicher Schnelligkeit flog jeder Buchstabe, vom A angefangen, an mir vorüber, doch wenn die Reihe ans L kam, gab es unweigerlich eine Lücke zwischen ihm und dem N. Beim Z nahm ich erneut die Spur dieser wilden Jagd durch das Alphabet auf; und wie zuvor erfolgte ein Übersprung, diesmal vom N zum L. Zuletzt, unzählig waren die Versuche schon, warf ich mich wie von Sinnen auf den Boden vor diesem teuflischen Quell von Buchstaben, die unablässig vorüberrauschten, und flehte den Himmel an: «Ein M! Ein M! Um meiner Seele willen, schenke mir ein M!»

Mein Flehen wurde nicht erhört, doch ohne Warnung wurde ich von der Erde hochgehoben, und behende trug mich ein brennend heisser Wind wie ein trockenes Blatt durch die Luft. Wohin und weshalb ich unterwegs war, das wusste ich nicht, bis eine fürchterliche Stimme dicht an meinem Ohr mir zuzischte: «Auf Erden hast du triumphierend dich ergötzt an Freuden und Vergnügungen, welche über das hinausgehen, was den Menschen zugemessen ist – jetzt sollst du ihre Totenglocke läuten. Dir ist es bestimmt, sie zum Jüngsten Gericht zu rufen.»

Ich blickte um mich, und siehe! Das ganze Himmelsgewölbe war eine riesige, eherne Glocke, welche hoch oben in der Unendlichkeit an einer unsichtbaren, diamantenen Angel schwang. Als ich kam, war sie ohne Stimme, doch bald wusste ich, wie sie zum Klingen gebracht werden sollte. Geschwinde wurden meine Füsse unverrückbar an der Spitze des Himmels angekettet, mit dem Kopfe abwärts hängend baumelte ich hin und her und wurde so zu ihrem Klöppel. Noch mächtiger schwang die fürchterliche Glocke aus, und nun, mit gewaltigem Dröhnen, schlug mein Kopf an ihre Wand. Nicht der Schmerz des Aufschlags war es, wenngleich dieser über jedes Fassungsvermögen hinausging, sondern das ungeheure Getöse, das den ganzen Weltenraum erfüllte und mein Gehirn zum Bersten brachte, das augenblicklich mir die Sinne schwinden liess, alle Gedanken auslöschte und jedes Sein. Schlagartig fühlte ich, dass mein Leben zu Ende war, doch nicht der Tod war es, welcher es beendete, das wusste ich, sondern das absolute Nichts.

Als ich aus dem Haschischrausch wieder erwachte, war ich so überwältigt von der Tatsache, dass ich noch lebte, wie es ein toter Mann aus dem vorigen Jahrhundert gewesen wäre, wenn er sich plötzlich auf der Erde wiedergefunden hätte. Eine ganze Weile glaubte ich, immer noch zu träumen, obwohl ich bei vollem Bewusstsein war, und bis auf den heutigen Tag ist mir die Erinnerung an dieses eine dämonische Läuten so lebendig geblieben, dass ich, während ich diese Zeilen schreibe, mir mit der Hand über die Stirne streiche und – wohl nur in meiner Phantasie – etwas höre und fühle, einen Nachhall des ursprünglichen Getöses. Dass diese Eindrücke sich so hartnäckig halten, erklärt, warum der Haschischrausch nach einiger Zeit immer mehr zu Qual wird. Es liegt nicht daran, dass der Körper durch immer wiederkehrende nervliche Erschütterungen geschwächt würde; bei einigen mag es, von der Konstitution her, tatsächlich zu einer Erschöpfung kommen; das war bei mir, wie ich bereits erwähnt habe, nie der Fall, nicht einmal eine Muskelschwäche zeigte sich, und dennoch erwies sich das allgemein gültige Gesetz einer ständig wachsenden Diabolisierung der Visionen in meinem Fall als ebenso zutreffend wie in vielen anderen. So wurde eine einmal erlebte Schreckensszene zu einem «κτῆμα ἐς ἀεί», zu einer unveräusserlichen Mitgift der Hölle; unweigerlich würde sie sich in einigen – Dank sei Gott, wenn nicht in allen – zukünftigen Visionen wiederholen. Ich hatte zum Beispiel in einem meiner ekstatischen Zustände einen leuchtenden Fleck am Firmamente wahrgenommen, ein prismatisches Parhelion (eine regenbogenfarbene Nebensonne, *A. d. Ü.*). Während ich mich so recht an seinem Anblick erfreute, sprang es auf geheimnisvolle Weise auf mein eigenes Herz über und wurde dort zu einem feurigen Ring, der sich allmählich immer weiter frass, bis das ganze zuckende Organ in grosser Qual lichterloh brannte. Als ich dieses Flecks in einer späteren Vision ansichtig wurde, zeitigte die Erinnerung an die erlittene Pein die gleiche verfluchte Wirkung. Je länger nun das Haschischleben währte, desto grösser wurde natürlich die Zahl solcherart im Gedächtnis haftender zündender Funken, welche grässliche Visionen auslösten, bis es zuletzt kaum etwas Sicht- oder Greifbares gab, kaum ein Wort, das – ausgesprochen – nicht eine ähnlich geartete teuflische Kraft besass und mit einem früheren leidvollen Erlebnis in unmittelbarem Zusammenhang stand.

So senkt sich langsam die Mitternacht über des Haschischessers Himmel. Auf dessen Mantel, dreimal gefärbt im Acheron, erscheinen nach und nach die unheilvollen Lichter, bis unter einem Himmelsgewölbe er wandelt, das flammend erhellt wird von dämonischen Lampen, unter seinen Füssen das Pflaster der Hölle. Drei Wege nur führen aus diesem schrecklichen Reich. Dem Herrgott gebührt Dank, dass über seiner lockenden Pforte nicht geschrieben steht:

«Lasciate ogni speranza voi ch'entrate!»

Der erste Ausgang führt in den Wahnsinn, der zweite in den Tod, der dritte bedeutet Entsagung. Kein Zweifel, dass der erste am häufigsten beschritten wird, doch mag es lange währen, bis dem Leidenden zuletzt die Flucht ins Vergessen gelingt, und dieses Reich ist ebenso beängstigend wie jenes, das er zurückgelassen. Der zweite tut sich nur selten dem Elenden auf, es sei denn, er erzwänge sich den Zutritt mit dem Messer; zumeist dreht sich diese Tür nur zögernd in den Angeln. Um den letzten soll er kämpfend sich mühen und, wenn gleich eine Starre wie von einem Alptraum seine Glieder lähmt – selbst wenn zu beiden Seiten die Strasse gesäumt ist von einer Phalanx ungeheuerlicher Dämonen, die flammenden Schwerter gezogen – selbst wenn die Schreie der Dämonen ihm in den Ohren gellen und unvorstellbare Huris ihn zurückwinken – über Dornen, durch der Flammen Glut, den Weg zurückfinden zum – *Leben!*

Ein Schwur vor dem Tribunal des Wahnsinns

Nachdem ich so oft schon davon bedroht gewesen war, gänzlich von der übrigen Menschheit getrennt zu werden, machte ich mir zur Gewohnheit, in dem Augenblick, da ich die Wirkung des Haschisch zu spüren begann, zu einem treuen Freund zu eilen und seines Mitgefühls mich zu vergewissern, um auf diese Weise sicherzugehen, dass das Urteil noch nicht vollstreckt worden sei. Ich trat in sein Zimmer. Ich erzählte ihm von meinem Zustand; und bevor noch der Rausch gänzlich von mir Besitz ergriffen und mein Denken verändert hatte, beschwor ich ihn, sich um mich zu kümmern, mich niemals zu verlassen, beständig, bis zuletzt, mein Wohlergehen im Auge zu behalten. Vielfach verhinderte dieser Schritt, dass ein unterschwelliges Grauen sich Bahn brach und aus dem ergötzlichen Strom meiner Visionen emportauchte. Und oft, wenn ich des entsetzlichen Dämons ansichtig wurde, der mit gezogenem Schwert in das Heiligtum eindrang, in dem ich mich ergötzte, war die Erinnerung an den Schwur für mich wie der Ring des Abdaldar, und sogleich

> «versagte seine Kraft; sein Arm –
> durch Zaubermacht in der Schwebe gehalten –
> hing in der Luft, unfähig einen Streich zu führen.»

Dass Gott und die Welt mich mit Zurückweisung straften, war der grosse, alles überdeckende Schatten, der sich nun niedersenkte über den Horizont meiner Visionen, und dreifach glücklich war ich, wenn ich auf diese Art und Weise verhindern konnte, dass er den ganzen Himmel verdunkelte. Das Wort «verdunkeln» verkörpert mehr für mich als nur eine Metapher, denn ich habe – hellwach und eines Mittags bei wolkenlosem Himmel – gesehen, wie Himmel und Luft ganz plötzlich schwarz wurden in einer übernatürlichen Verfinsterung, und kein anderes Licht leuchtete mir auf meinem Weg als die feurigen Augen, die «auf mich starrten aus der Dunkelheit».

Doch nicht immer wirkte der Zauber. Es gab Zeiten, da befand ich mich ausser Reichweite anderer Menschen und – so glaubte ich – war überdies ausgestossen aus der Gemeinschaft von Mensch und Gott. Der Mensch konnte nicht und Gott wollte mir nicht die Treue halten.

Verzückt und heiter betrat ich an einem Nachmittag das Zimmer eines Bekannten, der oftmals schon den Wunsch geäussert hatte, mich auf einem der Spaziergänge begleiten zu dürfen, während ich unter dem Einfluss der Droge stand, um so mit eigenen Augen den Rauschzustand mitzuerleben. Unverbrüchliche Zuneigung und Anteilnahme liess ich mir schwören, und da ich ihn auf diese Weise verpflichtet hatte, fühlte ich mich sicher – doppelt sicher; denn als er sich anschickte, mich zu begleiten, kam mir wie ein Blitz aus heiterem Himmel jener grossartige Satz des Festus in den Sinn,

«Es ist mein Wille nicht, dass das Böse unsterblich sei.»

Von einer grossartigen Zukunft voll des Guten und des Glücks für die ganze Ewigkeit meines Haschischlebens sprach mir diese Zeile, doch nicht nur das, sie kündete mir auch davon, dass das Recht seine triumphale Herrschaft antreten würde im Menschenreich für alle Zeiten. Dass wundersam die Erde aus jahrhundertelanger Knechtschaft befreit werden würde, ward ihr kundgetan, und die Schöpfung jauchzte und sang, überall war ihre Freude zu sehen und zu hören. Sollte ich nicht glücklich sein, da Gott dies verkündet hatte? Ich war frei von Furcht. Ich nahm den Arm meines Freundes und gemeinsam traten wir ins Freie.

Wir waren erst wenige Schritte gegangen, als ich die schreckliche Stimme hörte, die ganz deutlich zu mir sprach: «Dies ist ein Mann mit reger Phantasie; wenn du glücklich bist, wird er stark mit dir fühlen; er wird fasziniert sein, er wird wie du zum Haschischesser werden. Um ihn davor zu bewahren, musst du ihm ein

Beispiel geben der Qualen. Bist du bereit?» Da ich wohl wusste, was nun folgen würde, da ich die Qualen kannte, welche im wohlvertrauten Abgrund der Haschischhölle meiner harrten, konnte ich, wie es sich für jemanden Geringeren als Gott geziemte, «ja» sagen? Unfähig war ich, zu solch übermenschlicher Tapferkeit mich durchzuringen, nur meine Lippen zwang ich zu einem kaum hörbaren Murmeln: «Gottes Wille geschehe.»

Da gab die Stimme zur Antwort: «Entsetzlich sollst du leiden, leiden, leiden, mehr als die Zunge auszudrücken vermag, mehr als du dir erträumt hast.»

Ich ballte meine Fäuste, ich biss die Zähne zusammen, mit allen Fasern meines Seins wappnete ich mich gegen die Woge des Schmerzes, die aus den Tiefen emporsteigen und sich über mich ergiessen würde. Ich war voll einer Ahnung, dass Torturen meiner warteten, welche mich bis an die Pforten des Nichts führen würden.

Die Vollstreckung des Urteils begann. Schwaden heisser Luft, wie aus einem Brennofen, entströmten dem Zaun, den wir entlanggingen, und als ich zu Boden blickte, sah ich feurige Risse im Erdreich, und von dort nahm der Wirbelsturm seinen Ausgang. Ich welkte dahin zu einem papierenen Sack, der mein Herz in sich festhielt als empfindsamen Brennstoff für weitere Qualen.

Und nun glitt durch dieses Herz eine feine Säge, die aus unzähligen Blättern bestand, deren jedes einzelne so scharf geschliffen war, wie sich Stahl überhaupt schleifen lässt, und sie waren rotglühend vor Hitze. Wie eine Marmorsäge so langsam bewegte sich das fürcherliche Instrument hin und her, mit einem Zischen durchfuhr es den zuckenden Muskel, und da ich meine Hand an meine Brust presste, ward sie angesengt von der ungeheuren Hitze der Schneidblätter. Von den Hauswänden schossen schwarze Krallen hervor; die Narben, die sie hinterliessen, sahen aus, als ob Moxa auf der Haut verbrannt worden wäre. Und immer noch brannte ich, und nichts vermochte die Flammen zu löschen.

Eine Weile schwieg ich stille, mit prometheischer Selbstbeherrschung hielt ich meinen Mund verschlossen. Nicht nur, dass ich es mir zur Gewohnheit gemacht, stumm zu leiden, liess mich zögern, auch mein Stolz konnte es nicht ertragen, ihm, der mir zur Seite ging, zu gestehen, dass eine Heimsuchung sich rachedurstig auf mich gestürzt hatte, anstelle der Verzauberung, die zu schauen mein Versprechen ihn erwarten liess.

Von neuem sprach die Stimme: «Gestehe! Gestehe!» Verzweifelt presste ich die Lippen aufeinander gleich einem Schraubstock, und in meinem Inneren erwiderte ich: «Nein! Ich will nicht!»

«Bist Du nicht willig zu gestehen?» erklang die zornerfüllte Stimme.

«So sollst du noch schlimmere Qualen erfahren.»

Daraufhin begann sich in meinem Gehirn – von derselben Höllenmaschine angetrieben, welche die Säge durch mein Herz bewegte – ein mörderischer, glühendheisser grosser Bohrer zu drehen. Immer schneller drehte er sich, und immer gewaltiger wurde dabei ein Getöse, das mein ganzes Wesen erschütterte. Bis in den kleinsten Nerv erlitt ich eine Qual, wie noch kein Märtyrer sie je erlebt hat. In Flammen standen Haupt und Herz, beide waren vom Stahle durchbohrt, zornerfüllt blickten die Himmel auf mich hernieder, die Erde tat sich auf und schrecklich war der Anblick ihrer von Dämonen bevölkerten Tiefen. Oh, die Hölle war das, wie konnte ich nur in ihr leben!

Dem Mann an meiner Seite flüsterte ich mein Geständnis zu. Ich erzählte ihm alles. Ich legte ihm die Gründe für meine Bestrafung dar. Ich beschwor ihn bei all meinen immerwährenden Qualen, niemals an den wahnwitzigen Zauber zu rühren.

Und dann flehte ich ihn mit kläglicher Stimme an, mein Feuer zu löschen.

Eilenden Schrittes begaben wir uns zu dem erstbesten Wirtshaus, das in unserer Nähe lag. Beim Eintreten verlangte ich nach dem einzigen wirklich wirksamen Mittel, welches mir je bei seelischen Leiden dieser Art Erleichterung gebracht – etwas sehr Saures. Im Osten ist dies üblicherweise ein Sorbet; in meinem Fall war es eine sehr saure Zitronenlimonade. Ein Glas wurde für mich mit diesem Trank gefüllt, und mit einem dünnen Glasröhrchen sog ich daran, denn hätte ich einen grossen Schluck genommen, der Schock wäre zu heftig gewesen, als dass ich ihn hätte ertragen können. Ich verspürte Erleichterung, doch nur ganz schwach – ganz allmählich. Noch ehe das erste Glas ganz

... aus dem ergötzlichen Strom meiner Visionen emportauchte.

geleert, verlangte ich gebieterisch nach einem neuen – so rasch als möglich sollte seine Zubereitung erfolgen, auf dass die Flammen in der Zwischenzeit nicht immer weiter um sich griffen. Solcherart hielt ich einen Mann in Trab, eine Limonade nach der andern liess ich mir zubereiten, und jedesmal, wenn ich den letzten Tropfen getrunken, zog ich mit überstürzter Hast das Röhrchen über den Rand des leeren Glases und senkte es in das volle, denn es galt mein Leben. So ging es, bis sechs Gläser mir die Kehle genetzt hatten.

Nachdem ich nun fast gänzlich wiederhergestellt war, redete ich mir ein, dass ich meine volle Strafe verbüsst, und jubelnd ging ich von dannen. Oh grundlose Hoffnung! Sogleich stand mein Herz erneut in Flammen, zu einer riesigen Orgel wurde es in einer Kathedrale, in einen Flammenmantel war es gehüllt, und auf ihm spielten geheimnisvoll die Finger jenes Elementes, das es gänzlich verzehrte. Jedes Register, das nur entfernt so klang wie das verzweifelte Schreien und Stöhnen einer Menschenseele, war offen; nein, mehr als das, es war menschlich; es lebte in diesem langsamen, grausamen Tod, und ich fühlte seine Qual. Ein Teufelschor sang Hymnen des Hohns als Begleitung, und mich erfasste Raserei, als ich die Stimmen wiedererkannte, die vor langer, langer Zeit, in einer Vergangenheit, die sich nicht ergründen lässt, an meiner weissglühenden Wiege Blasphemien ausgestossen und mich mit dem Wiegenlied der Hölle in den Schlaf gesungen hatten. Da wir an der breiten Terrasse vorübergingen, die sich über die ganze Front der Collegegebäude erstreckte, blickte ich zum Himmel empor, und siehe! Gleich einem Heer ritten auf rosig gefärbten Pferden fröhlich lachende Engel mit unglaublicher Schnelligkeit dahin, wohl unterwegs auf einer Rettungsexpedition. Hinter ihnen zogen Winde einher, die von den Pforten des Paradieses köstliche Gewänder aus Wolkenhermelin bliesen, die über und über besetzt waren mit Sternen. Erfüllt von einem Entzücken, das mich meine Schmerzen vergessen liess, faltete ich meine Hände und rief: «Ich bin es, den zu retten sie gekommen!»

Just in diesem Augenblick teilte eine schwarze Hand die Himmelsmitte und deutete mit drohender Gebärde auf mich. Niemand soll mir von Gesichtern erzählen, welche durchdrungen sind von einem beseelten Ausdruck; jene Hand, wie sie langsam schwang und dann zurückgezogen wurde, war ausdrucksstärker als das freundlichste Gesicht. Alles sagte sie mir über Schrecken und Verderben.

Ich blieb stumm, bis wir an meiner Zimmertüre standen. Hier verabschiedete sich mein Begleiter von mir, und ich nahm noch einmal alle Kraft zusammen, um einen schmerzlichen Schrei auszustossen: «Oh Herr, ist's möglich, so lasse diesen Kelch an mir vorübergeh'n.» Ich sprach das Gebet des Einen Gottes mit grösster Ehrfurcht in der Seele und hoffte, dass die unvergessenen Worte des Sohnes das Herz des Vaters zu rühren vermochten.

Ich fügte auch ein Versprechen hinzu: «Errette mich, und nie wieder werde ich Haschisch nehmen.» Wieder erklang die Stimme und gab mir zur Antwort: «Schon manches Mal hast du dies Versprechen gegeben. Sag, in welcher Weise hast du deinen Schwur gehalten?» Er sprach die Wahrheit. Des öfteren hatte ich während meiner Leidenszeiten beschlossen, ja gelobt, dem Kraut des Wahnsinns abzuschwören, sollte ich je dem Delirium, in dem ich mich gerade befand, lebend und bei gesundem Verstande entkommen. Wieder bei Sinnen, erinnerte ich mich stets des abgegebenen Versprechens, doch ich war der Ansicht, dass unüberlegte Angst mich dazu getrieben hatte, unter Umständen, bei denen von Verantwortungsbewusstsein nicht die Rede sein konnte, und dass ein Schmerz die Ursache war, dem sich auf jeden Fall vorbeugen liess, wenn ich nur dem allgemeinen Gesundheits- und Geisteszustand genügend Aufmerksamkeit schenkte, denn sie waren Komponenten, welche die Wirkung der Droge nachhaltig beeinflussten. Da ich mein Versprechen folglich in keiner Weise als bindend betrachtete, hatte ich es gebrochen, wie ich es auch getan hätte, wenn ich in einem schrecklichen Traume ein Gelübde abgelegt hätte. Doch jedes Mal, wenn mich die Haschischqualen vor eben jenes Gericht brachten, vor dessen fürchterlichen Schranken ich beim letzten ähnlichen Gerichtsverfahren mich verpflichtet hatte, bezichtigte mich die anklagende Stimme des Vertrauensbruches, sprach mich schuldig, meine eigene Seele verurteilte mich, und hinterher waren die Schmerzen durchdringend und schneidend wie vom Schwert der Nemesis. Nicht im Grame wand ich mich, sondern unter der Strafe.

Nun antwortete ich der Stimme: «Ich habe meinen Schwur nicht gehalten, doch nur dieses eine Mal lass Gnade walten, und ich werde nie wieder sündigen.»

Von neuem sprach mein Ankläger: «Dieses eine Mal noch sollst du ungestraft davonkommen – denke daran – *einmal!*»

Ich nahm dies Wort als Freispruch der Gottheit; mein Schmerz verebbte, und ich ging dahin ohne Furcht.

Doch ach, es war nicht zu ertragen! Es packte mich wieder, und laut stöhnte ich auf: «Gilt das gegebene Versprechen selbst bei Gott nicht mehr? O Gott, hast *du* das mir gegebene Versprechen gebrochen?» Ich erhielt keine Antwort. Einige Augenblicke lang schritt ich in einem leeren Zimmer, in das ich eingetreten, auf und ab, fest presste ich die Hand auf mein heftig pochendes Herz, und fühlte, wie seine kräftigen Schläge mit dem Klopfen der teuflischen Maschinerie verschmolzen.

Dann trat ich hinaus auf den Korridor. Aus der gegenüberliegenden Tür kam ein Mann auf mich zu. Ich hielt inne, und auch er blieb stehen. Ich tat einen Schritt vorwärts, und er kam auf mich zu. Ich wandte mich ab, und er folgte mir nach. Ich drehte mich zu ihm – Fuss an Fuss standen wir – ich war es, ich selbst! Unleugbar, da stand mein Doppelgänger und glich mir, wie ein Antlitz und sein Spiegelbild im Wasser einander gleichen. Ein Wesen mehr, für dessen Sünden ich zur Rechenschaft gezogen wurde, dessen Anteil am göttlichen Zorn ich würde erdulden müssen! Das war mehr, als ich ertragen konnte. Ich sank auf die Knie und rief den Himmel an: «Oh, träume ich denn nicht? Sag an, so sag mir, bin ich wirklich und wahrhaftig mehr als einer?» Mir wurde geantwortet: «Legion bist du!» Ich blickte hinüber zur Treppe. Dort sass etwas zusammengekauert auf der Stufe, starrte zu mir herüber zwischen den Stäben der Balustrade durch, krallte nach mir wie eine Tigerkatze – wieder war ich es! Ich stürzte zur Tür eines anderen Zimmers; ich sollte mich einschliessen, um die Vervielfältigungen meiner selbst loszuwerden. Vor jener Tür stand jemand, raufte sich die Haare, knirschte mit den Zähnen, lächelte das irre Lächeln, das der Qual entspringt, und wiederum war ich es!

Der Anblick der übrigen Persönlichkeiten meiner selbst blieb mir erspart. Noch eine mehr hätte mich wohl für alle Zeiten in den Wahnsinn getrieben.

Zum letzten Mal rief ich den Himmel an: «Wie soll ich gerettet werden?» Nun endlich erhielt ich Antwort: «Deine guten Absichten erreichen Gott nicht. Am Menschen musst du wieder gutmachen, was du gefehlt hast, indem du danach getrachtet hast, dich über die Menschheit zu erheben. Geh hin und suche einen Menschen, der deinem Versprechen Glauben schenkt, und du wirst gerettet sein.»

Welch harte Bedingung. So viele meiner Freunde wussten von den Schwüren früherer Zeiten und auch, wie ich sie eingehalten hatte, dass ich gar sehr befürchtete, nie und nimmer in der Lage zu sein, sie zu erfüllen.

Da aber meine letzte Hoffnung damit verknüpft war, rannte ich eilends die Treppe hinauf, um den Mann zu finden, der meiner Versicherung Glauben schenken würde. Der erste, den ich traf, befand sich ganz oben an der Treppe, die am weitesten entfernt war. Dort sass er, gleichsam in Erwartung meines Kommens, auf dem Throne eines feierlichen Tribunals.

Doch war es nicht ein Tribunal der strengen, unbeugsamen Gerechtigkeit. Der höfische Zuschnitt des ihn umgebenden Szenariums war notwendig, um mir ein Gefühl der Sicherheit zu geben, denn hätte ich meinen Fall nicht der erlauchtesten Gerichtsbarkeit vorgetragen, ich hätte mich des Eindrucks nicht erwehren können, mit dem unermesslichen Schicksal einen Scherz zu treiben.

Überdies war der Mann mein Busenfreund. Einzig Liebe zu mir hatte stets aus seinen ehrlichen und heiteren Augen geleuchtet, einzig von brüderlichem Mitleid waren sie jetzt erfüllt. Ich liebte ihn um seiner selbst willen – ich verehrte ihn für alles, was er verkörperte, die Ruhe, die Beschaulichkeit, die Klugheit, die Besonnenheit. Der Himmel hatte ihn mir jetzt geschickt, dass er mich anhöre, und ich vertraute ganz auf seine Zuneigung und seine Persönlichkeit.

«Robb, mein lieber, mein teuerster Freund, erbarme dich meiner. Schenke meinem Versprechen Glauben. Ich werde nie wieder Haschisch nehmen.»

Ich sprach zu ihm, als ob er etwas wüsste, von dem er eigentlich keine Ahnung hatte, nämlich wie ich zuvor gelitten hatte. So erwiderte er traurig: «Ach! so manches Mal schon hast du das gesagt.» In mir stieg die Angst hoch, er könnte meine Bitte abschlagen. Ich sah mich um, und da, keine drei Schritte entfernt, stand ein frostig kalter Schatten, mit Lippen und Fingern spottete er meiner und sagte – ohne Worte – ganz deutlich: «Du bist mein; er wird dir nicht glauben.» Es war der Irrsinn in Person.

Ich wandte mich erneut an Robb und sah

ihn an mit einem Ausdruck in den Augen, wie einzig und allein ein derartiger Anblick ihn zu bewirken vermag, und sagte nichts anderes als: «*Glaube mir!*» Kein Wörtchen mehr sprach ich, doch die Eindringlichkeit, welche in diesen beiden Worten lag, war inhaltsschwer genug, um deutlich zu machen, welche Seelenpein es unabdingbar machte, dass er meiner Bitte Folge leistete. Mit Nachdruck gab er zur Antwort: «Ich glaube dir *wirklich und wahrhaftig.*» Der Schatten floh, ein Ausdruck des Erstaunens lag über seiner höllischen Bosheit.

Nach diesem Erlebnis litt ich nur noch einmal Qualen. Als riesiger Kamin ragte ich Hunderte von Fuss in die Luft; bis oben hin war ich mit Pech und Reisigbündeln, mit allem was brennbar ist, gefüllt. Unvermittelt trat jemand hinzu und hielt eine brennende Fackel unten in meinen Zug. Augenblicklich durchfuhr ein markerschütternd brüllendes Tosen meinen Schaft, und vom Sockel bis zum Kopf stand ich in Flammen. Aus jeder Pore fuhren spiralige Strahlen, mein Kopf war von Feuergarben gekrönt und trug als Helmbusch qualmenden Rauch, und weit unten, mitten in der lodernden Glut, lag mein Herz berstend und schreiend in Todesqualen.

«Wasser!» brüllte ich; «Ich brenne! Helft mir, um Himmels Willen!» Sie rissen mir in überstürztester Hast die Kleider vom Leibe. Von Kopf bis Fuss übergossen sie mich mit Wasser. In mir hörte ich die Kohlen zischen und die Schlacken tot hinabfallen auf den tieferliegenden Gitterrost, wie in einem erloschenen Schmelzofen.

Und dann fand ich Ruhe.

Im Sog der Gezeiten

Noch Tage nach den eben geschilderten Qualen hielt ich unverbrüchlich meinen Schwur. Das Mitgefühl meiner Freunde gab mir Kraft; die Bilder, die furchterregend in meiner Erinnerung nachhallten, schreckten mich ab; bei Gott fand ich Halt – und so kämpfte ich erfolgreich gegen die Verlockungen der Droge an. Schliesslich kam eine Zeit, wo einzig eine übermenschliche Beharrlichkeit noch Widerstand zu leisten und zu siegen vermochte.

Wie ich schon wiederholt gesagt habe, fühlte ich mich körperlich nicht ermattet. Die Flammen meiner Vision hatten kein einziges Stückchen Haut versengt und nicht eine Sehne versehrt. Alle Qualen, die ich litt, weil ich dem Haschisch gänzlich entsagte, waren Seelenqualen. Von den himmlischen Höhen des Olymp war ich gestürzt worden hinab in den Nebel der Unterwelt. Meine Seele atmete schwer und mit jeder Stunde erstarrte sie noch mehr. Ich fürchtete, dass die Nacht des Vergessens sich herabsenken könnte. Ich sass da und wartete darauf zu verlöschen. Die Schatten, die sich in der äusseren Welt um mich herum bewegten, glichen galvanisierten Leichnamen; die lebendige Seele von Mutter Natur, mit der ich so lange ein Zwiegespräch geführt hatte, war verloschen wie die Flamme einer Kerze, und die äussere Hülle, die noch verblieb, war so armselig und bedeutungslos wie jene hölzernen Bäume, mit denen die Kinder spielen, und die Felsklippen und Chalets aus Buchsbaumholz, die irgendein Schweizer während stiller Stunden im Winter geschnitzt.

Überdies hatte der eigentliche Schmerz mit der Absetzung der Droge nicht nachgelassen. Des nachts mochte es ein flammender Traum sein, am Tag ein plötzlicher Schauer, und wieder war die alte Pein da, so deutlich und lebendig, dass es schon fast einer Halluzination gleichkam. Ich öffnete die Augen, rieb mir die Stirne, stand auf und ging umher; erst dann erkannte ich, dass die Qual lediglich meiner Einbildung entsprang; doch gerade diese Notwendigkeit, dass ich mir die Mühe machen musste, mich zu erheben, eine Notwendigkeit, die sich zu jeder Zeit und überall ergeben konnte, entwickelte sich allmählich zur schmerzlichen Knechtschaft.

Doch schwerer als all das war das plötzliche Aufblitzen jener übernatürlichen Schönheit zu ertragen, welche so oft die Erfahrungen früherer Zeiten verklärt hatte – ein kurzer Ausblick auf den rosigen Haschischhimmel, den ein Lufthauch freilegte, der vorüberwehte und die dichten Nebel beiseite fächelte, die mein jetziges Dasein einhüllten – ein Brausen jener wohlvertrauten, mächtigen Klänge, die durch die Gitter meines Kerkers drangen, wo sonst alles stumm, und traurig erstarb in den Wänden von Granit. Ach! Möge auch der strengste Moralist mir vergeben, wenn ich, den Blick auf vergangene Höhepunkte meiner Visionen gerichtet, mit meinem einstigen Ich sprach, als ob es sich noch dort befände:

«So magst du mich in meinen Tränen sehn,
Du, der du anderen Gesetzen wohl
  verbunden.
Die Kreise deiner Bahn umrunden
weit tiefre Tiefen, höh're Höh'n.»

Gleich Eblis weigerte ich mich, die Erde zu verehren, da ich den Himmel geschaut hatte, und wieder wagte ich nach der himmlischen Herrlichkeit zu greifen, auch wenn Schmerz und Qual in ihr lagen.

Ich kehrte zum Haschisch zurück, aber erst nachdem ich alle Hoffnung fahren gelassen hatte, dass ich meine erste Absicht in die Tat umsetzen könnte – nämlich sofort und vollständig davon freizukommen. Demzufolge beschloss ich, der Droge allmählich zu entsagen – langsam vor meinem Feind zurückzuweichen, bis ich die Grenzen seines Zauberreiches überschritten hätte, wo er mir im Kampfe überlegen war. Befand ich mich einmal ausserhalb seines Bannkreises, war der Zauber, dieser Albtraum gelöst, dann würde ich um mein Leben laufen können und die Hoffnung hegen, auf meinem eigenen wiedergewonnenen Territorium grösseren Abstand von ihm zu gewinnen.

Dieses Ziel versuchte ich zu erreichen, indem ich die Dosis der Droge verringerte. Die grösste Menge, die ich je zu mir genommen, war eine Drachme, und nur selten war diese Dosis vonnöten, höchstens dann, wenn der Geist in einem unempfänglichen Zustand war, denn nach dem Gesetz von der Wirkung des Haschisch, welches meiner Erfahrung nach wirklich zutraf, genügte zumeist eine viel kleinere Menge, um zum jetzigen Zeitpunkt die volle Wirkung zu erzielen, als zu der Zeit, da ich mit dem Genuss der Droge noch ganz am Anfang stand. Nun beschränkte ich meine tägliche Ration auf zehn oder fünfzehn Gran.

Die unmittelbare Folge davon, dass ich der Sucht, wenn auch in mässiger Form, erneut Tribut zollte, war der wiedergewonnene Zugang zu den Herrlichkeiten des früheren Lebens. Die Wolken, die mich umgeben hatten, schwanden; die Aussenwelt durfte erneut ein gewisses Mass an Interesse von mir verlangen, und die tödliche Erstarrung, der mein Geist anheimgefallen war, wich einer munteren Rührigkeit. Ich redete mir ein, dass nun durch diesen schrittweisen Verzicht eine gewisse Hoffnung auf ein Entkommen bestand, und war überdies davon überzeugt, dass ich auf diesem behutsamen Wege mein Ziel ohne Qualen erreichen würde, da ich nur noch selten etwas erlebte, das einer Halluzination gleichkam.

Ich verriet meinen Freunden nichts davon, dass ich erneut Haschisch ass. Niemandem, der meine Qualen nicht kannte, hätte ich angemessene Gründe für mein Tun darzulegen vermocht. Ich hätte eine Entschuldigung hervorbringen müssen, die einzig ich allein nachzuempfinden vermochte; und als Antwort wäre die ernsthafte Bitte an mich gerichtet worden, doch meinem einmal gefassten Vorsatz treu zu bleiben – vielleicht in Form eines in Worte gefassten oder auch stillschweigenden Misstrauens gegenüber meiner Absicht, dem Genusse gänzlich zu entsagen. Doch ich empfand keineswegs die Gefahr, dass ich mich selbst betrügen könnte, vermochte ich doch, mich jederzeit von den Meditationen und Verzückungen, in die ich mich jetzt einliess, zu erheben, wenn es die Lage erheischte, konnte sprechen und mich ganz natürlich verhalten oder auch Arbeiten verrichten, die mir vielleicht aufgetragen wurden. Ich glaube nicht, dass es ausser mir irgend jemanden gab, der zu jener Zeit auch nur im geringsten vermutet hätte, dass ich erneut dem Genuss des Haschischs mich hingab. Ich wurde auf dieses Thema überhaupt nicht mehr angesprochen.

Einmal, ein einziges Mal nur, lief ich Gefahr, mein Geheimnis zu verraten. Ich hatte mit zwei oder drei meiner Freunde verabredet, dass wir an einem bestimmten Nachmittag, wie es bei uns Brauch war, einer nach dem anderen eine Rede halten wollten, wobei sich jeder kritisch zu dem Gesagten äussern sollte, so dass wir unsere Redekunst verbessern könnten. Als die Zeit gekommen war, fühlte ich mich nicht nur der Aufgabe gewachsen, jede beliebige Anzahl von Reden zu halten, sondern durchaus geneigt, meine Sätze mit einer orientalischen Fülle von Phantasiegebilden auszuschmücken, die unweigerlich die Tatsache enthüllt hätten, dass ich zwei Stunden zuvor Haschisch genommen hatte, denn die Dosis – sie war keineswegs höher als die Menge, die ich mir als Grenze gesetzt – hatte trotzdem noch ungewöhnlich stark gewirkt.

Als meine Freunde kamen, um mich abzuholen, wusste ich nicht, was ich tun sollte. Krankheit konnte ich keine vorschützen – die Lebhaftigkeit, mit der ich sprach, hätte mich Lügen gestraft; andere Verabredungen hatte ich keine, denn das Treffen war schon seit langer Zeit fest abgemacht. Wenn ich mich ihnen anschloss, war mit fast greifbarer Sicherheit anzunehmen, dass ich mich von einer Begeisterung würde hinreissen lassen, die mich verraten würde. Doch es galt, keine Zeit zu verlieren. Ich entschloss mich zu gehen, legte die Zügel der Leidenschaft in die Hand des Willens und wanderte mit meinen Freunden die Strasse hinunter.

Ich bemühte mich krampfhaft, Schweigen zu bewahren oder zumindest vernünftig zu reden; es war wohl mit einer der härtesten Kämpfe meines Lebens. Es gibt ein Pfänderspiel, welches die meisten meiner Leser wohl kennen, bei dem man den Raum drei Mal in der Diagonale durchqueren muss, eine brennende Kerze in der Hand, wobei man einer Person, die einem, in ähnlicher Weise ausstaffiert, entgegenkommt, immer wieder einen höchst albernen Satz vorsagt, ohne dabei die Miene auch nur im geringsten zu verziehen. Auch gibt es eine Legende, eingeflochten in die Erzählungen aus 1001 Nacht, die von einem jungen Mann be-

Diesmal war es Christus der Gekreuzigte, mit dem ich mich eins fühlte.

richtet, welcher bei irgendeinem gewagten Unternehmen zu einer von Dämonen bevölkerten Höhle hinabstieg, wo er – obwohl von allen Seiten durch höchst staunenswerte Erscheinungen zum Sprechen gedrängt – gezwungen war, seine Lippen zu versiegeln, wollte er nicht die Pein einer entsetzlichen Strafe erdulden.

Diese Beispiele lassen einzig die Art, nicht aber das Ausmass der Selbstbeherrschung, welches die Umstände erheischten, erahnen. Beständig überkam mich die Versuchung, in Gelächter oder grösstes Erstaunen auszubrechen. Gleich zu Beginn des Spazierganges war ich, zum ersten Mal seit Monaten, wieder in China. Alle Dächer waren an den Ecken hochgebogen und an ihren Spitzen prunkten rote, grüne und goldfarbene Drachen ohne feste Gestalt. Die Luft duftete nach Orangenblüten, und im Dialekt von Whampoa priesen Knaben auf den Strassen ihre Früchte an.

Doch die chinesische Halluzination war nicht von langer Dauer. Sogleich kam mir wieder die alte, vertraute Stadt in den Sinn, in der ich spazierenging, doch wie sehr hatte sie sich in ihrem Wesen verändert! Jedes Haus hatte die Tanzschule besucht und bei der Rückkehr war es zu einer geradezu qualvollen Höflichkeit verpflichtet. Sie alle erwiesen mir ihre Reverenz, als ich vorüberging, und ihre Wohlerzogenheit war nachgerade umwerfend.

Ein schmuckes Backsteinhaus, augenscheinlich ein Neuankömmling – und da seine soziale Stellung noch nicht gefestigt, besonders ängstlich darauf bedacht, sich bei den Habitués einzuschmeicheln –, machte eine tiefe Verbeugung vor mir, bis hinunter zu seiner Schwelle.

Ein ehrbares altes Haus, das seit dem letzten Kriege dortgestanden hatte, blickte voller Förmlichkeit über die Mauern, welche seine Kamine flankierten, und verbeugte sich leicht mit einer starren Höflichkeit – ein wahrer Roger de Coverly aus Stein und Mörtel.

Ein vorlaut aussehendes Haus von besonders leuchtender Farbe, wohl wissend, dass es alle modernen Errungenschaften vorzuweisen hatte und überdies in Knusperhäuschen-Manier verschwenderisch verziert war, masste sich an, sich als sogenannt fashionables Bauwerk bei der Begrüssung leger zu geben und nickte mir vertraulich zu, während es an der Eingangstüre sagte: «Na, wie geht's dir, alter Knabe?» – «Zum Teufel mit seiner Unverschämtheit», murmelte ich vor mich hin und ging weiter.

Das nächste in der Reihe war ein jungfräuliches, kleines Häuschen, welches sittsam seine Schiebefenster im zweiten Stock niederschlug und bis unter die Dachrinne errötete, als wir vorübergingen; dabei wendete es sich ab und knickste zu seinem Hinterhof hin.

Eine Kirche lächelte mir von ihrem Glockenturme herab leutselig zu, machte eine Verbeugung nach vorne, richtete sich sogleich wieder auf und verbeugte sich nach hinten, wobei ihr Blick sagte: «Ich hoffe, du passt auf dich auf, junger Mann.»

Ein Geschäft verneigte sich freundlich und fragend, «was ist gefällig?», drückte seine Haltung aus, und sogar ein armselig kleines Anwaltsbüro senkte vorsichtig seine Gardinenstange, als habe es Angst, sich blosszustellen. All diesen Salutationen war etwas zu eigen, das mir halb und halb zu Bewusstsein kommen liess, dass das ganze Schauspiel lediglich Sinnbild war, und dennoch musste ich alle meine Selbstbeherrschung aufbieten, um den Gruss nicht mit einer entsprechenden Reihe von Verbeugungen zu erwidern. Ich führte mir meine Lage vor Augen und versuchte, soweit mir dies möglich war, sie den tatsächlichen Gegebenheiten entsprechend zu sehen. Ich malte mir die Notwendigkeit, mich ruhig zu verhalten mit aller Anschaulichkeit aus, deren ich fähig war, und so gelang es mir, jegliche Gefühlsausbrüche zu beherrschen.

Zuletzt waren wir an dem vereinbarten Orte angelangt (eine Kirche, zu der wir den Schlüssel hatten), und meine Freunde sprachen einer nach dem andern, während ich schweigend lauschte, bis die Reihe an mich kam. Mit ungeheurer Anstrengung hielt ich an mich und schritt zur Rednerbühne, ohne mich der Preisgabe meines Geheimnisses schuldig zu machen. Wenn ich nur noch kurze Zeit länger durchzuhalten vermochte, dann war ich gerettet.

Kaum hatte ich meinen ersten Satz gesprochen, als mir bewusst wurde, dass ich Rienzi war, der dem unterjochten Rom von Freiheit kündete. Ich schilderte die versunkenen Herrlichkeiten vergangener Zeiten; ich beschwor die beiden Catos aus ihren Gräbern und liess sie seufzen über die herrschende Sklaverei; ich schleuderte flammende Schmähungen gegen die widerrechtliche Besetzung von Colonna und wies den Weg durch Tyrannenblut hin zu einer unsterblichen Zukunft. Der weite Raum unterhalb der Rednerbühne bevölkerte sich mit einer grossen Zahl aufmerksam lauschender Gesichter, und mich ergriff ein Gefühl der Erhabenheit, denn es war ja meine Beredsamkeit – das wusste ich –, welche die grosse Menge in einem Sturme der Entrüstung aufrüttelte, wie der Schirokko, der übers Schilf pfeift.

Es mag seltsam anmuten, doch nicht einmal hier verriet ich meinen Zustand. Der wachsame Teil meines doppelten Bewusstseins, der mich bis anhin unter Kontrolle gehalten hatte, schützte mich selbst in der leidenschaftlichen Gestalt des Rienzi vor jeder unerlaubten Übertreibung.

Während einiger Wochen fuhr ich fort, Haschisch in dieser massvollen Dosis zu nehmen, manchmal war es weniger, dann wieder ging ich bis zu der erlaubten Grenze, doch niemals darüber hinaus. Da ich die Dosis weiterhin mit leidlicher Regelmässigkeit, wenn auch langsam, verringerte, bildete ich mir ein, dass ich einer endgültigen und vollständigen Befreiung immer näher kam. Doch die Entwicklung verlief nicht so schmerzlos, wie ich es mir eingeredet hatte. Wohl waren die Qualen geringer als während der schlimmsten Phase früheren Genusses, doch hätten sie noch um ein Vielfaches vermindert werden können, ohne an die Ebene normalen körperlichen und seelischen Leidens auch nur entfernt heranzukommen.

Ein Erlebnis aus jener Zeit gehört zu den schmerzlichsten meiner Haschischerfahrungen, und da es das einzige ist, welches sich in meiner Erinnerung in merkwürdig scharfen Umrissen vom verschwommenen Hintergrunde mit seinem Wechsel von Licht und Schatten abhebt, will ich es wiedergeben, um gleichsam als Entschädigung einen machtvollen Kontrast zu setzen zu der zuvor in allen Einzelheiten geschilderten Vision, in der ich als tausendjähriger König triumphierte.

Diesmal war es Christus, der Gekreuzigte, mit dem ich mich eins fühlte. In dumpfem Entsetzen schaute ich die Nägel, die mir Hände und Füsse durchbohrten, doch nicht darin schien die Bürde meines Leidens zu liegen. In einer gewaltigen Wolke, die sich immer mehr zusammenballte, senkte sich allmählich die Schuld vergangener Jahrhunderte und der ganzen zukünftigen Welt hernieder auf mein Haupt. Eine grauenvolle Empfindsamkeit liess mich jede Greueltat und jedes namenlose Verbrechen schauen, das aus den Tiefen der Zeiten emporstieg auf Strahlen, die sich in mir bündelten.

Die Dornen bohrten sich in meine Stirn, und Blutstropfen hingen wie Tau an meinem Haar, doch auch sie waren nicht die Ursachen meiner Qual. Ich welkte dahin wie ein Blatt im Feuerhauche einer gerechten Strafe. Unheimliche Schwärze hing wie ein Vorhang zwischen mir und dem Himmel; kein Erbarmen war zu erwarten und allein ertrug ich den Zorn des Allmächtigen. Aus feuriger Ferne brandeten dämonische Klänge von blasphemischen Triumphgesängen an mein Ohr, und Geflüster von wilder Bösartigkeit brachte die bleierne Luft rings um mein Kreuz zum Erzittern. Wie lange ich, stellvertretend für alle, diese Qual erduldete, weiss ich nicht; und da die Zeit in diesem Zustande eine ganz besondere Sache ist, werde ich es auch nie wissen.

Zumeist jedoch sass ich einsam und für mich, während ich die volle Wirkung der Dosis verspürte, hielt die Augen geschlossen und genoss die Bilder, die gemächlich an mir vorüberzogen, besonders die Landschaftsbilder, die ich nach Belieben verscheuchen konnte, da sie nicht die Realität einer Halluzination erreichten. Wurde meine Ruhe aber durch das Eintreten anderer gestört, konnte ich – mit einiger Anstrengung – eine Unterhaltung mit ihnen führen, solange es sich vermeiden liess, ein Thema anzuschneiden, das mich stark erregte. Ich stellte fest, dass diese Vorsicht in höchstem Masse angezeigt war, denn die eigentümliche Empfänglichkeit für Eindrücke, wie sie durch das Haschisch hervorgerufen wird, intensiviert das Mitgefühl so sehr, dass es schmerzt. In einem Falle zeigte sich diese Tatsache mit solcher Deutlichkeit, dass ich für alle Zeiten gewarnt war. Dem Wunsche eines Freundes nachkommend, las ich ihm einige Abschnitte eines Stückes vor, welches Zweifel an der Unsterblichkeit des Menschen zum Gegenstand hatte. Als ich zu einer Stelle kam, an der von einem unserer Vorväter berichtet wird, wie er, von der Angst vor dem herannahenden Tod gepeinigt, spricht, da fühlte ich, wie diese Todesangst, aus Mitgefühl, so sehr zu meiner eigenen Empfindung wurde, dass ich – wollte ich mich nicht vollkommen mit dem Leidenden identifizieren – mich gezwungen sah, das Manuskript wegzulegen und eine Entschuldigung dafür vorzubringen, dass ich nicht weiterlesen konnte.

MEIN STEINERNER WÄCHTER

Es war während dieser Zeit, dass ich einige Tage in Niagara verbrachte. Als ich die Reise dorthin antrat, liess ich in der Hast des Aufbruchs jenen Reisebegleiter zurück, der mir unentbehrlicher geworden war als jeder andere Gegenstand oder jedes andere Gepäckstück – meine Schachtel mit den Pillen. Zu spät, um den Fehler wieder gutzumachen, und zu spät für meinen Seelenfrieden entdeckte ich, dass hier am Lake Ontario, wo das stärkste Hanfprodukt das Bugspriettau eines Gaffelschoners war, mein Lebenselixier für mich ausserhalb jeder Reichweite lag.

Bei den Wasserfällen aber, sobald mich die Begeisterung packte, ging es mir viel besser, als ich erwartet hatte. Einzig eine etwas zittrige Unterschrift im Hotelregister deutete ganz zu Anfang darauf hin, dass ich litt. Eine Erhabenheit, die – bescheiden ausgedrückt – ausserhalb alles Natürlichen stand, war aufregend genug, mich eine Zeitlang über den Schmerz hinwegzutrösten, den mir der Verlust meines übernatürlichen Hilfsmittels bereitete.

Überdies fand nicht nur die Seele, sondern auch der Körper Unterstützung. Wie sich Zitronensaft manchmal bei dem übermässigen Genuss der Droge und den Qualen, die dieser mit sich brachte, als wirksames Mittel erwiesen hatte, so entdeckte ich nun, dass Tabak – in einem Masse genossen, das unter anderen Umständen als unmässig zu bezeichnen gewesen wäre – mich wirksam vor den Schrecken des Entzuges bewahrte. Dieses Wissen machte ich mir zunutze und rauchte unaufhörlich, sobald ich mich nicht in unmittelbarer Nähe der Wasserfälle befand – doch nie brachte ich es über mich, und mochte es mich auch noch so sehr danach verlangen, an ihren Wassern zu schmauchen – hätte ich es getan, es hätte eine solche Blasphemie bedeutet, wie sie nur noch von einer Äusserung übertroffen wurde, welche mir während dieses Besuches zu Ohren kam.

An einem wundervollen Morgen hatte ich eine Stunde lang von der Terrasse des Aussichtsturmes auf der Ziegeninsel hinuntergeblickt auf die smaragdgrünen Kaskaden, und die ganze Wonne der Einsamkeit war um mich gewesen. Schwere Schritte hallten von der Treppe im Inneren empor, unterbrachen meinen Traum, und im nächsten Augenblick kam ein Mann im Eiltempo auf die Terrasse gestürmt – er wollte die Fälle «absolvieren»; der Geruch der Stadt haftete noch an seinen Kleidern, und sein kugelrunder Leib zeugte in seiner ganzen Fülle von körperlichem Wohlbefinden – er pflegte gezwungenermassen der Nabelschau, da es ihm ein Ding der Unmöglichkeit war, bodenwärts zu blicken, ohne seine Augen auf jenem Teil seiner Persönlichkeit ruhen zu lassen, welcher dem unteren Rande der Taille am nächsten war. Das einzige, was ich von diesem Fettkloss verlangen konnte, war Ruhe; aber nicht einmal diesen Gefallen tat er mir. Er wandte sein Antlitz dem Winde zu, um seiner belebenden Wirkung voll teilhaftig zu werden, sog die Luft eine Weile mit gierigen Zügen ein und liess dann – zu mir gewandt – seiner Begeisterung freien Lauf: «Ach, wie ist das doch herrlich, da bekommt man so richtig Appetit auf's Essen!» Wenngleich ich in diesem Augenblick aufgrund meines Zustandes sehr empfindsam war, hatte ich mich doch so weit in der Hand, dass ich nichts erwiderte. Es war gut, dass ich nicht vom Haschisch verklärt war, als er seinen Angriff startete, sonst hätte es geschehen können, dass man, obwohl es ihm in körperlicher Hinsicht an nichts mangelte, vielleicht nie wieder etwas von ihm gehört hätte, bis zu dem Tage, da man ihn aus dem Ontariosee fischte.

Es hat mich stets erstaunt, dass die Fälle so sehr die Bewunderung jener erregten, welche dem Erhabenen zugetan sind, während den Stromschnellen nur wenig Aufmerksamkeit zuteil wird. Die Stromschnellen haben ihre ganz eigene Würde, die in meinen Augen jener völlig anders gearteten Grossartigkeit der Wasserfälle in keiner Weise nachsteht. Betrachtet man diesen Unterschied näher und versucht ihn zu erklären, bietet sich folgende Möglichkeit an: Die jäh abfallende Felswand, über die die Wasserflut ein letztes Mal herniederstürzt, ist für uns der Grund, warum der Wasserfall von so grandioser Wucht ist. Weiter oben am Flusslauf ist das Gefälle beinahe nicht erkennbar; dass sich die Wogen plötzlich halsbrecherisch in die Tiefe stürzen, liegt für uns in einem inneren Wollen begründet und scheint uns nicht die Folge der seelenlosen Schwerkraft; dieses Sichtbarwerden der Kraft, die einem geheimnisvollen Willen entsprungen zu sein scheint, überwältigt uns, denn wir verstehen sie als im Geistigen, nicht im Materiellen begründet. In gleicher Weise empfinde ich das obere Ende der Insel als heilig; es blickt über das ozeanische Toben jener unwiderstehlich wogenden Seele weit hinaus von dem lautlosen Strudel, an dem sich die Flut in ihren letzten wirren Wehen teilt bis hinauf zu jenem Punkt, wo sie im ersten Erkennen der ihr innewohnenden Stärke am fernen Horizont erzittert; gleich heilig ist mir dieser Ort wie jeder andere auch in der Nähe des stetig sich verändernden Bandes aus gesprenkeltem und geschmolzenem Porphyr unterhalb des Wasserfalls, wo der Sprühregen bis in alle Ewigkeit an die steile Felswand zurückweht, wie Marmorstaub, den der Wind vom Boden der Werkstatt des Einen Grossen Bildhauers aufgewirbelt hat.

Noch etwas gibt es an diesem erhabenen Ort, das mir allzu wenig beachtet zu werden scheint oder nur zu den Kuriosa gezählt wird. Es ist der Profile Rock am Rande der amerikanischen Wasserfälle in allernächster Nähe der Ziegeninsel. Er ist so unbekannt, dass viele Menschen diese Stelle besuchen, ohne von seinem Vorhandensein zu wissen, und sie wieder verlassen, ohne dass er ihnen gezeigt worden war. Ja, ein oberflächlicher Betrachter, und nicht ein Kenner der Niagarafälle, würde ihn aller Wahrscheinlichkeit nach übersehen. Wäre ich nicht kurzsichtig, ich würde mich schämen zu gestehen, dass auch ich seiner nicht gewahr wurde, bis jemand, der voll Liebe und Begeisterung allem Edlen in der Natur zugewandt ist, meinen Blick darauf lenkte; ein lieber Freund war es, dem ich innig verbunden bin und der mich – zu meinem grossen Glück – auf den meisten Spaziergängen begleitete.

Das Gewicht der ungeheuren Wassermassen auf ihrem halbgebeugten Haupte tragend, steht sie da, die steinerne Gestalt, unter einem Wasserschleier halbverhüllt, aber doch bis zur Leibesmitte sichtbar, obgleich das Antlitz allein mit seinem Ausdruck ruhiger Beharrlichkeit genügt, um darin eine ganze Geschichte zu lesen. Zum damaligen, eben erwähnten Zeitpunkt war die Sehnsucht nach Kraft und Stärke in mir gross genug, um ein stürmisches Verlangen nach diesem Sinnbild heldenhafter Geduld aufkeimen zu lassen, und je länger ich es betrachtete, desto stärker fühlte ich, dass ich es in geradezu menschlicher Weise liebte. In vielen Visionen ist dieser Fels mir später als stummer Tröster erschienen, als der Niagarafall selbst mir nur noch leidvoll im Gedächtnis haftete; und wenn wir so nebeneinanderstanden, er unter seinem Wasserschleier, ich unter meinem, dann gab mir sein regungsloses Auge Kraft, um bis zum Ende all das zu ertragen, was schliesslich doch der Resignation anheimfallen sollte, die den Sieg davontrug.

Allein und vom Schlafe gemieden – obwohl kein einziges Geräusch zu dieser fortgeschrittenen Stunde die Stille der Nacht durchbrach als nur das nimmermüde Tosen des Flusses – fühlte ich mich «in Worten hinströmen» zum Antlitz dieses stummen Dulders:

O Niagarafall, ich eifre nicht,
dein ehrgebietend Lied zu übertönen;
zu schweigen gilt's, wo Gottes Stimme spricht,
um nicht durch mein Lob Seines Ruhms zu höhnen.

Und doch nach dir, Gestalt und Stirn von Stein,
die du so einsam stehst, fühl ich ein Sehnen
in meiner Seel' und würde glücklich sein,
könnt an dein Antlitz meinen Kopf ich lehnen.

Du König, auserwählt von Gott, seit eh
die Last der wundermächt'gen Kron' zu tragen,
Gewänder hüll'n dein einsam Herz, und weh
du fühlst: der Falten Fluss erstickt sein Schlagen.

Was aufgezeichnet von der hehren Weile
der Herrschaft dein soll unbekannt
dem Menschen bleiben, bis es Zeil' um Zeile
die Hand entrollt, die dich in Stein gebannt.

... dass sich die Wogen plötzlich halsbrecherisch in die Tiefe stürzen, liegt für uns in einem inneren Wollen begründet und scheint uns nicht die Folge der seelenlosen Schwerkraft ...

Ob wohl dein diamantner Blick zuvor
schon lange reglos überm Abgrund wachte,
noch eh erbebt der Urnacht dunkles Tor
und Licht herab auf deine Zinnen brachte?

Im Nu erglänzt' dein' Kron' im Glorienschein,
Gott lieh vom Thron dir einen Regenbogen:
Blitzt da nicht auch durch deine Brust aus Stein
ein Funke dieser Freud', der du gewogen?

Wer ahnt's, ob er dich liess zur Freude rauschen,
bis Menschenlieder klängen künft'ger Zeit
und hältst nun stille, unserm Chor zu lauschen –
liess er dir nicht den Hauch von Menschlichkeit?

Noch gleichst du einem Priester, noch strömt immer
vor deinem Aug' der Schleier, birgt sein Licht;
als träumtest du von grossem Ruhm, der nimmer
dir zusteht heut', so seh' ich dein Gesicht.

Bald wird Erinnrung sein dein mächtig Singen
fallender Wasser, denn ich gehe fort,
doch konnt' mir deine stumme Ruhe bringen
weit bessre Lehren als so manches Wort:

Sie lehrt den Ruhm der Seel', die grosse Flut
erträgt, den Blick zur Sonn' von Gischt verhangen,
die standhaft in Geduld erbringt den Mut,
zu harr'n der Endzeit, die schon angefangen.

Ich erwähnte vorhin, dass mir der Niagarafall selbst zum Grund von Betrübnis werden sollte. Dies war, um genau zu sein, nachdem ich dem Haschisch gänzlich entsagt hatte; doch ich will nicht vorgreifen. Jedem, der ein empfindsames Gemüt hat, fällt auf, welch nachhaltigen Eindruck ein grossartiges Landschaftsbild in ihm hinterlassen kann, um wie vieles mehr gilt dies für den Niagarafall. Tatsächlich habe ich Bekannte, die während Monaten im Schlafen und Wachen in allen ihren Träumen, gleich einem Wahn, die Wasserfälle sahen, so deutlich, dass es fast einer Sinnestäuschung gleichkam. Ihre Visionen waren stets erhebend. Vergegenwärtigen Sie sich nun ein Gemüt, das von Natur aus von Landschaften sehr beeindruckt wird, jetzt aber unendlich empfindsamer geworden ist durch eine Entwicklung, welche es zu einer perfekten photographischen Platte werden liess, wenn jene Strahlen es belichten, die dieser göttliche Fluss widerspiegelt; dies gibt Ihnen eine Vorstellung dessen, in welchem Zustand ich den Niagarafall verliess – und noch während Monaten nachher hielt dieser Zustand an. Nur langsam verblassten die Spuren dieser Bilder in meiner Erinnerung, und eigentlich sind sie nie, bis heute nicht, gänzlich aus ihr verschwunden. Abgrund und Wasserfall mit ihren Schrecknissen geistern noch gelegentlich durch meine Träume, wie im Haschischrausch geheimnisvoll verhüllt, und das Entsetzen, das mich packt, ist ungleich grösser, als wenn ich der Gefahr tatsächlich gegenüberstünde.

Sobald ich mir Haschisch wieder beschaffen konnte, suchte ich Zuflucht bei ihm wie auf einer Arche. Mit grosser Selbstbeherrschung meisterte ich mein Verlangen nach übermässigem Genuss, das durch die lange Entbehrung bedingt war, und überschritt nicht die Grenze, die ich mir gesetzt.

Ich musste feststellen, dass das allmähliche Aufhören fast ebenso schwierig war wie der abrupte Entzug. Ich konnte nicht mehr tun, als die Dosis auf fünfzehn Gran zu beschränken. Manchmal versuchte ich, nur zehn oder fünf zu nehmen, doch unmerklich kehrte ich zu der grösseren Menge zurück, und selbst dann rebellierte mein ganzes Wesen gegen diese Beschränkung. Ich litt keineswegs an völliger geistiger Abgespanntheit, doch hin und wieder verspürte ich mehr oder weniger stark ein Sehnen nach der Musik von einst und den verzückten Träumereien, und keine noch so weitgespannte Schau innerer Bilder in all ihrer Schönheit vermochte dieses Sehnen zu stillen, besonders wenn die Bilder sich in Nichts auflösten, sobald ich meine Augen öffnete.

Dessen ungeachtet kämpfte ich mit meiner ganzen Kraft gegen die Verlockungen einer grösseren Dosis an und hoffte aller Hoffnung zum Trotz auf jenen Augenblick, da der verderbliche Zauber gänzlich von mir genommen würde.

AUFERSTEHUNG

Eines Morgens – ich hatte meine normale Dosis genommen, ohne vorerst ihre Wirkung zu verspüren – schlenderte ich in eine Buchhandlung, um mir die neueste Ausgabe von «Putnam's» zu erstehen. Achtlos blätterte ich in dem Hefte, das auf dem Ladentisch lag, als ein Artikel meinen Blick anzog, dessen Titel «Der Haschischesser» lautete. Niemand sonst als jemand in der gleichen Lage wie ich kann ermessen, welche Spannung, welches Interesse sich meiner bemächtigte, als ich diese Worte las.

Ein Weilchen blieb mein Blick an ihnen haften, unerklärliche Angst liess mich zögern weiterzublättern. Ich klappte das Heft zu und spannte mich mit meiner Neugierde auf die Folter, indem ich den Einband inspizierte wie jemand, der einen Brief erhält, von unbekannter Hand geschrieben, und erst einmal die Briefmarke und den Umschlag einer eingehenden Prüfung unterzieht und das Siegel dreht und wendet, bevor er es schliesslich aufbricht. Ich hatte mich für den einzigen Haschischesser auf dieser Seite des Ozeans gehalten; in vielen meiner Schreckensvisionen war diese Vorstellung der vollkommenen Einsamkeit zu einem wesentlichen Bestandteil geworden. Zunächst nahm ich an, dass einer meiner Bekannten einen Bruchteil meiner eigenen Erfahrung, wie er sie als Aussenstehender erlebt hatte, im einzelnen beschrieb. Bei genauer Betrachtung der Dinge war es allerdings keineswegs unwahrscheinlich, dass jemand anders dem Genuss ebenfalls verfallen war, und dennoch schien mir der Zufall, dass ich auf diesen Artikel gestossen war, während die Macht des Haschisch in mir immer noch lebendig war, so bemerkenswert, dass ich es einfach nicht glauben konnte. Daraufhin sagte ich mir, ich werde diesen Artikel jetzt nicht lesen, ich werde die Lektüre auf einen anderen Zeitpunkt verschieben; denn wenn von Schrecknissen darin die Rede ist, mag es geschehen, dass meine erwarteten Visionen eine düstere Färbung annehmen. Ich setzte meine Absicht in die Tat um, verliess das Geschäft und wanderte die Strasse hinunter.

Doch war ich unzufrieden. Wohin ich mich auch wandte, stets folgte mir, wie ein Schatten, der Zauber. Unwiderstehlich zog es mich zurück zum Ladentisch. Selbst wenn es zum Schlimmsten kommen sollte, ich musste es wissen. Ich machte kehrt und fand das unversiegelte Geheimnis daliegen wie zuvor. Mit bebenden Fingern schlug ich die Seiten auf; wieder prüfte ich die Überschrift, ich wollte sicher gehen, dass nicht ein unbewusstes Trugbild aus einem Haschischrausch es war, das aufgetaucht, bevor ich es bemerkte, und mir die Worte gegenständlich werden liess, die mein Denken für so lange Zeit geprägt hatten. Nein, klar und deutlich zierten sie die Seite. Von Anfang bis zum Ende wollte ich den Artikel lesen. Dieser einmal gefasste Entschluss geriet ins Wanken, aber ich liess ihn nicht fallen, selbst als mir ein schneller Blick auf die folgenden Seiten verriet, dass hier Todesqualen beschrieben wurden.

Ein kurzer Augenblick genügte, mir klarzumachen, dass ich nicht dieser Haschischesser war. Doch während ich mit dem gierigen Blick eines Geizhalses jede Zeile las, darüber nachsann und sie erneut las, fand ich viele Dinge, die meiner eigenen Erfahrung erschreckend ähnlich waren, so dass mir bald der kalte Schweiss auf die Stirne trat und ich ausrief: «Dieser Mensch spricht mir aus der Seele.» Uns beide hatte der Himmel verstossen; beide hatten wir uns in die Gefilde Gottes verstiegen und waren gestürzt worden; das verfluchte Messer hatten wir gezogen, den Einflüsterungen einer schrecklichen Versuchung folgend; enterbt, verachtet, verflucht unter den Menschen waren wir gewesen. Soll ich den Vergleich weiter fortsetzen? *Er hatte dem Haschisch auf immer entsagt.* Bis tief in meine Seele erschütterte mich diese Frage! Sogleich breitete sich wie in einem grossartigen Schauspiel der ganze Zauber des Haschisch in all seiner Herrlichkeit vor meinen Augen aus. Die Erinnerung tauchte aus der Vergangenheit empor und schwang das köstlich duftende Weihrauchfass. Der zarte Duft, der aufstieg, zeichnete aus vergangener Zeit einen Himmel, der erhabener, eine Erde, die schöner war, als Hexerei sie jemals aus schicksalsschwangeren Rauchschwaden zu formen vermocht hätte für den, der begierig sucht, die Zukunft zu schauen. Die Qualen früherer Zeiten hatten hier nichts zu suchen; es gab nur Heiterkeit, Verzückung, Offenbarung. Sollte ich all dem auf immer entsagen?

So wahr mir Gott helfe, ich würde es tun!

Den Autor dieses Artikels kannte ich nicht. Wie er hiess, davon hatte ich nicht die leiseste Ahnung. Dennoch empfand ich Sympathie für ihn; wenn sie auch nicht von dieser Welt war, so war es doch eine Zuneigung, die mich zu tiefster Dankbarkeit hinriss. Er hatte meine Einsamkeit durchbrochen, an die bis anhin noch keiner gerührt; ohne von der Anwesenheit des andern zu wissen, waren wir Seite an Seite durch das Tal der schrecklichen Schatten gewandert. Wie kein anderer Mensch auf dieser Welt konnte er mit mir fühlen. Wie niemand sonst war er in der Lage, mir mit Rat und Tat beizustehen. Zum ersten Mal vernahm ich in der unendlichen Zeitspanne meiner verzauberten Ewigkeit die Stimme des Mitgefühls, hatte ich ein Beispiel des Entkommens vor Augen. Wenn ich auch niemals auf Erden sein Antlitz schauen würde, vermöchte ich doch – der körperlichen Hülle einmal ledig – ihn augenblicklich zu erkennen, denn die Fäden, die mich mit ihm verbanden, waren von übernatürlicher Hand gesponnen.

Ich kehrte nach Hause zurück, fast aufs Wort genau bewahrte ich mir im Gedächtnis, was ich in dieser lebendigen, in höchstem Masse zutreffenden Schilderung gelesen hatte. So machtvoll hatte die Gemütsbewegung von mir Besitz ergriffen, dass sie die Wirkung der Droge völlig verdrängte, ich verspürte sie nicht ein einziges Mal.

Von den verborgenen Quellen menschlichen Handelns gibt die Geschichte uns eine aufschlussreiche Lehre, wenn sie von dem berichtet, der in späteren Jahren dem Namen Karthagos zu Ruhm und Ansehen verhalf unter den Völkern, als er in Anwesenheit seines Vaters die Hand erhob zum Schwure. Von ihm, der sein Schöpfer war und in dessen Seelentiefen die ersten Regungen des Kindes ihren edelsten, aufrichtigsten Widerhall fanden, von ihm empfing er ganz natürlich jenen ganzen Strom der Kraft, der ihn über alle Schranken hinwegtrug, bis er das Feindesland überschwemmte mit der Flut ererbter Rache.

Ich war kein Hannibal, sondern ein Leidender, der ankämpfte gegen die lange geschmiedete Knechtschaft der Hexerei und aufstöhnend um Erlösung flehte, eine Erlösung, die ich erst ganz zaghaft anstrebte; kein Hamilcar wart Ihr, mein Vater, denn die Hände, mit denen Ihr den meinen Kraft gabt, als ich zum letzten Male schwor, die Freiheit zu erringen, waren genetzt, nicht vom Blut des Krieges, sondern von den Tränen eines Mitgefühls, wie es edler keines gibt; und als ich vor Euch, an jenem letzten Abend meines Sklavendaseins, den Schwur tat, der meine Kerkertore öffnete, da schenkte mir Eure Gegenwart eine Willensstärke, die mich aufrecht hielt, wenn ich so manches Mal müde und erschöpft war, die mich weiterfechten liess (mit aller Ehrerbietung für die erhabenen Erinnerungen vergangener Zeiten) gegen einen mächtigeren, einen listigeren Feind als Rom!

Nachdem ich solchermassen das Siegel unter meine Freilassung gesetzt, machte ich mich als nächstes auf die Suche nach dem Urheber des Artikels in Putnam's, der ja Pate gestanden hatte bei meinem Entschluss. Dank des freundlichen Entgegenkommens einer der leitenden Persönlichkeiten des Blattes gelang mir dies nach wenigen Tagen. Sogleich schrieb ich dem Autor, mich einzig auf unsere gemeinsame Erfahrung und die Seelenverwandtschaft der Menschen berufend. Ich erheischte seinen Rat, wie ich mir den Weg aus der Gefangenschaft am ehesten erleichtern könnte, denn mein vorangegangener Versuch hatte mir deutlich genug gezeigt, dass es ein schwerer Weg sein würde. Überdies würde allein der Besitz eines Briefes von jemandem, der mir so sehr geholfen hatte, den Schritt in die Freiheit zu tun, mich gewaltig darin bestärken, meinem Entschlusse treu zu bleiben.

Schon nach kurzer Zeit erhielt ich Antwort auf meine Anfragen. Was er mir an Information und Unterstützung darin zuteil werden liess, erfüllte meine Erwartungen voll und ganz; und ich konnte gar nicht dankbar genug sein für das, was mir sein Mitgefühl und seine Aufmunterung bedeuteten. Wenn ein Briefwechsel dieser Art für eine feinfühlige Seele nicht etwas Heiliges an sich hätte, würde ich nicht zögern, das Schreiben allen zugänglich zu machen. Es bestärkte mich in meinem Entschluss, es tat mir einen heiteren Himmel voller Hoffnung auf, es wies mir Mittel und Wege, um den Erfolg sicherzustellen, es milderte die Leiden der Gegenwart. Jetzt und bis ans Ende meiner Tage will ich es hüten als eine der kostbarsten Urkunden meines Lebens.

Mit dieser Unterstützung von menschlicher Seite und dem Gefühl, dass eine höhere Macht mir stets Beistand leistete, mich anspornte und stärkte, begann ich, mich aus dem höllischen Schlund emporzutasten, in dem ich so lange verweilt, und seine Kiefer schlossen sich hinter mir, um mir seither und hinfort den Zutritt zu verwehren, bis selbst der Himmel nicht mehr helfen würde. Aus diesem grossartigen Elysium, diesem nimmersatten Tartarus, von diesen Offenbarungen, für die es keine Worte gab, entfernte ich mich und gelangte allmählich in ein Land, in dem die Himmel von matterer Farbe und die Atmosphäre drückender war. Feuerlohe und Wasserstrahl verloren sich hinter mir im Dunste der Entfernung; dichter wurden die Schatten, die das jetzige Leben warf, in dem Land, dem ich so lange ferngeblieben. Doch unter allen Lichtern, die, vom Dunste nicht verschleiert, mich aus der Ferne leiteten, war eines, dessen Leuchten mir versprach, dass eines Tages die Seele, von allem Irdischen befreit, die Herrlichkeit ihrer vergangenen Offenbarungen, die sie jetzt aufgeben musste, von neuem – und ohne Schmerzen – schauen würde.

Der Pythagoräer sagt seinem Lehrmeister Adieu und macht sich selbständig

Im Verlauf jener eben geschilderten Ereignisse hatte ich an meinem College promoviert. In der Absicht, meine Studien für eine Weile zu unterbrechen, hielt ich Ausschau nach einer Tätigkeit, die während des nächsten Jahres einen Teil meiner Energie in Anspruch nehmen würde, mir aber gleichzeitig genügend Musse liesse für meine private Lektüre. Wie so viele neugebackene ‹alte Herren› (Abgänger von Amerikas Universitäten; *A. d. Ü.*), entschied ich mich, die pädagogischen Weihen zu nehmen. Gewiss gab es in den Staaten Kandidaten, die danach lechzten, in die Geheimnisse der griechischen und lateinischen Sprache eingeweiht zu werden – einige vielversprechende junge Leute, die darauf brannten, Bekanntschaft zu machen mit der Kunst des Vortrags, und die auch die Krumen der Literatur nicht verachten würden, die von der Gallier Tische fielen, selbst wenn die Hand ihres eigenen Landsmannes sie ihnen darbot. Wenn die Sterne mich nicht im Stiche liessen, würde ich sie finden.

Also hinterlegte ich am Empfangsschalter meines Colleges, wohin die Ersuchen um Unterweisung aus der unwissenden Welt sehr häufig gelangten, meine Bewerbung für eine Stelle, wie ich sie eben beschrieben habe. Es dauerte nicht lange, und ich erhielt einen Brief, in dem mir eine Lehrstelle angeboten wurde, irgendwo zwischen dem Hudson und Fort Laramie, in einem Dorf, das sich mit einem epischen Namen schmückte, sich grossartiger zehn Häuser und eines Postamtes brüstete und wie alle Orte, die durch die Anwesenheit eines erzieherischen Genies geheiligt sind, «kultiviert, gesund und sehr religiös» war. Was nun den ersten Punkt dieser letzten Bemerkung anbetrifft, bestand aller Grund, daran zu glauben, da der Schreiber dieses Briefes ganz augenscheinlich ein Mann von Stand war und, nach der Grösse des Ortes zu urteilen, einen wesentlichen Teil seiner Einwohnerschaft bildete. In bezug auf den zweiten Punkt war es schon schwieriger, sich davon zu überzeugen, da ja die Zahl der Todesfälle, die bei der Grösse des Dorfes zu erwarten waren, wohl keine Wogen der Aufregung auslöste, welche bis an jene Küste brandeten, an der eine Sterblichkeitsstatistik geführt wurde. Zuletzt stellte sich noch die Frage der «tiefen Religiosität». In diesem Punkte hätte nichts meine Zweifel besser zu besänftigen vermocht als die Tatsache, dass die Gemeinde nach einem Lehrer verlangte, denn ich erblickte damals, voller Begeisterung für den neugewählten Beruf, gerade in den Worten «Wissenschaft, Dienerin der Religion» eine eigentümliche Kraft und Schönheit. Ein kleines Hindernis allerdings stellte sich der Annahme dieses Postens entgegen. Ich hatte beschlossen, während des kommenden Jahres auf jegliche Unterstützung zu verzichten und ganz auf eigenen Füssen zu stehen. Mich wirklich selbst erhalten zu können war etwas, das mir sehr am Herzen lag. Hatte ich dort die Möglichkeit dazu?

Mein Briefpartner setzte mich davon in Kenntnis, dass er keinen grossen finanziellen Anreiz zu bieten hätte, doch fügte er verführerisch hinzu, dass es für einen jungen Mann von untadeligen Grundsätzen, der sich als moralische Säule einer Gemeinde zu etablieren wünsche, keine Stelle gäbe, die vielversprechender wäre. Da er mir nicht weiter Aufschluss darüber gab, ob «moralische Säulen» in seinem Teil des Landes gratis und franko in den Genuss von Kost und Logis und auch von Bekleidung kämen, abgesehen davon, dass ihnen grosszügig, als kleines Zeichen der allgemeinen Wertschätzung, die Rechnungen für Wäsche, Heizung, Licht und Briefpapier beglichen würden, beschloss ich, nicht auf sein Angebot einzugehen, und liess mir damit – aus den niedrigsten materiellen Beweggründen – die unbezahlbare Gelegenheit entgehen, in einem weiss Gott wie grossen Waldgebiet, wo sich die Füchse gute Nacht sagen, Wogen salbungsvoller Güte zu verströmen. Ob sich sonst ein aufopferungsbereiter Amtsinhaber gefunden hat, um die freie Stelle zu besetzen, entzieht sich mangels weiterer Nachforschungen meiner Kenntnis; sollte dem nicht so sein, dann lebt der Ort mit dem homerischen Namen bis zum heutigen Tage in heidnischer Unwissenheit.

Ein weiteres Angebot, das ich erhielt und das in allen Punkten zufriedenstellend schien, fand meine Zustimmung. In der Stadt W----- im Staate New York war der Ruf laut geworden nach einem Lehrer, der sowohl Anziehungskraft als auch Ausstrahlung besitze und der sich überdies der Hoffnung hingeben durfte, über genügend Musse zu verfügen, um seinen eigenen Fachstudien nachzugehen.

Während ich nun daranging, alles für meine Abreise von zu Hause vorzubereiten, redete ich mir ein, eine feste Beschäftigung würde mich so in Anspruch nehmen, dass in mir keinerlei Bedauern darüber aufkommen könnte, meinem alten Genussmittel zu entsagen; Ruhe, Bücher und ein geregeltes Dasein würden dafür sorgen, dass ein neuer Ansporn, neue Energie, mein Leben füllten. Das Lehrinstitut, dem ich vorstehen sollte, huldigte den altehrwürdigen Fachrichtungen – den Klassikern der Antike und des britischen Inselreiches. Solchermassen sollte ich allmählich aus dem Schatten emportauchen und zu einem Wesen mit neuer Lebensaufgabe werden, wobei ich mit einiger Sorgfalt die Schmerzen dieser Entwicklung dämpfen würde. Inwieweit ich die Früchte meiner Hoffnung ernten durfte, würde sich zeigen.

Nachdem ich am Schauplatz meiner Tätigkeit eingetroffen war, entdeckte ich, dass mir ein Lehrer zur Seite stand, der, wie ich, eben erst angekommen, aber im Gegensatz zu mir kein blutiger Anfänger mehr war in seinem Berufe; vielmehr war er im Dienste Minervas in Ehren ergraut und hatte ihr mit grosser Wahrscheinlichkeit während seines ganzen Lebens unzählige jugendliche Opfer beiderlei Geschlechts auf dem Altare dargebracht. Während ich mich noch dazu beglückwünschte, dass ich seine Erfahrung in Anspruch nehmen konnte, wenn ich der Hilfe bedurfte, entdeckte ich, dass ich mich anderswo nach einer gleichgesinnten Seele umsehen musste, denn er war einer jener Menschen, deren Substanz keine Veredelung erfahren hatte. In seiner Jugend hatte er heiteren Gemütes gelebt, doch nun sah er ein, dass er eine Torheit begangen. Aufgrund eines Erziehungsfehlers aus meiner Jugendzeit war es mir unmöglich, den unabdingbaren Zusammenhang zwischen Heiligkeit und Bissigkeit, zwischen einem Herz aus Stein und dem Gesicht einer Sphinx zu erkennen.

Doch ich erwartete nicht, von Sympathien meiner Umwelt allzu abhängig zu sein. Die Erziehungsanstalt, zu deren Bewohnern ich zählte, hatte einen unschätzbaren Vorteil aufzuweisen: Sie verfügte nämlich über eine grosse wohlbestückte Bibliothek, in der ich all die angestrebten Anregungen zu finden hoffte, die mir meine Stellung von aussen her möglicherweise verwehren könnte.

Wie schnell doch in einer guten Bibliothek die Zeit verfliegt! Nicht nur in dem Sinne, dass sie rasch vergeht, weil wir in andere Dinge vertieft sind, sondern weil sie uns so unwichtig wird, dass wir sie völlig vergessen. Im Alltagstreiben ist die Gegenwart unsere einzige Wirklichkeit; die Vergangenheit haben wir weggeworfen wie eine Leiter, deren Sprossen uns geholfen haben, eine Höhe zu erklimmen, von der wir nie wieder herabsteigen möchten. Im Bannkreis der Bücher verwischt jede zeitliche Reihenfolge; Plato und Coleridge wandeln Arm in Arm; Chaucer, das Genie, und Elias, der Liebevolle, schütteln einander die Hände; mit ihnen, mit allen, befinden wir uns voll Entzücken auf derselben Ebene der Zeit, im selben Zeitalter, im niemals endenden Zeitalter der Gemeinschaft der Seelen. Wohl gesprochen hat Heinsius, als er sich in die Bibliothek von Leyden einschloss, *Nunc sum in gremio saeculorum!* – «Nun bin ich im Schosse der unendlichen Ewigkeit!»

Doch allmählich wurden die Pflichten im Zusammenhang mit meinem neuen Beruf immer drückender und beraubten mich mehr und mehr der Musse, mich noch an anderer Literatur zu erfreuen als nur gerade an Schulbüchern. Lange nachdem der letzte Schritt lärmend die Treppen des Schulhauses hinuntergepoltert war, stöhnte mein Tisch unter der Last unkorrigierbarer Prüfungsaufgaben, die danach verlangten, korrigiert zu werden; ein Blatt davon, hätte man es auf das Grab eines der Grossen – Molières zum Beispiel – gelegt, welcher die Sprache sprach, die hier so meuchlings gemordet wurde, es hätte genügt, ein Stöhnen aus der Tiefe aufsteigen zu lassen, so kummervoll, als ob eine Alraune entwurzelt würde.

Ich hatte mir geschworen, ein geregeltes Leben zu führen; aber der Wanderer, der so unglücklich oder gar so verschroben gewesen wäre, zu dieser Stunde noch ohne Obdach zu

... Ruhe, Bücher und ein geregeltes Dasein würden dafür sorgen, dass ein neuer Ansporn, neue Energie, mein Leben füllten.

sein, hätte fast jeden Morgen gegen zwei oder drei Uhr den Schein meiner Lampe sehen können, der hell durch die hohen Fenster fiel, die zur Strasse hin lagen. Nicht dass ich früh aufstand, ich ging früh zu Bett – am Morgen. Es waren nicht Pflichtgefühl und Verantwortung allein, die mich veranlassten, so für die Schule zu arbeiten, obwohl sie einen wichtigen, ja wesentlichen Platz in meinem Leben einnahmen. Ein eigennützigeres Element schaltete sich hier ein – die Furcht davor, dass mich am Morgen die aufgebrachten Geister nicht beendeter Arbeit heimsuchen würden. Dass sich die Arbeit so rasch anhäufte, liess mich verzweifeln; die kleinste Kleinigkeit, die am Ende eines Tages unerledigt blieb, summierte sich schon zu den Aufgaben des nächsten Tages, und bereits während der Nacht war sie gewaltig gewachsen. Es gibt Leute, die von ihrer Anlage her nicht einfach über Dinge hinweggehen können, auch wenn sie gerne wollten. Niemand sonst wird merken, dass sie es unterliessen, Minze, Anis und auch Kümmel zu besorgen, doch sie selbst sind sowenig imstande, ihr Fehlen mit einem Achselzucken zu übergehen, wie sie gewichtigere Gesetzesangelegenheiten vernachlässigen könnten.

Verständlich, dass die langen Nachtwachen, die harte Arbeit und die fast vollständige Abstinenz von körperlicher Betätigung nicht gerade das beste Mittel waren, um einem Menschen, der mit den Schrecknissen des Entzuges kämpfte, neue Spannkraft und Beweglichkeit zu schenken. Ohne Pflichten wäre ich zu jener Zeit ein zutiefst unglückliches Geschöpf gewesen; doch unter dem Druck, unter dem ich damals stand, hatte ein allzu stark strapaziertes Gemüt keine Möglichkeit sich zu regenerieren, sondern reagierte mit jedem Tag empfindsamer auf den Verlust seiner einstigen Unterstützung. Möglich, dass selbst dieser Stand der Dinge besser war als das Fehlen jeglicher, Aufmerksamkeit heischender Beschäftigungen; denn obwohl ich den erneuten Haschischgenuss fürchtete wie ein aufrechter Mann die Verletzung seines heiligsten Schwures, war ich noch nicht an jenem Punkte angelangt, an dem ich die Droge gänzlich verabscheue. Die einzige Art gerechter Ablehnung, die mir damals möglich war, bestand darin, abfällig von ihr zu denken, wie der Liebhaber, der sich von seiner treulosen Geliebten trennen muss, oder der Patriot, der Abschied nimmt von seinem Vaterland, dessen Geschicke von niederträchtigen Herrschern gelenkt werden und der in schlechten Zeiten freiwillig ins Exil geht. Wären nicht die täglichen verwirrenden Pflichten gewesen, die mich beschäftigten, ich hätte vielleicht die lockende Stimme von einst vernommen, die in meine sorglose Ruhe eindrang und mich Schritt für Schritt, fast unmerklich, in alte Fallen zurücklockte.

Doch auch so war es schwer, den Verlockungen der Vergangenheit zu widerstehen. Wenn ich mir auch nur einen Augenblick lang die Musse gönnte, stille zu sitzen und nachzudenken – vor allem, wenn ich mich mit geschlossenen Augen dem Zug von Betrachtungen hingab, der durch gute Musik ausgelöst worden war –, wurde ich unweigerlich in die Haschischwelt zurückgetragen und stand ihren, für mich nun unerreichbaren Herrlichkeiten von Angesicht zu Angesicht gegenüber. In einem kurzen Aufblitzen zeigten sich mir einen Augenblick lang die alten, rosarot leuchtenden Höhen, oder ich schwebte inmitten von Wolkenheeren, deren Rüstungen wie Regenbogen schimmerten durch einen Himmel von unendlicher Weite. Oder die fernen Windungen eines wundersamen Flusses lockten mich in die köstlich kühlen Schatten, die an seinem Ufer erzitterten, und ich seufzte kurz, erfüllt von einem unaussprechlichen Verlangen, wenn ich daran dachte, dass meine Zauberschaluppe niemals mehr auf seinen Wellen schaukeln würde. Die Versuchung in Gestalt edel gebauter Huris schwebte in luftigem Tanze durch einen Rosengarten: Nie wieder würden mich ihre rosigen Arme umfangen. Herrliche Tempel reckten ihre makellosen Zinnen empor in einen strahlend blauen Himmel; ein See, der den Blick des Himmels in seinem Farbton erwiderte, küsste – von einem Feenlachen gekräuselt – die Stufen, die zu den Tempeltoren emporführten – Tore, die mir auf ewig verschlossen waren. Was mich aber mehr lockte als alles andere, war der Schimmer jenes Lichtes, den ich für einen kurzen Augenblick von Zeit zu Zeit erhaschte und in dem ich einst in schier unerträglichen Offenbarungen die erhabenen Geheimnisse aller Dinge gelesen hatte. Zu einem solchen Zeitpunkt war es gut, ach, unaussprechlich gut, dass zwischen mir und der nächsten Haschischdosis Hunderte von Meilen lagen, denn, hätte ich die Möglichkeit gehabt, ich hätte mir stehenden Fusses eine Dosis verschafft, und wenn es unterwegs einen Strudel zu durchschwimmen gegolten hätte.

Ich schloss Bekanntschaften in W-----, lernte Leute kennen, die Musikinstrumente wirklich beherrschen, vor allem jenes vielseitige, das Klavier. Da ich wusste, dass es unmöglich war, dieser Verlockung zu erliegen, bat ich sie, so oft als nur möglich, für mich zu spielen, während ich dasass, mich ganz den von der Musik inspirierten Visionen überliess und die Welt um mich fast vollständig vergass. Doch obwohl ich ganz genau wusste, dass es nicht in meiner Macht stand, den Hunger nach Haschisch zu stillen, bin ich selbst in solchen Momenten vom Sitze aufgesprungen, um durch Bewegung und den Anblick vertrauter Gegenstände einen Zauber zu zerstören, der mich unwiderstehlich umgarnte.

Obwohl ich mich geistig ständig beschäftigte, verdichtete und verdüsterte sich die Wolke des Trübsinns über mir unaufhörlich. Meine Schwierigkeiten entsprangen nicht einfach einem Mangel, es war nicht nur Bedauern über etwas, das nicht da war, sondern es war ein Abscheu, eine Angst, ein Hass auf etwas, das es gab. Niederträchtiger Hohn schien allein schon das Bestehen dieser Alltagswelt zu sein, grausames Zerrbild einer Welt, an die ich mich in ihrer unsagbaren Schönheit und strahlenden Herrlichkeit erinnerte. Ich hasste Blumen, denn ich hatte die leuchtenden Matten des Paradieses geschaut; ich fluchte dem Fels, denn er war nichts als stummer Stein, dem Himmel, denn er war nicht erfüllt von Sphärenklängen; und Erde und Himmel schienen den Fluch auf mich zurückzuschleudern.

Widerwillen erfüllte mich bei jedem Gespräch und jeder Tätigkeit, nur ein kleiner Kreis von Menschen – so klein als es nur eben möglich war – blieb davon ausgenommen. Um nicht den Eindruck eines Eigenbrötlers oder Asketen zu erwecken und mich so der Möglichkeit zu berauben, wenigstens so viel Gutes zu wirken, als ich imstande war, nahm ich zunächst am gesellschaftlichen Leben teil, zwang mich zum Lachen und tauschte leere Worte aus. Zuletzt wurden derartige Beziehungen absolut unerträglich; nur unter grösster Überwindung gelang es mir, überhaupt mit jemandem zu sprechen, mit Ausnahme von ein oder zwei Menschen, die ich voll und ganz ins Vertrauen gezogen hatte bezüglich meiner früheren Erlebnisse. Ein Schritt hinaus ins Treppenhaus genügte, und ich begann zu zittern aus Angst, ich könnte in eine Unterhaltung verwickelt werden; jeder Morgen brachte mir mit dem Aufstehen neue Schrecknisse, wenn ich daran dachte, dass ich nun wieder mit Menschen und Dingen in Berührung kommen musste. Jeder Mensch, der am eigenen Leibe erfahren hat, wie schmerzlich ein bitterer Verlust ist, wird verstehen, was ich fühlte, wenn er sich nur daran erinnert, wie oft er später, nachdem ein solches Leid ihm widerfahren, erwachte und für einen Augenblick vergessen hatte, was ihm zugestossen. Dann plötzlich trifft ihn mit aufgestauter Wucht die Erkenntnis der Wirklichkeit, und er stöhnt laut auf, als ob erneut ein Pfeil sein Herz getroffen. Zuweilen war das Erwachen ein derart schreckliches Erlebnis für mich, dass ich von jeder anderen Hand als meiner eigenen den Tod als Gnade willkommen geheissen hätte. Der Tod, der Wiedergeburt bedeutete und möglich war, wie auch der Tod, der völliges Auslöschen bedeutete und eine Unmöglichkeit darstellte, sie beide schienen mir begehrenswerter als jener Wahn, zu dem das Licht mich weckte, Leben genannt von den Menschen und doch nichts anderes als der Tod in seiner entsetzlichsten Gestalt, ein Tod zum Leben erweckt, in nichtssagendem Prunk herumstolzierend, leeres Geschwätz auf den Lippen, dahin und dorthin grüssend, mit geistlosen Gesten den Geist verspottend und nicht imstande zu verwesen, wie es ihm wohl angestanden hätte.

Ich wusste, dass dieser entsetzliche Zustand die Rache war der abgewiesenen Zauberin, und da er mit jedem Tag bitterer zu ertragen war, musste ich gegen zwei Versuchungen ankämpfen; gleich welcher ich erlag, es schien mir darin zumindest ein Wechsel des Leidens zu liegen, wenn nicht gar eine bleibende Erlösung. Selbstzerstörung war die eine Möglichkeit, die andere war die Rückkehr zum Haschisch, und es fällt mir schwer zu sagen, welche von beiden die schrecklichere Vorstellung war. Jede der beiden führte letzten Endes in dieselbe Richtung. Es musste einen Wendepunkt geben, sagte ich mir, eine tiefste Tiefe in dem Abgrund, in den ich hinabstieg; darauf zu hoffen, war mir nicht gegeben, der Glaube aber hielt verzweifelt daran fest und wiederholte immer wieder,

«Und sieh! Wir wissen nichts; ich kann
vertrauen nur, das Gute möge siegen,
dereinst – noch weit –»

Wenn auch der Tag entsetzlich war, so stand die Nacht ihm häufig in nichts nach. Während der Zeit, in der ich Haschisch nahm, hatten sich die Rauschbilder niemals im Traum wiederholt, wenn ich nur darauf achtete, dass ich erst schlafenging, nachdem die Wirkung der letzten Dosis völlig abgeklungen. Obwohl ich, bevor ich regelmässig Haschisch nahm, niemals schlief, ohne mehr oder weniger lebhaft zu träumen, blieb mein Schlaf – welch merkwürdige Tatsache – während meines ganzen Haschischlebens absolut traumlos. Die Visionen, welche die Droge hervorrief, hatten jene der Natur vollständig ersetzt.

Jetzt aber änderte sich der Stand der Dinge. Gähnende Leere ohne jeden Lichtstrahl war der Tag, die Nacht mit ihrem Flammen bedeutete Entsetzen. Als ich in diesen Zustand geriet, fiel mir zunächst einmal auf, wie merkwürdig empfänglich mein Gehirn für den letzten Eindruck war, den es empfing, bevor das Dunkel mein Zimmer einhüllte. Hatte ich in das flakkernde Licht der Lampe geblickt, bevor ich sie gelöscht hatte – noch eine Stunde später wälzte ich mich hin und her und fand keinen Schlaf, weil in der Dunkelheit, die mich umgab, ein feuriger Fleck brannte, der sich nicht löschen liess. Klappte ich ein Buch zu, unmittelbar bevor ich mich zur Ruhe legte – so stand deutlich der letzte Satz, den ich gelesen hatte, im Dunkel vor mir, als sei er auf einen Bogen Papier gedruckt, und dort las ich ihn dann, die halbe Nacht hindurch, bis er mich fast zum Wahnsinn trieb. Es war schon gut, wenn die Worte nicht allzu düsteren Sinnes waren, denn ich vermochte mit einiger Geduld selbst ermüdend eintönige Aufmunterungen zu ertragen; eines Nachts aber musste ich mich erheben und meine Lampe wieder anzünden, um den Anblick eines so schrecklichen Satzes wie dieses zu bannen:

«Entferne dich, Verfluchter du!»

Zuletzt traf ich die Vorkehrungen, die ich schon zuvor im Haschischrausch getroffen hatte, und liess, während ich schlief, einen Docht meiner Lampe brennen. Zu Anfang schmerzten mich die Augen; doch jeder Schmerz war ungleich leichter zu ertragen als das Grauen, das mich überkam, wenn jener letzte Eindruck nicht verschwand, so dass ich willig diesen Schmerz ertrug.

Allmählich unterbrachen starke Träume meinen Schlaf, sie spiegelten die Bilder wider aus meinem einstigen Haschischleben und widerhallten von seinen Stimmen. In diesen Träumen durchlebte ich erneut die Erfahrungen der Vergangenheit, wobei sich aber Neues dazugesellte und ein grundlegender Unterschied bestand: Aus der Realität des Haschischrausches hatte es kein Erwachen gegeben; aus den geträumten Halluzinationen erwachte ich, wenn die Schrecknisse das für den Menschen erträglichen Mass zu sehr überstiegen.

Was ich in einem früheren Abschnitt dieses Buches über die Unauslöschlichkeit aller Eindrücke unseres Lebens gesagt habe, schien hier seine Bestätigung zu finden. Dazu verdammt, die alten, manchmal vergessenen, aber niemals ausgelöschten Inschriften von neuem zu lesen, wanderte ich in den Hallen des Schlafes auf und ab und starrte auf die Gesetzestafeln des Geistes. Nicht immer war die Erinnerung an sich schmerzhaft. Wo ich einst in Verzückung geraten war, brach ich jetzt in wilde Freude aus; doch am Ende erhielten Jubel und Freude häufig eine zutiefst melancholische Färbung, denn da mir die Reihenfolge von früher noch im Gedächtnis haftete, konnte ich, ohne fehlzugehen, sagen, was als nächstes kommen würde, und oftmals war es eine schmerzliche Vision.

Alle Einzelheiten einer Erfahrung, deren ich mich entsann, hatten ihren bestimmten Platz, mit einer Ausnahme – ich träumte nie davon, Haschisch zu nehmen. Stets überlief mich ganz plötzlich ein Schauer; unerwartet packte er mich, auf einem Spaziergang mit Freunden oder wenn ich alleine dasass. Dass ich nicht wusste, wann ich die Dosis nahm, befreite mich jedoch nicht von Selbstvorwürfen. Stets schrie ich auf: «Ich habe meinen Schwur gebrochen! Oh weh! Oh weh!» Dann folgte ein wilder Triumph. Einer Mänade gleich rannte ich wie ein Rasender durch eine riesenhafte Landschaft; ich sprang in die unermesslichen Tiefen eines Wasserfalles und blieb unverletzt; zwischen Himmel und Meeren wurde ich herumgewirbelt, in einem glutvollen Tiefblau leuchteten sie beide; ich stand allein zwischen zerfallenen Säulen, die so gewaltig waren wie die von teuflischer Hand erbauten Paläste von Bali. Dann packte mich unerklärliches Entsetzen. Ich flüchtete mich davor und suchte meine Freunde, doch da war niemand, mich zu trösten. Zuletzt, wenn die Qual am grössten, fing ich Feuer oder sah, wie entsetzliche Wesen auf mich zukamen.

Dann erwachte ich. Doch nicht immer in die köstliche Behaglichkeit einer ruhevollen

Wirklichkeit – beinahe möchte ich sagen, niemals; zumeist flehte ich den Himmel an, mir doch die Gnade einer Dunkelheit zu gewähren, die nicht von Geistern bevölkert war; stets schien mir, mein Herz habe gänzlich zu schlagen aufgehört, oder es pochte so schnell und laut, dass ich es mit übergrosser Deutlichkeit vernahm, wie einen Hammer, der mit raschen, dumpfen Schlägen niedersauste; häufig zeigte es sich, dass ein heftiger Fieberanfall die Ursache war für meine Vorstellung von Feuer, ein Fieber, das meine Lippen austrocknete und die Adern auf meiner Stirn anschwellen liess, bis sie regelrecht hervorstanden. In solchen Fällen pflegte ich aufzustehen und eine Stunde lang im Zimmer hin und her zu gehen, wobei ich, falls nötig, mein Haupt ins Wasser tauchte, bis die Hitze gemildert war.

Wenn die Erinnerung, durch die Umhüllung des Körpers noch recht unempfindlich, so deutlich und wahrheitsgetreu ihre alten Aufzeichnungen zu lesen vermag, welche begnadeten Offenbarungen werden ihr erst dann zuteil werden, wenn der unfehlbare Zauberstab der Entkörperlichung alles verändert!

Ich habe davon gesprochen, dass die ursprünglichen Visionen erweitert wurden. Einiges davon möchte ich noch erwähnen.

Die Gegend um W----- ist ein Kalksteingebiet, in dem sich an einer Stelle eine ziemlich weitläufige und stattliche Höhle befindet. Wohl habe ich dort nie jene herrlichen Hallen und riesigen Stalaktiten gefunden, welche den Ruhm anderer Höhlen begründen; die Kalkablagerungen sind sehr klein, doch einigen von ihnen ist eine zarte Schönheit zu eigen. Besonders eine ist die vollendete Nachbildung (wenn dieser Ausdruck in solch einem Zusammenhang gestattet ist) der Niagarafälle; die Stromschnellen, die Ziegeninsel, deren Zinnen jäh zum Unterlauf des Flusses abfallen, der Wasserfall auf amerikanischer Seite, das Hufeisen auf der kanadischen, alles ist da, vollendet geformt, in einem Massstab von nicht ganz einem Zoll zu einem Fuss. Hier findet sich auch ein gotisches Kloster, mit Altar und Madonna gerade ausserhalb des Türgitters und einer Stocklaterne, die oben am höchsten Punkt des Portalbogens hängt. Die Kammern sind oft eng und gewunden; wer Weyer's Cave oder die Mammuthöhlen besucht hat, wird hier nichts Staunenswertes finden; doch da es die einzige Höhle war, die ich je gesehen habe, fand ich gerade in ihr mein Höhlenideal.

Ein junger Mann aus der Nachbarschaft führte mich, und dass er einem Fremden einen Gefallen erweisen konnte, war der einzige Dank, den er entgegennahm; doch hoch genug war der Preis, den ich für meinen Besuch bezahlte.

Während Wochen wurde ich zur Strafe von Höhlen verfolgt. Nacht für Nacht musste ich nun alleine ein Labyrinth erforschen, wie es schrecklicher nicht sein konnte. Ich kletterte über Felsenklippen, die gleich darauf abbröckelten, versuchte mich um Felsvorsprünge aus schlüpfrigem Kalkstein zu hanteln und hörte gleichzeitig, wie die losgelösten Trümmer herabdonnerten, von Felsvorsprung zu Felsvorsprung polterten, hinunterstürzten in eine gähnend schwarze Finsternis und niemals in der Tiefe aufschlugen. Dann kroch ich, elend wie ein Wurm, durch gewundene Gänge, die nicht weiter waren als ein Kamin, ein Schicksal trieb mich voran, von dem ich bezweifelte, dass es mich je zurückführen würde. Nun sah ich, dass hoch über meinem Haupt die rissige Decke erbebte, sobald mein leisester Schritt nur durch die Höhle hallte, und Todesangst erfasste mich, dass sie herabstürzen könnte. Dann wieder eilte ich voll Freude einem Schimmer Tageslicht entgegen, erreichte es und hielt gerade noch rechtzeitig inne, um nicht eine senkrechte Wand von unermesslicher Höhe hinabzustürzen, zu der das Labyrinth sich öffnete.

Dieser Besuch in der Höhle von W----- liess mich leiden, was nur ein Haschischesser oder eine Seele in der anderen Hölle erleiden kann. Mit der Zeit verblasste die Erinnerung, doch traten andere an ihre Stelle, die fast genauso entsetzlich waren. Nur ein Erlebnis noch will ich hier erwähnen.

Ich sass eines Tages auf dem Fenstersims, den Oberkörper hinausgelehnt, um am Schiebefenster etwas zu reparieren. Hinterher erschreckte mich im Schlaf eine Vision; das Bild eines Hauses von übernatürlicher Höhe, auf dessen höchstem Fenstersims ich stand und mich mit einer Hand an einem Mauervorsprung festhielt, während ich mit der anderen versuchte, eine unmögliche Arbeit auszuführen, die den Mauervorsprung daran hindern sollte, sich seinem Gefährten zuzugesellen. Doch der Sims bröckelte weiterhin ab. Ich griff nach einem neuen Vorsprung; auch der gab nach; und auch der nächste zerfiel unter meinem Griff. Unterschiedlich war in diesen Träumen jeweils das Ende. Manchmal schwang ich mich kraftvoll ins Innere des Hauses, und der Verlauf des Traumes nahm eine andere Wendung. Manchmal, ohne dass ich wusste wie, verschwand die Vision völlig. Einmal stand das ganze Gebäude, auf dem ich mich befand, plötzlich vom Keller bis zum Dachfirst in Flammen. Ich sprang in den gnädigeren Tod, um dem grausameren zu entgehen, und fand mich beim Aufwachen auf dem Boden liegend in einem jener fiebrigen Zustände, von denen ich berichtet habe.

In jener Nacht fand ich keinen Schlaf mehr. Im Morgengrauen legte ich mich nieder und sank für eine Stunde in unruhigen Schlummer. Als ich erwachte, lag ein Tag vor mir, den ich ebenso fürchtete wie die Nacht.

DEN DOKTOR BETREFFEND; NICHT SOUTHEYS, SONDERN MEINEN

Zu einem Zeitpunkt, da ich am meisten darauf angewiesen war, hatte ich das Glück, die Bekanntschaft eines Mannes zu machen, dessen Anteilnahme mir während den Monaten der Prüfung die allergrösste Hilfe bedeutete. Wenn mich schon wieder fast der Mut verliess bei dem Versuche, mir selbst zu helfen, unterhielt ich mich eine Stunde lang mit ihm und fühlte danach neue Kraft in mir; er hatte sich während langer Zeit dem Studium der Seele und ihrer Beziehung zum Körper verschrieben, so dass er genau wusste, wie er, mit äusserster Behutsamkeit, die Gedanken aus abträglichen Bahnen herauszuführen vermochte; überdies war er klug und mitfühlend genug, um Gutes zu tun. Es erübrigt sich zu sagen, dass er Arzt war.

Ich kann der Versuchung nicht widerstehen, hier abzuschweifen, um nach bestem Wissen und Gewissen Zeugnis abzulegen für etwas, das ich in der Vergangenheit wieder und wieder erlebt habe. Es geht mir um folgendes: Immer, wenn ich einem Mann begegnet bin, den ich bis anhin nicht gekannt habe und dessen Mitgefühl sich instinktiv den Kümmernissen anderer zuwendet, dessen Selbstaufopferung zu einem nicht wegzudenkenden Bestandteil seines Wesens geworden ist, dessen umfassendes Interesse an allem, was der Menschheit weiterhilft, nur noch ein Gleiches findet in der liebevollen Geduld, die er für ihre gegenwärtigen Gebrechen aufbringt, habe ich ihn «Doktor» genannt, und in neun von zehn Malen habe ich mich darin nicht geirrt.

Die Gesellschaft ist nun so weit herangewachsen, dass sie, zumindest um ihrer Selbstachtung willen, jene abgedroschenen Witze über Ärzte verachten und sein lassen könnte, die sie einst in ihren Kindertagen zum Lachen reizten. Wie sie nicht länger an das Hufeisen als Schutz gegen Hexen glaubt, soll sie auch jene Albernheiten vergessen, die sie in ausgelassener Stimmung über den Arzt äussert, der im Bunde mit dem Totengräber sein soll, und auch den Spott über den feierlichen Ernst scheinbarer Gelehrsamkeit, der in den Kreisen goldbeknaufter Spazierstöcke herrscht. Wenn sie sich fürchtet, ist sie allzeit bereit, nach dem Doktor zu schicken; sie hört mit ihren Scherzen auf, sobald sie schwanger, apoplektisch vom übermässigen Genuss die Nacht zuvor, oder erschreckt ist, weil sie einen Knopf verschluckt hat und nun die Folgen fürchtet.

Gewiss gibt es in der Medizin empirische Praktiker. Es gibt Männer, die an den zarten Quellen des Lebens herumpfuschen, mit keiner anderen Berechtigung als dem

«possunt quia posse videntur».

Wir alle haben die Anzeige gesehen von einem, dessen «Sanduhr des Lebens schon fast abgelaufen ist», und während wir uns überlegen, wie lange die Sandkörner schon dabei waren, endgültig herabzurinnen, werden wir zu der Frage veranlasst, ob nicht in jener Welt, in der aus Fällen von Schwindsucht der unbezahlbare Gewinn von einem Shilling gezogen werden kann, der wohltätige Besitzer des Rezeptes gelegentlich das Stundenglas auf den Kopf stellt oder seine Öffnung verkleinert.

Wir alle kennen den ärztlichen Quacksalber. Wir verschliessen die Augen nicht vor den vielen tausend erstaunlichen Heilungen von ebenso vielen Krankheiten, für die es keine Hoffnung gab, vor den Plakaten auf der Landstrasse, den Spalten in der Presse, den Handbüchern, den Führern, den Engeln, die in aller Eile vom Himmel kommen und dem Todgeweihten mit Trompetenklängen zurufen, er solle ausharren, bis sie bei ihm seien, mit einer Flasche Sirup unter dem Arm, dank derer in seiner leidgeplagten Familie der Friede wieder einkehren soll.

All das kennen wir; doch gibt es nicht noch andere Quacksalber als nur die Quacksalber in der Medizin? Gibt es nicht die Quacksalber des Göttlichen? Die Quacksalber unter den Juristen? Die politischen Quacksalber, die einer kranken Nation Sand in die Augen streuen? Gibt es nicht die Quacksalber in der Literatur, die das ästhetische Empfinden eines Volkes zerstören? Sollen wir, nur weil Brigham Young den Weg zu künftiger Glückseligkeit in einer ganzen Schar von Ehefrauen sieht, in Zukunft nicht mehr in die Kirche gehen? Können, nur weil Jeffreys ein Gauner war, keine Prozesse mehr gerichtlich entschieden werden? Sollen wir jedem Glauben in das Können der Regierung abschwören, nur weil irgendein Postenjäger während des Wahlkampfes der Menge in bombastischen Worten phantastische Dinge vorgaukelt, oder alle Autoren mit dem Bann belegen, weil jemand den Lesezirkel mit einer Ausgabe von Rag-picker's Nephew beschmutzt hat?

Wenn wir den Glauben an das Gold bewahren, ungeachtet anderer, nicht edler Metalle, dann können wir uns auch darauf verlassen, dass das Gold nirgendwo einen grösseren Reinheitsgrad aufweist als unter den Ärzten. Wo ein Faun den Mantel des Äskulap gestohlen hat, während sein guter Herr in Morpheus Armen lag, gibt es Hunderte, denen der Meister den Stab gab zum Zeichen, dass sie seine würdigen Kinder seien.

Von allen Menschen ist es der Arzt, der es verdient, besonders geachtet zu werden. Wir wollen nicht vergessen, dass es zu Anfang unser aller Leben eine Zeit gab, als es uns ohne ihn vielleicht nicht gegeben hätte. Wir wollen daran denken, wie oft der Doktor, ohne zu klagen, sich seinen Schlaf versagt, auf Essen und Trinken verzichtet, auf alle jene gesellschaftlichen Freuden, welche uns die Welt verschönern, damit wir Erleichterung finden von irgendeiner seltsamen Unpässlichkeit, von einem zu schnellen oder zu langsamen Pulsschlag. Wenn die Stunde wahrer Not nach ihm verlangt, mit welch besorgter Aufmerksamkeit beobachtet er dann jede Rötung der Wangen, jedes Umherirren des Auges, mit welch strategischem Geschick entscheidet er die Schlacht zwischen Leben und Tod, mit welch ruhiger Entschlossenheit wirft er seine eigene Energie zu unseren Gunsten in die Waagschale, mit welch wahrhaft väterlicher Fürsorge wacht er Stunde um Stunde am Schmerzenslager, mit welch gespannter Aufmerksamkeit sieht er die Krise kommen, und nun, da er weiss, dass eine höhere Macht als er sich in aller Stille dem Konsilium zugesellt hat, wartet er, bis ein unsichtbarer Finger den Quell des Lebens, der nicht mehr richtig sprudelte, berührt und er jetzt aus gutem Grunde frohlocken darf mit allen jenen, die in seinen Jubel einstimmen.

Es tritt uns im Leben kein Mensch entgegen, der in seinem tiefen Mitgefühl, seiner Zartheit, seinem Verständnis für die menschlichen Schwächen jenem mächtigen *Heiler* ähnlicher wäre, dessen Wirken in jedem Pulsschlag der Welt fühlbar ist. Wie Er ist auch der Doktor mitfühlend, weil er, Ihm vergleichbar, «um unsern Körper weiss und dessen eingedenk ist, dass wir aus Staub sind». Zuletzt – doch ist dies keineswegs der unwichtigste Punkt – wollen wir nicht vergessen, dass im Jenseits eine Stunde der Finsternis unser harrt, wenn – nachdem alle Medizin versagt hat mit Ausnahme der einen grossartigen, die uns von unserem Körper heilt, der seit Jahren uns schon gepeinigt hat – unter den Stimmen, die Abschied nehmen, vom Schluchzen unterbrochen, das um unsere Bettstatt laut wird, ein Klang nicht fehlt, der uns bei so manchem kleineren Kummer aufgeheitert; und zu den letzten, die unser brechendes Auge wahrnimmt, bevor es grössere Geheimnisse schaut, wird er gehören, der uns widerwillig nur dem Stärkeren überlässt; er bleibt, um den Lieben helfend beizustehen, denen wir nicht mehr helfen können – er, der Arzt.

Es ist schwer einzusehen, wie ein Mensch, der wie der Arzt von früh bis spät und häufig auch von spät bis früh sich mit der Maschinerie und der Reparatur dieses komplizierten Kräftesystems, des Körpers, beschäftigt, damit zufrieden sein sollte, rein äusserlich die Hebel und Rollenzüge seiner Maschine oder die chemischen Erscheinungen in seinem Laboratorium zu überwachen. Wenn er wirklich ein Mann der Wissenschaft ist, wie es sein Beruf unabdingbar fordert, kann er nicht umhin, in zahlreichen Augenblicken zu erkennen, dass eine unsichtbare Macht im Guten oder Bösen wirkt und keine Möglichkeit besteht, diese Vorgänge fassbar einzuordnen. Es kommt zu Veränderungen, die nicht von der bestimmten Funktion auszugehen scheinen, auf die eingewirkt wurde; neue Faktoren scheinen beim Tod oder bei der Heilung eine Rolle zu spielen, und weder Ernährung noch Arzneimittel sind dabei von ausschlaggebender Wichtigkeit. Der wahre Arzt wird sich so lange nicht zufriedengeben, bis er Abstand genommen hat vom Räderwerk und das Wesen jener seltsamen, nicht einschätzbaren Kraft untersucht hat, die es antreibt. In seiner Kunst ist das Geistig-Seelische von grösserer Bedeutung als das Körperliche.

Ich bin eigentlich nicht sehr weit abgeschweift, denn ich bin damit geradewegs bei einer Beschreibung meines Freundes, des Doktors, angelangt – für mich *der* Doktor, da er, auf seelischem Wege, für meine Genesung das getan hat, was niemand sonst in einem ganzen Leben durch die Behandlung des Körpers hätte erreichen können.

Sein ganzes Leben lang hatte er mit den grossen, schöngeistigen Denkern Zwiesprache gehalten, für die unsere geheimnisvolle Doppelnatur bevorzugtes Studienobjekt war. Doch er war kein Mensch, dessen Wissen nur aus Büchern stammte. Er hielt sich ohne Entschuldigungen dem Fahrwasser der Dogmatiker aller Zeiten fern, entwickelte eigene Gedanken, und da er solcherart sich eine reiche innere Welt erworben hatte, war er von anderen Quellen in einem Masse unabhängig, wie es nur mein Haschischkönigtum ihm gleichtun konnte, wobei lediglich ein gradueller Unterschied bestand und auch der nicht immer. Für ihn war die Seele aller Dinge ebenso spürbar vorhanden wie ihre grobstoffliche Verkörperung für den materialistischen Menschen.

Vom Anfang unserer Freundschaft an war ich so viel mit ihm zusammen, wie es der Druck der Pflichten zuliess, und als mein eigenes Leben nur noch ein verschwommener und sinnloser allgemeiner Begriff war, konnte ich dadurch, dass ich an seinem Denken und seinem Mitgefühl teilhatte, allmählich Energie in mich aufnehmen, die den erschlafften Puls erneut zum Schlagen brachte und mich aus einer Lethargie riss, in der ich mit jedem Tag tiefer versunken war. Während langer Monate war ich, ausser wenn ich mich bei ihm aufhielt, ganz mechanisch den mir zugewiesenen Pflichten nachgegangen; ein Galeerensklave oder ein Gaul in der Tretmühle hätte nicht mit geringerem Interesse oder grösserem Überdruss arbeiten können.

Während der Berg von Hausaufgaben und Aufsätzen allmählich mehr und mehr auf die Höhe meiner Tischplatte herabsank, und der Abend der Nacht entgegenging, pflegte ich folgendes Selbstgespräch zu führen: «Noch eine Stunde, und ich mache mich auf den Weg zum Doktor.» Sobald ich mich bei ihm im Zimmer befand, fiel der Panzer pädagogischer Zurückhaltung von mir ab; ich war wieder Mensch; mehr noch, ich schien meinen Körper abzulegen und in meiner Seele dazusitzen. Jene, die das Glück (oder Unglück) in eine ähnliche Lage gebracht hat, werden verstehen, dass die Rückkehr zur Natürlichkeit und Freiheit für jemanden, der sich aufgrund seiner Stellung den ganzen Tag über einer unnatürlichen Selbstbeherrschung und Reserve befleissigen muss, das köstlichste Privileg ist, nach dem sich ein müder Geist sehnen kann. Nicht länger zu scheinen, was sie nicht sind, muss wohl immer eine unsägliche Erleichterung bedeuten für alle, die noch nicht durch langgeübte Vorsicht, welche eine verantwortliche Stellung notwendigerweise erheischt, gänzlich aufgehört haben zu sein, was sie sind.

Doch die Bekanntschaft mit dem Doktor brachte mir mehr an Gewinn, als sich in diesem Wechsel vom Fachlichen zum Natürlichen, vom Berufsleben zu einem menschlichen Leben ausdrücken lässt. Er zeigte ein ausgesprochen liebevolles und freundliches Interesse für alles, was mit meiner verzauberten Existenz von einst zu tun hatte, und nicht einmal der eigene Bruder hätte mich mit grösserer Sanftheit und Sorgfalt durch die Schrecknisse begleiten können, die ich auf meinem Wege zu gänzlicher Entsagung so qualvoll durchlebte. Mit seinem Mitgefühl, seinem einfühlsamen Gespräch, indem er mir schöne Dinge zeigte, dadurch, dass er mir in der Ferne einen Hoffnungsschimmer wies, wenn ich nur weitermachen würde, in vielfältiger Weise stachelte er mich an, meine Bemühungen fortzusetzen, und immer fester verschloss er die Pforten zu dem Weg zurück.

Seinen Bemühungen war es vor allen Dingen zu verdanken, dass ich erneut Interesse an der Welt gewann, und zwar um des inneren Gehaltes willen, den die Dinge verkörperten, und nicht aufgrund einer neuerwachten Zuneigung für ihre äussere Form allein. Von dem Augenblick an, da ich dem Haschisch gänzlich entsagt hatte, war mir alles Mitgefühl mit der sichtbaren Schöpfung versagt, es sei denn, es gelänge mir, tiefer vorzudringen als nur bis zur Oberfläche der Dinge. Ich hatte den lebendigen Geist der Natur erlebt; in den blossen Hüllen fand ich keine Nahrung mehr, sie weckten in mir eher einen gewissen schmerzlichen Abscheu, an dem sie sich verzehrten. In meinem damaligen Zustand gewahrte ich auch in den köstlichsten Dingen dieser Welt so wenig Schönheit, hatte für all dies so wenig Bewunde-

Landschaften, Tempel, Seen. Prozessionen jeglicher Arten zogen an ihm vorbei... wie zum Leben erweckte Düfte

rung übrig wie ein alter Athener, dessen Blick vor seinem Tod auf die göttlichen, von schöpferischer Kraft beseelten Meisterwerke des Phidias gefallen war und der nun, zu neuem Leben erweckt, ein Urteil abgeben soll über einen sorgfältig geschnitzten Torpfosten.

Mit Hilfe des Doktors begann ich allmählich eine Möglichkeit zu sehen, wie ich tiefer eindringen konnte als nur bis zur Oberfläche der Dinge, und zwar ohne die Hilfe des Haschischs, für die ich einen so hohen Preis hatte zahlen müssen. Oft unterhielten wir uns z. B. über den Geist, der in der ganzen Schöpfung wirkt, der selbst die winzigste Pflanzenfaser geschaffen und beseelt hat, so wie den mächtigen Berg, und sprachen dann in Parabeln, doch lag für uns nichts Verborgenes darin, denn wir besassen das beste Wörterbuch, das Band einer engen, tiefempfundenen Zuneigung.

Es soll uns niemand des Pantheismus anklagen, solange ihm der Beweis fehlt, dass wir diesem Geist göttliche oder in irgendeiner Weise selbstbewusste Eigenschaften zuschrieben. Als wir zum Beispiel eines Tages miteinander vor einem Fenster standen, das der lautloseste Künstler, der Frost, mit wunderschönen Bäumen verziert hatte, raisonnierte der Doktor in einer Unterhaltung über das Wie und Warum ihrer Entstehung:

«Dass das, was der Mensch die tote Materie nennt, diese Pracht nicht erschaffen hat, ist ganz offensichtlich. Die Materie ist hier, doch eine feinere Kraft hat sie, verborgenen Gesetzen folgend, geformt. Beharrungsvermögen kennzeichnet den notwendigen und ursprünglichen Zustand der Materie, und ohne dass eines Menschen Hand daran gerührt hätte, ist hier dies Beharrungsvermögen überwunden worden. Sieh dir nur diese Palme an. Wenn wir den Rahmen rundherum vergessen und alles andere beiseite lassen, das von der Kunstfertigkeit des Menschen zeugt, und unseren Blick auf den deutlich ausgeprägten Stamm richten und auf die gefiederten Sprosse, die sich am oberen Ende des Schaftes ausbreiten, dann glauben wir uns in eine Oase Arabiens versetzt.»

«Worin unterscheidet sich diese Palme von ihren Artgenossen in der Wüste, von denen im Gewächshaus oder am Ufer des Nils? Nur in einem Punkt. Der Geist einer Palme ist blind von einer Gegend in eine andere gewandert auf der Suche nach einem Körper. Er gelangt in ein warmes Land und errichtet, aus salmiakhaltigem Boden, Wassermolekülen, aus zahllosen anderen Bestandteilen, einem inneren Gesetze folgend, um sich herum Wurzeln, einen Stamm und Äste, bis eine Hadschi, müde vom langen Weg, sich in ihrem Schatten niederlässt und sagt ‹Allah ist gross! Eine neue Palme.›»

«Ein zweiter Palmengeist gelangt auf seiner Reise durch den Äther nicht zur Erde, sondern hier auf diese Fensterscheibe. Er findet keinen Boden, sondern nur die Wassertropfen, die sich im Laufe des Tages in der Luft angesammelt haben. Es ist Nacht, wenn er seinen Besuch abstattet, und wenn wir am Morgen ans Fenster treten, siehe, da hat der Geist sich einen Körper aus reinstem Kristall geschaffen und ihn, seinem unbeirrbaren Gesetze folgend, makellos zu jener Palme geformt, die wir hier sehen.»

«Morgen schwebt vielleicht der Geist der Alge vorbei, um sich hier zu verkörpern, und tags darauf der Geist eines Farn.»

Hätte ich Anteil gehabt an der Entstehung dieser Idee, ich würde nicht wagen, sie in der Weise zu beschreiben, wie ich es jetzt tue, nämlich als ein einzigartig schönes Bild; dennoch glaube ich nicht, dass ich ohne Hoffnung auf Verständnis bleiben werde, wenn ich sage, dass ich wirklich diesen Eindruck hatte. Der Zufall wollte es, dass mein Freund und ich in dem langen und strengen Winter, den wir gemeinsam in W---- verbrachten, noch häufig Gelegenheit hatten, Bestätigung für seine Prophezeiung zu finden, denn oft kamen Farne und Algen an unser Fenster und viele andere Geister aus der Pflanzenwelt; die bitterkalten Winde bliesen ihre Stiele und Blütenblätter zu immer grösserer Vollendung, ihr Duft war köstlicher und bleibender als jeder andere Wohlgeruch, denn er beatmete die Seele ohne die Vermittlung bestechlicher Organe.

Wenn wir die vom Frost prachtvoll geschmückten Fenster betrachteten – die poetische Theorie hatte mittlerweile unser Denken beeinflusst –, konnten wir nicht umhin, den Vergleich auf ein Gebiet auszudehnen, das ungleich weiter und von höheren Geschicken gelenkt wird als von jenen der unbewussten Schöpfung. Für eine bestimmte Substanz der Palme ist der Atem des Winters tödlich. In den nördlichen Zonen wird eine Inkarnation, die aus Krumen und irdischen Säften entsteht, zugrunde gehen und dahinwelken; doch der Geist der Palme ist nicht tot. Weggeweht, sucht er sich andere Baustoffe, um darin zu wohnen, und er kristallisiert sich in einer Form, die ihre Schönheit und Bestätigung nur durch jene

Kraft erfährt, welche ihre andere Gestalt zerstört.

Es gibt einen anderen Wind in Arabien, Sarsar genannt, den kalten Hauch des Todes, der nicht den Baum umweht, sondern den Menschen. Das Körperliche fällt ab durch seine Kälte, doch die Seele hat davon nie etwas verspürt. Von demselben Hauche freigesetzt, der ihrer Hülle den Tod brachte, wandert sie in ein anderes Land und manifestiert sich in einen anderen, herrlicheren Körper. Wer wollte behaupten, dass all die Einflüsse, die an der Zerstörung der alten Hülle mitgewirkt und so eine neue, beseelte Schöpfung ermöglicht haben – Arbeit, Schmerz, Abnutzung und all die tausend Kräfte der Zerstörung –, nicht die ganze Zeit daran gearbeitet hätten, die Seele zu veredeln, sie zu einem schöneren, besseren und harmonischeren Wesen zu machen? Sollte der, der das Gras auf dem Felde kleidet und das auch uns tut, die wir so kleingläubig sind, nur den bewusstlosen Dingen durch ein hartes Schicksal das Gute angedeihen lassen und dasselbe nicht auch seiner des Bewusstseins fähigen Schöpfung versprechen?

Nachdem wir etwas abgeschieden für uns lebten und beide Ansichten und Gespräche pflegten, die nicht unbedingt allgemein üblich waren, führte dies berechtigterweise und keineswegs unerwartet dazu, dass es nicht an Leuten mangelte, die uns als Visionäre betitelten, mit einem Beinamen also, der die strengste Rüge ausdrückt, die A., dessen Lebensinteressen nicht über Beefsteak und Kleider hinausgehen, B., der in weiteren Räumen forscht, entgegenschleudern kann. Aber ich kann mich nicht erinnern, dass dieses Donnergrollen uns allzusehr erschüttert hätte, sondern wir ertragen ihn, wie unausrottbare, wohlgelaunte Märtyrer.

Als wir uns über dieses Thema unterhielten, entwarf der Doktor eines Abends folgende Parabel:

«Es waren einmal zwei elektrisch geladene Teilchen, die sich in einem Eisenbarren befanden. Das eine der beiden Teilchen hatte ein vom Forscherdrang beseeltes Temperament – zum grossen Missfallen seiner Familie und, nach der Ansicht der Teilchen, die in der Versammlung aller elektrisch geladenen Teilchen wichtige Stellungen innehatten, zu seiner eigenen Schande – und begab sich eines Tages auf eine wilde Entdeckungsreise. Und weil es sehr lange Zeit fortblieb, nahm man allgemein an, dass es am negativen Pol jämmerlich zugrundegegangen sei. Währenddessen kümmerte sich das andere elektrisch geladene Teilchen, das zu Hause geblieben war, um seine eigenen Angelegenheiten und sicherte sich ein beträchtliches und weiterhin wachsendes Ansehen in der Gesellschaft der elektrisch geladenen Teilchen. Nach Ablauf einiger Sekunden (eine Zeitspanne, die, so muss man sich vor Augen halten, eine ziemlich langwährende ist für Wesen, die sich so schnell wie Elektronen bewegen) kehrte das sprunghafte Teilchen wieder zurück und besuchte seinen Freund, der sich ein so hohes Ansehen und eine so gute Position erworben hatte, und es geschah, dass es in dem Gespräch folgende Bemerkung fallenliess: Ich habe auf meinen Reisen entdeckt, dass wir nicht die einzigen lebenden Wesen sind, sondern dass wir in Wirklichkeit in einem Körper leben und von diesem umgeben sind, der Eisen heisst, und der, im Gegensatz zu uns, über eine weit grössere Festigkeit verfügt, die wir nicht verstehen können.»

«Darauf wurde das andere Teilchen wütend und murmelte irgendwas in der Art wie ‹Humbug›! Aber der Reisende beharrte derart auf dem Recht seiner Entdeckung, dass er seinen Freund so in Erregung versetzte, dass dieser schliesslich in folgende Worte ausbrach: ‹Willst du die Wahrheit der Wahrnehmung meiner Sinne bestreiten? Mein ganzes Leben bin ich, meinen Geschäften nachgehend, hin und her gelaufen und habe doch niemals etwas gesehen, gehört, gerochen, berührt oder gefühlt, das ein Ding wie dieses Eisen gewesen wäre. Warum renne ich mir den Kopf nicht daran an, wenn es existiert?› Seit diesem Tag, so wird glaubhaft versichert, schüttelt das praktische Teilchen, wann immer es sich einem Erfahrungsaustausch mit einem anderen praktischen Teilchen hingibt und das forschungsreisende Teilchen des Weges kommt, das Haupt und sagt zu seinem praktischen Freund: ‹Höchst unseriös, der da, redet wirres Zeug über ein Hirngespinst, die er Eisen nennt, visionär, sehr visionär.›»

173

Die grosse Entsagung

Monate vergingen, und meine Sehnsucht nach dem einstigen Leben mit dem Haschisch nahm in gewissem Ausmass ab und für gewöhnlich fand der Wunsch danach, in die vom Haschisch verzauberte Welt zurückzukehren nicht so sehr seinen Ausdruck im Verlangen nach diesem positiven Zustand, sondern im Leiden unter meinem damaligen jämmerlichen negativen Zustand. Es war nicht so sehr das ekstatische Erleben, was mich an der Droge so fasziniere, sondern eher ihre Macht, mich zu befreien von der Knechtschaft einer allumfassenden Apathie, die keines Menschen Einfluss ganz von mir zu nehmen imstande war. Trotz allem gab es auch in dieser Phase Zeiten, in denen ich kämpfte, wie gegen einen Riesen, oder, um die Natur der Sache genauer zu bezeichnen, Widerstand leisten musste wie gegen dämonische Verführerinnen, denn mein Versucher lockte mich mit einer Lieblichkeit, die ich nirgends sonst auf der Welt zu entdecken imstande war.

Wie in der ersten Phase meines Kampfes, erhaschte ich hin und wieder verführerische Augenblicke des Entzückens, die durch einen Riss in der Wolke, die sonst mein tägliches Leben einhüllte, über mich hereinbrachen und doch lang genug währten, um mir klarzumachen, dass ich noch immer verführbar und die Kraft meiner persönlichen Integrität noch nicht jenseits der Bestechlichkeit war.

Einige meiner Leser werden zweifelsohne amüsiert, andere schmerzlich berührt und einige wenige angewidert sein von den kindischen Auswegen, zu denen ich Zuflucht nahm, um den wiedererwachten Hunger nach Visionen zu besänftigen, ohne wieder zum Haschisch zurückzukehren. Es gab drei Konstellationen von Umständen, die dies Verlangen unfehlbar in mir erweckten. Niemals wurde es von dunklem, stürmischen Wetter ausgelöst, denn das war so in Übereinstimmung mit meiner eigenen Stimmung, dass es kaum mehr als ein flüchtiges Aufmerken in mir wachrief. Der Mann, der einen nahen Freund verloren hat, schenkt dem Nebel und der Dunkelheit kaum viel Aufmerksamkeit; Sonnenschein aber ist etwas, das seiner Trauer zu spotten scheint. So war es auch bei mir. Die Schönheit, die jedes andere Herz mit Freude erfüllt hätte, erinnerte mich nur an andere Sonnen, die viel wunderbarer ihre Bahnen durch andere Himmel zogen, getaucht in eine viel unvergleichlichere Farbe. Ich sah in den Himmel und ich vermisste das unaussprechliche Rosa und das saphirgleiche Licht, das er früher für mich gehabt hatte; aus der Himmelskuppel des Firmaments ertönte nicht mehr länger eine grossartige, ungeschriebene Musik.

Es schmerzte mich, in das öde Blau zu blicken, das früher durch meine Hexerei mit unzähligen, himmlischen Reitern bevölkert gewesen war, mit Städten, gebaut aus Perlen und mit Flüssen, die von Symphonien aus silbernen Tönen erstrahlten. Ich schloss meine Augen und sah einen Moment lang all das, was ich verloren hatte.

Eine Mondscheinnacht erfüllte mich mit anderen schmerzhaften Erinnerungen an mein früheres Leben in den Zauberreichen; die Stimmung des Mondlichts war nicht so himmelhoch jauchzend wie die des Sonnenlichts, dafür aber tiefer und länger während. In eine Melancholie gehüllt, die ich nicht ausdrücken kann, wanderte ich um diese Stunde durch die vom Mondlicht beschienenen Strassen und blickte traurig suchend um mich, ob nicht eines der gewöhnlichen Dinge am Strassenrand sich verwandeln würde:

«Verwandeln
verwandeln in etwas Kostbares, Seltsames.»

Die Steine zu meinen Füssen strahlten wie unbearbeitete Kristalle. Das vereiste Schmiedewerk an den Gartentüren, an denen ich vorbeikam, hatte sich unter der Berührung des göttlichen Mondalchimisten in feinstes Silberfiligran verwandelt. Die Ulmen und die Akazien, die gleissende Funken sprühten von ihren eisüberzogenen Zweigen hätten gut die Metallbäume sein können, die Allah pflanzte, als die Menschen aus dem Paradies hinausgeworfen worden waren.

Und trauernd gedachte ich jener vergangenen Tage, in denen ich diese mondbeschienenen Wege entlanggewandert war wie eingefangen in unendliche Bilder der Herrlichkeiten, und das Mondlicht hatte mich in einen geheimnisvollen Purpurmantel gehüllt und ich hatte mich als unbestreitbarer Souverain dieses verzauberten Landes gefühlt und aus den wundervollen Tiefen der Erde und des Himmels hatten die Stimmen der seligen Geister mir als ihrem König zugejubelt.

Und als ich über diese Dinge nachdachte, die unwiderruflich in der Vergangenheit verloren waren, weinte ich – ja, wiewohl das ja als unmännlich gilt, weinte ich bitterlich, als ich mich als entthronten König, als Zauberer, seines Zauberstabs beraubt, als Gott ohne Heiligenschein wiederfand. Ich empfinde keine Scham, wenn ich mich daran erinnere, denn wenn es eine Ekstase gibt, die uns nicht zuteil wird, wenn es eine Schönheit der Dinge gibt, die sich uns nicht zeigt, so ist es nicht weniger schimpflich, darüber zu klagen, dass diese verschwunden ist als seufzend auf ihr Wiedererscheinen zu warten.

Es gab noch eine andere, eine körperliche Bedingung, die, so fand ich immer wieder heraus, ich vermeiden musste, wenn ich nicht von der Sehnsucht nach dem Zauber des Haschischs eingefangen werden wollte. Es war die nervöse Reizbarkeit, die durch den Entzug von Tabak verursacht wurde.

Rauchen, wenn auch nichts anderes sonst, war eine regelmässige Gewohnheit von mir. Wenn ich den Wunsch nach Nikotin länger als eine Stunde aufschob, erweckte das den Wunsch nach Haschisch in einem Ausmass in mir, das physischen Schmerzen gleichkam. Wenn irgendwelche Umstände es mir verunmöglichten zu rauchen, bevor ich daran ging, meine täglichen Pflichtrunden zu absolvieren, und ich keine Möglichkeit dazu fand, bis ich sie beendet hatte, wagte ich kaum die Augen zu schliessen, wenn ich nicht im Moment aus meinem alltäglichen Leben hinausgetragen werden wollte, in dem die Notwendigkeiten meine Gegenwart erforderten, und in ein anderes Land riesiger Visionen versetzt werden wollte. Wenn ich diesen Impuls einen Moment lang nachgab, fand ich mich ohne Umschweife wieder inmitten eines Himmels und einer Landschaft, deren Glanz nur wenig lebendiger waren als die vollkommenen Halluzinationen aus Fantasia.

Aber ich habe noch nicht von meinen Ablenkungen erzählt, zu denen ich Zuflucht nahm, um in ihnen Trost zu finden und zu verhindern, dass ich wieder zu dem Genuss des Haschischs zurückkehrte. Und sofern ich über eine Erfindungsgabe verfüge, wurde diese wahrlich dabei auf die härteste Probe gestellt. Manchmal verbrachte ich die wenigen Momente der Musse, die ich zwischen meinen täglichen Geschäften finden konnte damit – Seifenblasen zu machen. Nicht dass dies Vergnügen, aus dem ein grosser angelsächsischer Weiser eine Philosophie des Spiels entwickelte, Verachtung verdienen würde und auch nicht, dass die Freude an diesen seltenen Schönheiten, die doch mit so bescheidenen Mitteln zustande kamen, eine ästhetische Ketzerei gewesen wäre – aber der Haschischesser ist sich der Kritik derer wohl bewusst, für die kindlich dasselbe bedeutet wie kindisch, und die mit all denen sich anlegen, die mit den einfachsten Mitteln glücklich zu werden verstehen und mit ihrem Schöpfer, weil er nicht alle kleinen Hügel so hoch wie den Cotopaxi gemacht hat.

Indem ich all die professorale Würde von mir warf und mich selbst zu einem Erstklässler am ersten Schultag machte, griff ich nach der Pfeife und stellte mich ins Licht des nächsten Sonnenstrahls (dies ist eine Lektion, die von solchen gelernt werden sollte, die weitergehen, um das Licht zu suchen und dabei noch häufig in die Irre gehen) und so erschuf ich eine Weltensphäre nach der anderen und nicht, wie der alte Poet in seiner ungewollten grotesken Lästerei, indem ich sie mit den Fingern zum Zerplatzen brachte, sondern indem ich meine Hand sorgfältig auf der Armlehne des Stuhles aufstützte, um ein Zittern zu verhindern, das aus der Angst zu zittern erwuchs, und sie vorsichtig so weit aufblies, wie es ging und dann darin versank, ihren glänzenden Schein zu betrachten, bis sie zerplatzten.

Darin fand ich eine schwache Wiederbelebung meiner Erinnerungen an meinen Haschischhimmel, und wo die Wirklichkeit versagte, half ich ihr mit meiner Vorstellungskraft nach und schuf so eine vollständige Vision.

... wand sie sich an meiner Seite, als wenn sie mich einwickeln wollte – sie dachte, ich sei ein Neuankömmling in der Hölle.

Wenn die Zeit es mir gestattet hätte, hätte ich Stunden damit zubringen können, das Entstehen, Vermischen und Verändern dieser Farben zu beobachten, dieser unvergleichlichen Farben – unvergleichlich wenigstens in der wirklichen Welt und um eine Parallele zu ihnen zu finden, müssen wir die Welt unseres Wachlebens verlassen und uns durch einen schillernden Traum gleiten lassen. Derjenige, der der Freude teilhaftig werden will, muss sich in Demut hüllen und wie ein Kind werden.

Es gab noch eine andere Möglichkeit, die es mir gestattete, die Vergangenheit leidlich zu reproduzieren, um darin eine unschuldige Befriedigung zu finden. Wenn ich zu bestimmten Zeiten dem Auge eines Fremden gestattet hätte, einen Blick in meine eigenen geheiligten Räume zu werfen, wäre dieser wahrscheinlich mit einigem Erstaunen auf eine bestimmte Anordnung von Büchern auf meinem Schreibtisch gefallen, die einige Ähnlichkeit hatte mit den Häusern, die Kinder im Spiel bauen. Und doch hätte der Fremde wohl kaum vermutet, dass der Schlüssel zu dem Geheimnis darin lag, dass ich eine Höhle nachgebaut hatte oder einen glänzenden Tempel, in dem ich vor so langer Zeit einen ganzen Abend frohlockt hatte, während die Felsen in fremdartiger Musik widerhallten und die Stimme des Orakels aus dem Inneren des Tempels zu mir sprach. Hätte er mich nach meinem Geheimnis gefragt, so hätte ihn die Antwort nicht unbedingt klüger gemacht.

Und dann gab es noch eine Methode, und diese war die wirksamste von allen, meiner Neigung zu Visionen nachzugehen, ohne in die alte Abhängigkeit zurückzufallen. Von dem Ratgeber, dessen Artikel meine Befreiung von der Droge einleitete, hatte ich den Rat bekommen, dass, wann immer die Faszination der Droge mit einer besonderen Macht mich zu erreichen drohte, ich ihr damit entkommen könnte, dass ich eine der früheren Visionen aufs Papier brachte. Dies war ein weiser und wohlmeinender Rat, dem ich, wann immer eine Lücke in meinem Tagesablauf es mir gestattete, ohne Zaudern nachkam. Und als wenn sie aus einem Haschischdelirium entstanden wären, stiegen die Visionen aus meiner Erinnerung auf und zogen unter den verschiedensten Bannern an mir vorbei, einige segelten unter der schwarzen Flagge der Hölle, andere trugen das regenbogenfarbene Banner des siebten Himmels.

Bei dieser Wiederholung der Vergangenheit gewann ich zweierlei: Zum einen stillte ich meine Sehnsucht nach den Zauberreichen, ohne diese wirklich zu betreten, zum anderen grüsste ich die scheusslichsten Schrecken, die doch für mich nichts weiter waren als das Echo eines Schusses. Auf diese Art und Weise wurde ein Teil dieser Erzählung skizziert, leider nur ein kleiner Teil, denn der Gang meiner alltäglichen Geschäfte liess mich in diesem unschädlichen Traumland nicht länger verweilen als einen Wanderer, der nur in der Nacht Ruhe findet.

Die Hölle des wilden Wassers und die Hölle der weiblichen Treulosigkeit

Nun soll man aber nicht glauben, dass ich mit Hilfe all meiner Ablenkungen ein Leben von halbwegs erträglicher Ruhe und Zufriedenheit führte; die Natur, obwohl sie all diese beneidenswerten Ablenkungen für uns bereithält und uns damit von den meisten aller Schmerzen befreien kann, setzt andererseits unmissverständlich ihr Zeichen der Missbilligung vor jeden Gebrauch künstlicher Stimulantien. Wenn ich – beeinflusst von einem menschlichen Unbehagen, allzulang in schrecklichen Gefilden zu weilen – diesen Teil meiner Erfahrungen als so beschrieben habe, dass jedermann denkt, dass der Rückweg aus den Welten der Droge ein leicht zu begehender wäre und so den Eintritt in diese Dimension zu wagen willens ist, so möchte ich diesen Fehler damit wieder gut machen, dass ich jedwede schmerzhaftesten Prophezeiungen über das dort wartende Elend mache, denn ich litt in dieser Zeit schlimmer, als irgendwelche körperlichen Schmerzen mich hätten leiden machen können.

Lange Zeit wurde ich in den Nächten, oder besser, der Zeit, in der mir nachts Schlaf geschenkt wurde, von grauenhaften Visionen heimgesucht. Irgendwann begann mich der Niagarafall wieder zu verfolgen. Da hing ich dann in jeder nur denkbaren Weise, hilflos, von allen Freunden und oft von jedem lebendigen Wesen verlassen, über dem tosenden Abgrund oder schlidderte glitschige Felsen wie einen sich fortwährend verändernden Pfad von feuchten Smaragden hinunter. Ein Trost jedoch linderte immer mein Elend; es war das Gesicht aus Stein, das bewegungslos verborgen unter seinem nie sich lüftenden Schleier den Schrecken der Wasser mit mir teilte.

Und wenn ich nicht anders konnte, als mich im Traum zusammenzukauern, so war es das einzige Wesen, das meine vollkommene Einsamkeit milderte.

Aber ich fürchtete nicht nur um mein Leben allein. Manchmal kam ein riesiges Schiff ohne ein Zeichen von menschlichem oder tierischem Leben auf seinen Decks den Fluss entlang. Entgegen jeder normalen Vorstellung machte es seine Fahrt, ohne von Segeln oder Schiffsrädern angetrieben zu werden; wenn es aber einen bestimmten Punkt erreicht hatte, stand es plötzlich still. Bald lernte ich vorherzusagen, was dann als nächstes kommen würde und stöhnte auf unter der Prophezeiung des unabwendbaren Missgeschicks. Ein Zittern lief über die Wasser des Flusses, als wenn in seinen unauslotbaren Abgründen ein Vulkanausbruch stattgefunden hätte und dann begann das riesige Fahrzeug, indem es sich nach vorn beugte, zu sinken. Langsam versank es, bis der Bug verschwunden war, dann gellte ein schriller Schrei der Verzweiflung durch die Luft – die Decks, die Takelage und die Brücke waren von menschlichen Wesen bevölkert, die bis zum Augenblick der Katastrophe nicht sichtbar gewesen waren und die sich mit eisernem Griff an all diesen Stützen ihres Lebens festzuklammern versuchten, vergeblich, denn dieses Leben würde nicht mehr lange währen. Ich sah wie sie, einer nach dem anderen, von den grünen Wassermassen verschlungen wurden und mit der letzten Luftblase ihres sterbenden Atems versank auch die Hauptflagge und einen Moment später glitt der Fluss dahin, als ob nichts geschehen wäre.

Ich habe keine Ahnung, wie oft die Schrekkensglocke dieses fürchterlichen Trugs in meinem Schlaf geläutet wurde, aber immerhin häufig genug, dass es mich wie ein tonloser Schuss schüttelte, wenn in meinen nächtlichen Visionen fliessendes Wasser oder ein Schiff, das in eine verlassene Gegend trieb, auftauchte.

Nach und nach wurde es zu einer meiner Angewohnheiten, alle Traumszenen, gleich ob es vergnügliche oder schmerzhafte waren, in einer Katastrophe, die etwas mit Wasser zu tun hatte, enden zu lassen. In einem früheren Stadium, das auf meinen Haschischentzug gefolgt war, hatte ich besonders grosse Angst davor gehabt zu sehen, wie Menschen einen Minenschacht hinunterfielen, oder, wie ich bereits ausführlich beschrieben habe, fürchtete ich mich vor oder erlitt selbst einen Sturz in den Abgrund; doch nun war es ganz gleichgültig auf was für eine Reise ich mich begab, ob ich den Atlantik überquerte oder im Inland reiste, früher oder später wartete unausweichlich der Tod durch Ertrinken auf mich oder jedenfalls die bevorstehende, drohende Gefahr desselben. Es schien mir, wenn ich wach war, eigenartig, dass ich in diesen fürchterlichen Träumen niemals Gebrauch von früheren Erfahrungen machte, um mir zu versichern, dass das alles nur Einbildung sei. Bevor ich das Haschisch aufgegeben hatte, hatte ich in natürlichen Träumen häufig die Kraft des logischen Denkens benutzt, um mir zu sagen, «vor dieser Gefahr hattest du schon einmal Angst und dann stellte sich heraus, dass all das gar nicht wirklich war», woraufhin ich sofort erwachte und die Gefahr an mir vorübergehen lassen konnte.

Oft beschloss ich tagsüber, eingedenk dieser Erfahrung, mich aus dem nächtlichen Elend durch denselben Trick zu befreien, aber wenn es dann soweit war, war daran nicht zu denken. Offensichtlich gehorchten die Träume, die ich nach der Aufgabe des Genusses des Haschischs hatte, derselben Logik wie die durch den Drogengenuss hervorgerufenen Erfahrungen: Alles Erleben wird in der Gegenwart zusammengeschmolzen und jede Erinnerung daran, je in einem anderen Zustand gelebt zu haben, entschwindet.

Aber es gab doch eine mich marternde Vision, die eine Ausnahme von all den Wasserkatastrophen bildete und die sich mir so lebhaft einprägte, dass, selbst wenn ich wach war, sie in meiner Seele noch tagelang nachhallte. Auch sie, wie die anderen auch, stand mit dem Niagarafall im Zusammenhang.

Ich fand mich, hoch oben auf einem Felsen, der so steil aufragte, wie nur Haschisch es zuwege bringen kann, auf einem breiten, flachen Stein sitzen.

Neben mir sass eine Dame von Welt, die ich im Wachzustand gut kannte, eine königliche Dame, die von der Gesellschaft geliebt wurde und die die Gesellschaft liebte. Ihre Hand ruhte in meiner. Insoweit wie ein Mensch überhaupt ein Recht hat, seinen Nächsten in einer persönlichen Weise zu beurteilen, so würde ich sagen, diese Dame war fürchterlich hohl, egoistisch und politisch immer auf der Seite, die ihr am diplomatischsten für ihre eigenen Interessen zu sein schien. Und wenn ich darüber nachdenke, muss ich sagen, dass, wäre ich wach gewesen und hätte sie so nahe bei mir gefunden, so hätte ich mich erhoben und wäre fortgegangen, um ihr nicht zu zeigen, wie abstossend ich sie fände und wie wenig ich sie mochte. In dieser Situation aber rührte ich mich nicht vom Fleck, weil mich ein eigenartiger Zauber gebannt hielt.

Plötzlich sprach sie und lenkte meine Aufmerksamkeit auf einen Gegenstand, der den Fluss heruntergeschwommen kam. Ich drehte mich um, um besser zu sehen, aber fast im selben Moment hörte ich ein kratzendes Geräusch neben mir und fühlte, wie der Stein, auf dem ich sass, ein Stückchen in Richtung der Felskante schlidderte. Ich blickte sofort zu der Frau, aber sie blickte ernst in eine andere Richtung. Bald darauf hiess sie mich ein zweites Mal denselben Gegenstand im Fluss betrachten. Sonderbarerweise völlig unbesonnen, gehorchte ich ihr. Noch einmal glitt der Stein nach vorn. Diesmal drehte ich mich schnell genug um, so dass ich ihre Hand, wie sie sich von dem Stein zurückzog, noch sehen konnte. Ich sprang auf. Ich griff sie beim Arm und starrte in ihre wundervollen eisigen Augen; dann schrie ich sie an: «Frau! Verfluchte Frau! Ist das deine Treue?» Da liess sie ihre Maske fallen und lachte hohl auf und sagte: «Treue! Du suchst Treue in der Hölle? Ich hätte dich zu den Fischen befördert.» Sie hatte mir die Augen geöffnet. Sie sprach die Wahrheit. Wir waren wirklich in der Hölle, was ich bis zu diesem Moment nicht gewusst hatte. Die Wesen hatten dieselben Gesichter, aber teuflische statt menschliche Seelen sprachen aus ihnen. Sie wanderten über dieselbe Erde, aber ausser Dämonen gab es keine anderen Wesen – über ihnen derselbe Himmel, nur dass die Hoffnung verloren war.

Ich verliess die Teufelin am Flussufer und traf eine andere, die mir ebenfalls aus meinem anderen Leben bestens bekannt war. Schrecklich wand sie sich an meiner Seite, als wenn sie mich einwickeln wollte – sie dachte, ich sei ein Neuankömmling in der Hölle. Aber ich durchschaute sie und ihre Treulosigkeit, und als ob ich sie umarmen wollte, zog ich sie in meine Arme und versuchte sie zu erdrücken. Mit einem Blick voll schrecklichster Bosheit befreite sie eine ihrer Hände, öffnete ihre Brust, enthüllte ihr Herz, das heiss zischte, und presste es gegen meines. «Das Siegel der Liebe trage ich hier, mein auserwählter Teufel!» schrie sie. Neben diesem entflammten Pfand fing mein Herz Feuer; ich schleuderte sie von mir, und dann, Gott sei Dank, erwachte ich.

DER VISIONÄR.
EIN KAPITEL, ZU DEM DER ZUTRITT
FÜR UNBEFUGTE VERBOTEN IST

Bestimmte Philosophen ziehen die Grenzlinie zwischen den gesunden und den verderblichen Neigungen unserer Natur so, dass sie das Verlangen nach Stimulantien auf die verderbliche Seite rücken. Trotz all dessen, was ich von der mächtigsten Droge, die die Welt besitzt, erlitten habe, kann ich mich nicht entschliessen, diese Überzeugung zu teilen. Und zwar nicht deshalb, weil diese Neigung vor dem Hintergrund zu rechtfertigen wäre, dass sie universell ist. Es ist zwar richtig, dass der Syrer sein Haschisch hat, der Chinese sein Opium; es muss schon ein mit grösster Armut geschlagener Sibire sein) der auf seine berauschenden Pilze verzichten muss, ein Amerikaner, der ohne Tabak aus dem Haus geht, ist ganz unvorstellbar; überall auf der Welt fliesst der Alkohol und hat sich heimisch gemacht als eine Droge, die wahrhaft kosmopolitisch ist. Wenn wir jedoch von dieser Tatsache ausgehen, sind wir gleichermassen verpflichtet, jene weitverbreiteten Neigungen zu rechtfertigen, die da sind Lügen, Fluchen und den Nächsten hassen.

Aber es gibt eine Tatsache, die als Rechtfertigung für das Verlangen nach Drogen angeführt werden kann, ohne dabei in die Nähe unlauterer Nebenabsichten zu geraten, nämlich, dass Drogen den Menschen in die Nähe der göttlichen Offenbarung bringen können und ihn damit über sein persönliches Schicksal und seine alltäglichen Lebensumstände hinausheben in eine höhere Form der Wirklichkeit. Es ist jedoch notwendig, genau zu begreifen, was in diesem Fall mit dem Gebrauch von Drogen gemeint ist.

Wir meinen nicht das rein körperliche Verlangen, das, den meisten Tieren und erdengebundenen Menschen gemeinsam, auf eine Erfahrung drängt, die das Blut schneller durch die Adern pulsieren lässt und so ein gesteigertes physisches Wohlbefinden zur Folge hat, zugleich aber blind ist für die Wahrnehmung unangenehmer Wahrheiten und so alle Gedanken durch den dunklen Schatten des Tierischen verfinstert.

Das, wovon wir sprechen, ist etwas ungleich Höheres, nämlich die Erkenntnis der Möglichkeit der Seele, einzugehen in ein lichteres Sein, tiefere Einblicke und grossartigere Visionen der Schönheit, Wahrheit und des Göttlichen zu erhaschen, als ihr das sonst, durch die Ritzen ihrer Gefängniszelle spähend, möglich wäre. Es gibt aber nicht viele Drogen, die die Macht besitzen, solches Verlangen zu stillen. Der ganze Katalog, soweit die Forschung ihn bis jetzt geschrieben hat, dürfte wahrscheinlich lediglich Opium, Haschisch, und in selteneren Fällen Alkohol, der nur auf ganz bestimmte Charaktere erleuchtend wirkt, umfassen.

Äther, Chloroform und andere leichte Gase mögen bei diesen Überlegungen unberücksichtigt bleiben, da es nur wenige Menschen gibt, die so begeistert und tollkühn ihren Gefühlen folgen, dass sie sich mit Kräften einlassen, die so verschwindend in ihrer sofortigen und so verheerend in ihrer Dauerwirkung sind.

Aber, wo immer wir das Verlangen der Seele nach solchen Freuden ihrer Natur finden werden – wo bittet sie reinen Herzens um eine edlere Existenzform all der sie umgebenden Gegenstände und wo ist sie nur angewidert und enttäuscht von dem, was sie umgibt und welchen dieser Zustände sollen wir als den wahren und als den falschen bestimmen?

Lasst uns sehen, welches Urteil wir über anderweitige Strebungen der Seele fällen würden. Wenn ein armer Mann ein brachliegendes Fleckchen Land einzäunt, wird er als erstes eine dunkle, niedrige Hütte bauen, damit seine Hausgötter nicht ungeschützt seien. Und für eine Weile ist er zufrieden mit seinem Leben in der Hütte, das doch so viel besser ist als das Leben in der Heide ohne Dach über dem Kopf und er fühlt, dass ihm sein Wunsch in Erfüllung ging, die Natur ihm anwortete und seine körperlichen Bedürfnisse befriedigte.

Nach und nach, nachdem die Freuden nicht mehr zu frieren, vom Regen nicht mehr durchweicht zu werden, nicht mehr der Neugier fremder Augen ausgesetzt zu sein und nicht mehr zu hungern (seit er hinter der Hütte ein kleines Kartoffelfeld angelegt hat) ihm irgendwie selbstverständlich erscheinen, kommt er auf den Gedanken sich zu fragen: «Wie würden sich ein paar Blumen vor meiner Tür machen? Es gibt etwas in mir, das Blumen zu mögen scheint; ich glaube, sie würden mir gut tun.» Und so geht der arme Mann in den Wald, in den ältesten und nach Weihrauch duftenden Tempel unseres Gottes. Er kniet nieder auf dem Betkissen aus Torf, das der Frühling, dieser ewig junge Türöffner der Kathedrale, für ihn ausgebreitet hat, und vorsichtig, ohne eine einzige Faser des Wurzelballens zu verletzen, gräbt er einen Veilchenstock aus.

Wenn wir nun, einen oder zwei Tage später, an der roh gezimmerten Hütte vorbeikommen und uns über das Feuer beugen und den Besitzer fragen, wie es ihm ergehe, was tun wir dann, wenn unser Blick auf einen kleinen Knirps hier und da fällt, der irgendwie mehr ist als der Hüttenboden oder das Gras oder Gemüse – himmelblaue Gesichter, die brüderlich in einen Himmel von der selben Farbe sehen? Schütteln wir dann das Haupt, ziehen eine Augenbraue missbilligend hoch und kräuseln die Lippen und sagen: «Ach, du bist unzufrieden mit deinen Lebensumständen, wie ich sehe. Ruhelos an dem Ort, an den dich die Vorsehung gestellt hat, greifst du nach glückverheissenden Bildern, angekränkelt um das bittend, was du nicht hast, wahrlich ein verderbter Geschmack!» und dergleichen mehr?

Ich hatte mir eigentlich geschmeichelt, dass ich mit dieser Geschichte eine stringente Beweisführung hätte antreten können, mit all den fortiori und reductio ad absurdum der Argumente, aber ich habe das ungute Gefühl, das es mir nicht geglückt ist. Ich befürchte, das es Menschen gibt, die genau *dies* sagen würden.

Aber ich will das «wir» zurücknehmen und von mir und dir sprechen, mein geschätzter Leser, denn ich weiss, dass du nicht die Fähigkeit hast und ich will nicht den Willen haben, uns einer solch ungeheuerlichen Rede schuldig zu machen. *Wir* werden so etwas ganz gewiss nicht sagen.

Lass uns die Analogie beenden. Ein Mann, der, während seiner kindlichen (nicht seiner Kinder-)Jahre, hereingewachsen ist, in all die Übereinstimmungen, Kreisläufe und Wechselbeziehungen mit dem tierischen Teil der Natur, hat in dieser Zeit einzig all den Zwecken der Natur gedient, die in der Verbindung mit der Nahrungsaufnahme und -ausscheidung stehen. Seine Bedürfnisse waren befriedigt, wenn er Essen, Trinken und Kleidung hatte. Praktisch denkende Leute schätzten ihn als einen typischen Bestandteil eines erweiterten Zusammenhangs, nämlich der respektablen Gesellschaft.

Und in dem Moment, wo seine Hoffnung, etwas aus sich zu machen, am grössten ist (ich will nicht sagen, am höchsten, weil es für die Hoffnung, wenn sie richtig verstanden wird, keine unüberschreitbare Grenze gibt), entdeckt er, dass er noch andere, bis jetzt unentdeckte Wünsche hat, die sich nicht in dem Katalog seiner auf körperliches Wohlbefinden gerichteten Bedürfnisse wiederfinden lassen. Seine Seele dürstet nach Schönheit und dies Verlangen lässt sich nicht unterdrücken. Eine Zeitlang ist er zufrieden mit dem, was zwischen seinen Füssen spriesst in dieser wahrhaft wunderschönen Welt. In andere Aktivitäten verwickelt, hatte er Ähnliches nie bemerkt und nun ist ihm, als sei ein neuer Himmel sichtbar geworden und eine neue Welt angebrochen.

Nach und nach kommt er zu dem Schluss, dass alle Schönheit vergänglich ist, verdunkelt werden kann von Wolken, zerzaust vom Sturm oder gänzlich entwurzelt wird oder in schlechter Gesellschaft, die nicht vertrieben wird, verdirbt, und so sucht seine unsterbliche, immer über sich selbst hinauswachsende Seele nach erhabeneren Ausblicken in andere Weiten.

Derlei Ausblicke versprechen die Drogen. Was sollen wir nun zu diesem Mann sagen? «Du bist kränklich, du bist verdorben; deine Wünsche sind wider die Natur und sündhaft; du musst deine Wünsche einschränken, oder wenigstens, strecke deine Arme weiter zurück in die Finsternis und nicht in die Höhe dem Licht entgegen?»

«Nein, und tausend Mal nein!» Lasst uns eher dieses sagen: «Mensch, in diesem deinem Verlangen findest du den edelsten Beweis für die unendliche Fähigkeit des Wachstums dieser Keimzelle, deiner Seele. Du kannst gar nicht mehr von ihr annehmen, als sie einlösen könnte, denn du kannst gar nicht mehr an sie glauben, als Gott selbst an sie glaubt, und Er sagt, dass Er sie nach seinem Bilde schuf. Und des-

Unendliche Meilen unter ihm hörte er die alten, oft gelauschten Glocken der Welt, und ihr Klang, der vermindert durch den grenzenlosen Himmel unter ihm daherzuschweben kam, schien das Einzige, das ihn an etwas nicht Himmlisches band.

halb schmeichelst du dir nicht in unlauterer Weise mit der Möglichkeit, in Dimensionen zu sehen, die zu hoch für dich sind, es gibt nichts, das du nicht begreifen und mit deinem Blick umfassen könntest, und all das, was du siehst, existiert. Dein Wunsch ist vom Himmel selbst gebilligt, denn deine Beschaffenheit, die dich eines solchen Wunsches fähig macht, kam selbst vom Himmel. Dein Schöpfer wird dich nicht verdammen, und ebensowenig werden wir es tun.»

Wenn sich dieser Mann nun auf die Reise begibt und schliesslich dem Opium, dem Haschisch oder einem anderen Zaubermittel, das die Macht besitzt, ihm die Pforten anderer, wundervoller Welten zu öffnen, verfällt, sollen dann nicht das Blut dieses Mannes und die Tränen der verlassenen und bitter mit ihm leidenden Freunde uns beflecken?

Nein, du mein aufrichtiger und hochherziger Leser, denn das, was wir ihm sagten, sollte nur die Einleitung sein zu einer anderen, ausführlicheren Ansprache. Zwar ist es weder der Wille noch die Aufgabe des Autors, mahnende Worte zu sprechen, und doch mag der geschätzte Leser nachsichtig mit mir sein, wenn ich Folgendes hier zu skizzieren versuche.

«Du sündigst nicht in deinem Verlangen. Aber es mag sein, dass du dich ernstlich vergehst gegen die grosse Sehnsucht dieses Verlangens selbst, wenn du dich einer gewissen, selbstmörderischen Befriedigung, die die Drogen versprechen, hingibst. Wenn Haschisch oder Opium oder ein anderes Mittel verwandter Natur zwischen diesen Polen die einzige Alternative ist zu deinem bisherigen, rauhen Leben, das nur aus Essen und Trinken bestand, wenn es die einzige Möglichkeit für dich ist, dich weiterhin in den von dir einmal geschauten Reichen der Schönheit zu bewegen, wäre es in der Tat besser, eine Droge zu benutzen als deine Seele zur Verfolgung rein materieller Ziele zu zwingen und sie so zu demütigen und verkrüppeln zu lassen.»

«Und dennoch ist dies nicht die einzige Möglichkeit. Noch unentdeckte Wunder liegen in der Natur verborgen, ein Geist, der, wenn er von dir gerufen wird, sich einfinden und mit dir reden wird. In der Natur ist kein Hohn, keine Lüge, denn eine Stimme der Wahrheit wohnt ihr inne und lenkt sie. So sei diese Stimme deine Lehrmeisterin.»

«Auch die Künste haben ihren guten Geist, dem du noch nicht begegnet bist. So wie der Geist der Natur das vollkommene Werk Gottes ist, so ist der Geist der Kunst das vollkommene Werk des Menschen, dessen Geist Gott selbst schuf. Sprich auch zu diesem Geist. In deinen Fragen an ihn und seinen Antworten an dich wirst du dich erkennen und dich erfreuen an einem Sinn des Lebens, den du zuvor so nie gefühlt hast – und darin wirst du einen neuen Ansporn finden.»

«Die Hungernden um dich herum sind zu nähren, die Nackten zu bekleiden, die Gefangenen zu befreien, die Verfolgten unter deinen Schutz zu stellen, die Verwirrten zu erleuchten und die Seelen der Niederträchtigen zu reinigen. Tue Gutes, wo immer du die Gelegenheit dazu findest, und du hast darin einen anderen Ansporn.»

«Der unendliche Eine redet mit deiner unendlichen Seele, um sie zu sich emporzuheben. Durch hundert Türen tritt er ein. Es gibt Atemzüge, die du tust und die doch gleichwohl nicht die deinen sind. Findest du dich unbedeutender, als du sein solltest? Das Mass wahrer Grösse wird dir auf der Stelle gezeigt, gehalten von der Hand, die dir aufhelfen kann. Lastet der böse Schatten einer dunklen Vergangenheit auf dir? Die Engel, wie die, die gegen Abend selbst nach Sodom kamen, werden zu dir kommen, wenn du in der Dämmerung zauderst und zweifelst. Es gibt Hoffnung auf ein inneres Wachstum, ein besseres Leben. Das helle Licht der Auferstehung, das über alle Zeiten strahlt, wird auch die Ritzen dieses Grabes, das dein Körper ist, durchdringen. Warte, warte nur ein wenig, und das Grab wird sich in ein strahlendes Heiligtum verwandeln. Lass diese Hoffnung an eine anbrechende Zukunft, die alle Geheimnisse entschlüsseln wird, an ihre Zeichen auf dem Weg einer glücklichen Wanderung, an ihre sich nie erschöpfende Schönheit und Wahrheit und Göttlichkeit dein heiligster Schutzengel, der nie fehl geht, sein, bis Vollkommenheit und Wirklichkeit ein und dasselbe und nichts zu wünschen übrig ist.»

«Was nun aber den, den Drogen innewohnenden Geist anbelangt, so sei auf der Hut. Um das Heil jener Erhabenheit willen, mit der du deine Seele zu vervollkommnen strebst – sei auf der Hut! Diese Quellen werden rasch versiegt sein, und hilflos wirst du dir auf die Brust schlagen, denn ohne Möglichkeit, dich von ihren Ufern zu erheben, wirst du in ihr trübes Wasser sinken, in ihre den Wahnsinn schenkenden Arme, und du wirst dich verfluchen, dass du so die edlen Kräfte, die dein Verlangen nach Stärke und Reinheit und Grösse beflügelten, umbrachtest.»

Vergebt mir, wenn dieses Bild, trotz gegenteiliger Absichten, mir zu einer Predigt geriet. Der Haschischesser weiss sehr wohl, dass es nicht nur irgendwo auf dieser Welt, sondern auch in unserem Land, das von Ignoranten anderer Länder schändlich geschmäht wird als dem Fluch eines alles aufsaugenden Strebens nach Profit verfallen, Geister gibt, die sich nicht damit begnügen können, angesichts allem, das nicht das Materielle als Ziel im Auge hat, in einen Dämmerschlaf zu fallen, die sich nicht damit zufrieden geben wollen, immer mehr Häuser zu besitzen, soundso viele Meilen Land und ein äusserst respektables Ansehen zu geniessen, sondern berührt sind, wenn der Wind sie liebkost und die Dämmerung vergeht. Es gibt Menschen, die sich unstillbar sehnen nach Reichen, die immer grösser werdenden Ansprüche ihres Selbsts befriedigen sollen, die noch länger dauern und noch grösser sein sollen als die, die sie bereits besitzen. Ihr Kummer sei gerechtfertigt. Wenn es aber eine einzige Stimme gibt, die in der Lage ist, aus dem Eingangstor der gefährlichen Strasse der materiellen Befriedigung sich zu erheben, so lasst sie sprechen: «Komm, passiere, ich bin diesen Weg gegangen, am Ende führt er in die vergiftetste Zügellosigkeit», so hört sie, im Namen Gottes, an.

Soviel zur Entschuldigung meiner Predigt.

Zweifellos wird es solche geben, die, wenn sie dies lesen, sagen werden: Ist es nicht unlogisch, dem zukünftigen Haschischesser einerseits zu raten, die Hungrigen zu nähren und die Nackten zu kleiden, nachdem er zuvor gegen alle materiellen Ziele dergestalt gewettert hat? Mit dem Wunsch, diesen Vorwand im voraus zu entkräften, möchte ich sagen, dass ich mich nicht gegen materielle Ziele wende, sondern dagegen, sie zu unserem ausschliesslichen Herrn zu machen, der uns vollständig kontrolliert. Oder aber, drastischer gesagt, ich wende mich nicht gegen praktische Zwecke, sondern gegen Scheinzwecke. Es mag zwar paradox klingen, aber es gibt keinen Menschen, der tatkräftiger und praktischer wäre als ein Idealist. Überflüssig zu erwähnen, dass das (englische) Wort ‹praktisch› sich von dem griechischen Wort für ‹tun› herleitet; deshalb sollte es auf den Menschen angewendet werden, der das Beste für sich tut. Nun, und welcher von zwei Menschen tut das Beste für sich, der, der es nur für den vergänglichen Teil seiner selbst tut, für den Teil, der ihn binnen weniger Tage für immer verlassen kann, oder der, der es für den Teil seiner selbst tut, der auf ewig bei ihm verweilen wird?

Nun, praktischer Mensch, urteile!

Darüber hinaus wird die geistige Vervollkommnung keineswegs zur Vernachlässigung der Bedürfnisse des Körpers führen. Nur lasst das Haus nicht schöner sein als den Besitzer, die Diener nicht wohlgenährter und angebeteter als den Meister, und niemand wird Klage führen, wenn das Haus wohlbestellt und die Diener wohlgenährt sind zum Wohlgefallen des höchsten Gottes, des Herrn.

Ohne Zweifel hat die Entstellung des Prinzips, das dem Begriff «Visionär» verbunden ist, der rechtmässigerweise nur den grössten Geistern, die aussergewöhnlicher Einsichten fähig waren, zugesprochen wurde, dazu geführt, dass selbst kluge und gerecht urteilende Menschen abfällig darüber denken. Seichte, oberflächliche Personen, die versuchten, durch peinliche Extravaganzen einen Anspruch auf etwas zu erheben, das sie nicht imstande waren mittels der natürlichen Grösse ihrer Persönlichkeit zu demonstrieren, haben die Menschheit mit ihren Absurditäten angeekelt von der Zeit des Diogenes, der sich in seinem Fass zusammenrollte, bis zu der Epoche, in der der letzte Prophet seine Trompete auf dem Broadway erschallen liess. Sie alle haben sich verherrlicht mit dem Titel eines Visionärs, und fiel der strahlende Mantel von den Schultern des letzten aufrechten Propheten, der ihn in Ehrfurcht getragen hatte, so wurde er von den Vorfahren all jener unziemlichen Klans hastig an sich gerissen – und er bemäntelte die abgerissenen Lumpen eines geistigen Bettlers, bis dieser starb, um dann weitergegeben zu werden an die nachfolgenden Generationen von Schwindlern. Keinen besseren Beweis könnten sie für ihre uralte Würde anführen als den, dass es in der ganzen Geschichte der Menschheit niemals einen Pseudo-Poeten, Pseudo-Menschenfreund, einen Pseudo- was auch immer gegeben hat, der nicht erbittert an seiner hohen Geburt, den Zeichen seiner Auserwähltheit und seinem Kreuz der Ehrenlegion gehangen hat.

Und so können wir uns nicht mehr darüber wundern, dass Rogers seinem Erstaunen darüber Ausdruck verlieh, dass die gewichtigsten Bankiers eines der bedeutendsten Länder der

Welt, als Byron mit ihnen dinierte und er um das Heil seiner erhabenen Seele willen das englische Mahl, das vor ihm verschwenderisch angerichtet worden war, verschmähte und nur ein Glas Wasser und eine Kartoffel zu sich nahm und sie herausfanden, dass nur eine Stunde später ihm einer seiner Bardenfreunde ein Steak und eine Flasche Portwein in seinen Club schikken liess, welche er erfreut zu sich nahm.

Doch trotz dieser Annahmen über geistige Kräfte, wo sie nicht existieren – trotz dieser gefälschten Vorstellungen der wirklichen Visionäre, sollte, zumindest unter denkenden Menschen, der falsche Schein nicht die wirklichen Tatsachen in Misskredit bringen.

Es gibt ohne Zweifel mehr als einen, der, wenn er diese klagenden Worte von einem alten Wachtturm von klösterlicher Würde vernimmt wie die Totenglocke aller Zuversicht, aller Bejahung, aller Wertschätzung unter den Menschen, oder das unheilvolle Echo des alten Dreifusses des Orakels, voll des bösen Omens einer Übles vorraussagenden Theorie hört, er sich nach den guten alten Tagen sehnen mag, als Klagelieder den verstorbenen Seher verherrlichen oder Freudengesänge von den Lippen der Harfenspieler perlten über die Zukunft eines der lebenden Weisen.

In seine alten Rechte wird der «Visionär» nicht wieder eingesetzt werden, bis die Buben aufhören werden, seinen Platz für sich und ihre verlogene Heiligkeit zu beanspruchen, oder bis gute Menschen davon Abstand nehmen, jede Theorie für ungesichert zu halten, die nicht ihre Aufmerksamkeit darauf richtet, wie das Streben nach irdischen Gütern gefördert oder diese erklärt werden könnten. Wenn das Alte nicht mehr sein *kann*, ist es möglich, dass das Neue nicht sein *darf*?

Dem, der das Wort wieder in sein Recht einsetzen wird, winkt hoher Lohn in der Zukunft. Der Mann, der in den Strom springt und seinen ertrinkenden Bruder sicher ans Ufer bringt, wird von der menschlichen Gesellschaft mit einer Ehrenmedaille belohnt, die er seinen Kindern als den besten Teil seines Erbes stolz vermachen wird. Wenn wir ehrlich sind, müssen wir sagen, dass die Wahrheit unser aller Bruder ist und die Erscheinungsform einer grossen und guten Idee. Zur Hilfe, denn, zur Hilfe! – und solang niemand kommt, werden wir in Wellen der Scham versinken, in die dies Wort zu sinken droht, und werden es an Land ziehen in unserer Verehrung für grosse Denker. Wer dies tut, der soll seines Lohnes wahrhaft nicht verlustig gehen. Aber es muss ein Mann von kühlen Blutes und kühnen Mutes sein, er muss so fähig sein, den abscheulichen Schauer der Fluten mitten ins Gesicht gespritzt zu ertragen, wie die Ehrenmedaille zu tragen, wenn er die Tropfen abgeschüttelt hat.

Und dann mag die Seele für würdiger als der Körper gehalten werden, nicht nur innerhalb, sondern auch ausserhalb der Blässe der spekulativen Theologie, und

«Dann wird ein herrlicherer Garten Eden
den Menschen zurückgegeben werden,
dann wird das gekrönte Geschlecht der
menschlichen Rasse erblühen.
So soll es sein!»

Die nachfolgende Hölle

Ich bin mir nicht dessen bewusst, dass es zu dieser Zeit in diesem Teil der Welt Menschen gibt, die Haschisch geniessen. Die Menschen, denen ich, auf ihre Bitten, Haschisch gab zu dem Zwecke, damit zu experimentieren, waren mit einem Versuch zufriedengestellt, und zwar auf mein Drängen hin, dass jede längere Gewöhnung sie unfehlbar in die Hölle führen würde.

Und doch mag es nicht unmöglich sein, dass diese Seiten vor die Augen von jungen Haschischessern geraten oder vor die solcher Menschen, die die ganze Kraft der Droge am eigenen Leib erfahren haben, und nun nicht wissen, wie sie sich von ihr befreien können, und so will ich diese Gelegenheit nicht vorüberziehen lassen, ohne durch die Erzählung meiner weiteren Geschichte an meinem Fall einen Ratschlag anzubieten, der begrüsst werden könnte.

Insbesondere muss sich der Haschischesser von einem Rückfall bei der schrittweisen Entwöhnung in andere Drogen, wie z. B. Alkohol und Opium, hüten. Vor solchen Rückschlägen wurde ich von demselben Ratgeber gewarnt, dessen Artikel in einer Zeitschrift mir den ersten Anstoss dazu gegeben hatte, der Droge zu entfliehen.

Wie am Anfang dieser Erzählung berichtet wurde, hatten mich starke Neigungen zu wissenschaftlichen Experimenten lange vor meiner ersten Bekanntschaft mit dem Haschisch dazu geführt, die Wirkung von allen möglichen Narkotika und Anregungsmitteln zu erforschen, und zwar weniger mit dem Blick auf mein persönliches Vergnügen als auf die Entdeckung einer neuen Dimension des geistigen Lebens.

Ich erforschte auch das Opium. Diese Droge wirkte bei mir nie sehr stark, niemals erlebte ich bei ihr eine Halluzination, aber für gewöhnlich verbreitete sie eine Ruhe in mir, die keinerlei äussere Umstände zu stören vermochten – und wenn ich meine Augen schloss, zeigten sich angenehme Bilder, leicht eingefärbt, der verschiedensten Landschaften. Diese milde Wirkung war wahrscheinlich einer Besonderheit meiner Konstitution geschuldet, denn ich erinnere mich, dass ich einmal eine Dosis zu mir nahm, die, wie ich später von einer Autorität auf diesem Gebiet lernen sollte, ausgereicht hätte, um drei gesunde Männer umzubringen, ohne dass ich irgendwelche bemerkenswerten Phänomene an mir feststellen konnte. Aber ich machte mir so meine Überlegungen, wie ich es verhindern könnte, Opium, trotzt seiner milden Wirkung, regelmässig zu mir zu nehmen. Was jedoch nichts nützte, denn die Fähigkeit, die ich mir bei dem Genuss dieser Droge erwarb, nämlich der nachdrücklichsten und tiefsten Müdigkeit zu widerstehen, war ohne Beispiel.

Zuerst wurde ich von der sklavenhaften Abhängigkeit von den Schrecken, die De Quincey erlitt, errettet. Ich fühlte ganz sicher, dass er nicht die Hälfte davon enthüllt hat, denn sein feiner Instinkt für das Schreckliche und Angebrachte in allen Mitteilungen an die Öffentlichkeit, der sich an tausend Stellen in seinem Werk zeigt, hatte ihn offensichtlich davon zurückgehalten, in seinen Bekenntnissen die tief in die Gemme geschnitzten Bilder des Schmerzes zu zeichnen, die der gute Geschmack selbst um der Wahrheit willen zu entdecken verbot.

Wieder hielt mich ein Vorurteil, dass aus einer eher engherzigen Überlegung entsprang, zurück – die Unmöglichkeit nämlich, dass, wenn ich Opium nehmen würde, ich dies vor meinen Kameraden, unter denen einige Physiker waren, nicht würde verheimlichen können, denn kaum einer von ihnen war so unaufmerksam, dass er nicht neugierig von den durch das Opium veränderten Augen, der Gesichtsfarbe und dem Verhalten angezogen worden wäre.

Zu dieser Zeit war der Ruf eines Opiumessers wenig wünschenswert in der Gesellschaft, die mich umgab, oder hatte die abscheuliche Konsequenz, dass man völlig unbekümmert fallengelassen wurde. Es war für jemand, der bekannt war als einer, der diese Droge benutzte, ganz und gar unmöglich, eine intellektuelle Anstrengung in was auch immer zu machen, gleich, ob es sich um eine Rede, die Veröffentlichung eines Artikels oder eine glänzende

Konversation handelte, ohne sofort als Coleridge der Kleine oder De Quincey in der zweiten Ausgabe begrüsst zu werden. Dies war aber nicht etwa eine morbide Neigung dieses Kreises, in dem ich mich damals aufhielt, sondern leitete sich von einem Ereignis her, das einige Monate, bevor ich diesen Kreis betrat, stattgefunden und ohne Zweifel die öffentliche Meinung gefärbt hatte.

Eine gewisse Person hatte beim Lesen der «Bekenntnisse» die Idee entwickelt (es ist schwer zu sagen wie, denn ihr Autor beschreibt den Opiumrausch darin überall als einen Zustand, dessen Freude darin liegt, alle Tätigkeiten während der Zeit seiner Dauer einzustellen), dass es möglich sein sollte, Quincey auf seinem eigenen Feld zu schlagen, und zwar wenn er während der stärksten Wirkung der Droge etwas schreiben würde. So setzte er sich eines Abends ab, um dem englischen Opiumesser die entscheidende Niederlage beizubringen, trank sein Laudanium und schloss sich in sein Zimmer ein, einen bedrohlichen Stapel weisser Blätter vor sich. Am nächsten Morgen, als seine Freunde wiederholt an die Tür klopften und keine Antwort bekamen, brachen sie, einen Unfall fürchtend, die Tür auf. Ho! Unser De Quincey in Reserve sass mit einem Federhalter in der Hand in seinem Sessel, seine Stirne ruhte auf dem grossen Stapel weissen Papiers in der Ungezwungenheit einer unschuldigen Ruhepause.

In der Zeit, nachdem ich das Haschisch aufgegeben hatte, zu Zeiten jedoch, als meine Not mich dazu zwang, zu jedem Linderungsmittel zu greifen ausser dem einen, versuchte ich ein- oder zweimal wieder das Opium. Noch immer zeigte es kaum eine Wirkung, weit davon entfernt, mich dem Haschisch gleich auf die Ebene früherer Aktivitäten und des regen Interesses an allen Dingen um mich herum zu heben, aber doch einzigartig darin, die Reste dessen, was in meiner Erinnerung aus den Haschischerfahrungen verblieben sein mochte, und so mich selbst mit dem Leichentuch zu bedecken, das die schlimmsten Teile meines früheren Lebens so schwer zu ertragen machte. Verrückte Gesichter starrten mich an, schreckliche Stimmen machten mir Prophezeiungen, selbst wenn ich vollständig wach war, ich war angefüllt mit der Erwartung der Vorboten eines fürchterlichen Besuchs, und so lernte ich zu meinem Kummer, dass ich nur einen bitteren Kelch gegen einen anderen eingetauscht hatte.

Und da die Wirkung des Opiums nie eine besondere Faszination für mich besessen hatte, liess ich schliesslich freiwillig alle Hoffnung auf das Opium als linderndes Mittel fahren.

Einige Zeit danach forderte meine Gesundheit, die durch harte Arbeit angegriffener als in den schlimmsten, durch Haschisch hervorgerufenen Nervenzusammenbrüchen war, nach Ruhe und einem Stärkungsmittel. Ersteres erhielt ich einfach durch meine Bekanntschaft mit dem ehrenwerten «Ritter mit dem gerunzelten Gesicht», eine Bekanntschaft, die diesmal nicht chemisch – weder eine Base noch eine Säure – war, sondern mechanisch, wie die Kraft eines Hebels. Das letztere (das Stärkungsmittel) fand ich schliesslich in geistigen Übungen, aber um das Heil einer schnelleren Befreiung von meinem schwachsinnigen Zustands willen und auf den Rat eines Arztes gab ich die Zuflucht bei diesen Geistern auf. Ein kurzer Versuch mit ihren Kräften hatte mich davon überzeugt, dass ihre Anregungen gefährlicher waren als die des Opiums, und so gab ich die Hoffnung auch auf ihren Trost auf.

So darüber belehrt, dass jedes mögliche Stärkungsmittel unausweichlich meinem Feind zu Hilfe kam, der seine Wurzeln tief in meine Seele geschlagen hatte, rief ich nicht mehr nach Hilfe von ausserhalb, sondern ging einarmig, gewappnet nur mit Geduld und freundlicher Anteilnahme, in den Kampf.

Nachdem ich diese Lektion gelernt habe, macht der Prozess der Genesung Fortschritte, kleine Fortschritte, aber immerhin, es ist ein Prozess. Hin und wieder zwingt mich das alte Leiden, eine Nacht auf und ab wandernd zu verbringen; wie unscheinbar die Erfolge auf dem Weg bergauf auch sein mögen, sind sie doch ein grösserer Trost als die Möglichkeit, noch einmal durch die rosigroten Reiche der vergangenen Haschischseligkeiten zu reisen. Mindestens jetzt – als ein Provisorium, lasse man mich hinzufügen – kann der, der einst auf grossartige Herrlichkeiten geblickt hat, nur hoffen, dass er sie wieder erblicken wird, wenn die Natur von aller Grobheit befreit sein wird, die in diesem Zustand ihm Schmerzen verursacht, und die Herrlichkeiten werden wieder zu ihm kommen, und sie werden sich keinen Weg durch Mauern bahnen müssen, sondern sein wie das Sonnenlicht, das voll Freude und ohne ein Leides zu tun die Stirne des schlafenden Kindes umspielt.

THE

HASHEESH EATER:

BEING PASSAGES FROM THE

LIFE OF A PYTHAGOREAN.

"Weave a circle round him thrice,
And close your eyes with holy dread,
For he on honey-dew hath fed,
And drunk the milk of Paradise."
KUBLA KHAN.

NEW YORK:
HARPER & BROTHERS, PUBLISHERS,
FRANKLIN SQUARE.
1857.

DER HASCHISCH-ESSER
EINE BIBLIOGRAPHISCHE NOTIZ

In dem Monat, als er zwanzig wurde, veröffentlichte Ludlow in der beliebten New Yorker Literaturzeitschrift *Putnam's Monthly* (Sept. 1856) eine frühere und wesentlich kürzere Version seines Buches: Die Apokalypse des Haschisch. Die erste Auflage des *Haschisch-Essers* wurde im Jahre 1857 von dem angesehenen New Yorker Verlag Harper & Brothers anonym herausgegeben. Bis zum Jahre 1860 erlebte die Harper-Ausgabe eine dreimalige Neuauflage.

Danach trat *Der Haschisch-Esser* lediglich in einigen wenigen Anthologien in Erscheinung, wurde aber im übrigen nicht mehr gedruckt, bis im Jahre 1903 eine seltsame Ausgabe von einem ansonsten unbekannten New Yorker Verleger, S. G. Rains, auftauchte. Es war die erste Ausgabe, die den Namen des Autors trug, und zwei Art Nouveau-Stiche des erst kürzlich verstorbenen Aubrey Beardsley zierten ihr Inneres.

In der vierten Nummer seiner Zeitschrift für Okkultismus *The Equinox* (Sept. 1910) veröffentlichte Aleister Crowley «Einige Auszüge aus H. G. *(sic)* Ludlows *Der Haschisch-Esser*, die von den seltsamen Eigenschaften der Drogenwirkung berichten» (1968 erneut veröffentlicht in Isreal Regardies *Roll Away the Stone* mit Crowleys Kommentaren).

Seit dem Jahre 1960 ist *Der Haschisch-Esser* in Amerika in vier Auflagen erschienen. *The Hasty Papers* (herausgegeben von Alfred Leslies), ein Musterbeispiel für die Literatur der Beat Generation, druckte Ludlows Werk vollständig ab. Im Jahre 1970 druckte Gregg Press, ein akademisches Verlagshaus in New Jersey, eine Liebhaberausgabe. Die erste illustrierte und kommentierte Ausgabe des *Haschisch-Essers* wurde im Jahre 1975 von der San Francisco Level Press herausgebracht. In derselben Stadt veröffentlichte das berühmte Beat-Verlagshaus City Light Books eine neue Ausgabe des «ersten amerikanischen Buches, das sich mit dem Genuss von Drogen auseinandersetzt, als Weg, um zu neuen Pforten der Wahrnehmung zu gelangen.»

Im Lauf der letzten zwanzig Jahre wurde Ludlows Buch auch in zwei führenden Anthologien auszugsweise abgedruckt, nämlich in *The Drug Experience* (herausgegeben von David Ebin) und *The Marihuana Papers* (herausgegeben von David Solomon). Ein Artikel in dem einflussreichen Blatt *International Journal of the Addictions* brachte zahlreiche Zitate aus dem *Haschisch-Esser*, und das legendäre Untergrundblättchen *The Berkeley Barb* druckte ihn auszugsweise in Fortsetzungen ab – mit Beginn vom 12. September 1970, jenem Tag, da sich der Tod Ludlows zum hundertsten Male jährte und an dem Timothy Leary, der wegen des Besitzes von 0.001 Gramm Marihuana inhaftiert war, aus dem Gefängnis entfloh.

Die vorliegende Ausgabe im Sphinx Verlag ist die erste Übersetzung des *Haschisch-Essers* in eine andere Sprache.   M. H.

FITZ HUGH LUDLOW
DER LEBENSLAUF

1836
Am 11. September als einziger Sohn eines presbyterianischen Geistlichen in New York City geboren. Er ist noch ein Kind, als seine Familie in das hundertfünfzig Kilometer nördlich gelegene Städtchen Poughkeepsie übersiedelt. Fitz Hugh erhält eine humanistische Ausbildung.

1852–55
Experimente mit verschiedenen pharmazeutischen Präparaten aus der Apotheke des Ortes, unter anderem mit Tildens Extrakt (einem Präparat aus *Cannabis indica*) nach der Lektüre von Bayard Taylors Haschischerfahrungen in Damaskus. Schreibt sich in Princeton ein, um dann an das Schenectady College, New York, überzuwechseln.

1856
Ausgedehnte Cannabisversuche am College. Veröffentlicht «Die Apokalypse des Haschisch». Schliesst das Studium ab und unterrichtet anschliessend an einer Vorschule (Vorbereitung der Schüler auf ein College) in Watertown, New York. Liest in einem Magazin über die Erfahrung eines anonymen Haschisch-Essers.

1857
Veröffentlicht anonym «Der Haschisch-Esser».

1858–59
Studiert Rechtswissenschaften, übt diesen Beruf jedoch nicht aus. Der Erfolg seines ersten Buches verschafft ihm Zugang zu den literarischen Kreisen New York Citys und er beginnt in führenden Zeitschriften Kurzgeschichten, Artikel und Gedichte zu veröffentlichen. Heirat mit Rosalie Osborne.

1860–62
Ausbruch des amerikanischen Bürgerkrieges. Ludlow bereist Florida und Kuba. Er arbeitet weiterhin als freier Schriftsteller und verfasst unter anderem Theaterstücke, Musik- und Kunstkritiken.

1863
Bricht mit dem Maler Albert Bierstadt in den amerikanischen Westen auf – mit dem Zug bis Kansas, anschliessend mit der Postkutsche nach Kalifornien. Unterwegs besucht er Brigham Young und seine Mormonensiedlung in Salt Lake City. Schreibt einen Artikel über den Verlauf der ersten transkontinentalen Eisenbahnlinie. Verbringt den Sommer als Gast des politisch einflussreichen unitarischen Geistlichen Thomas Starr King. Er lernt die jungen Schriftsteller Mark Twain und Bret Harte kennen und macht den amerikanischen Westen mit Darwins Evolutionstheorie vertraut. Schreibt Sketches in den im Entstehen begriffenen literarischen Zeitschriften des Westens. Durchquert das Yosemite-Valley und zieht am Columbia River, Oregon, entlang, wo er im Anfangsstadium seiner (zum Tode führenden) Tuberkulose einen ersten Zusammenbruch erleidet. Kehrt im gleichen Jahr nach New York zurück. Projekt eines Reiseberichts anhand mitgebrachter Notizen.

1864–67
Beginnt zusätzlich zum Cannabis Opium zu nehmen, um Schmerzen und Pein seiner Krankheit zu lindern. Scheidung von Rosalie (die sich später mit Bierstadt, der Amerikas berühmtester Landschaftsmaler werden sollte, vermählt). Ludlow schreibt eine Bühnenfassung von *Cinderella*, um Geld für die Hinterbliebenen des Bürgerkrieges zusammenzubringen; alle Rollen sind mit Kindern besetzt, dreissig Ponies werden einbezogen. Er heiratete Maria Milliken, eine Witwe aus Maine. Veröffentlichung seines zweiten Buches, *Little Brother and Other Genre Pictures,* eine Sammlung von vier längeren Erzählungen. Ausgedehnter Briefwechsel mit Opiumsüchtigen; führt Behandlungen durch.

1868

Veröffentlicht in *Harper's Monthly* eine längere Abhandlung mit dem Titel «What Shall They Do to Be Saved?», die im *The Opium Habit* – einer einflussreichen Anthologie die sich mit dem wachsenden Problem der Opiumsucht in den Vereinigten Staaten auseinandersetzt – in erweiterter Fassung erneut abgedruckt wird. Entwickelt zusammen mit einem Pharmazeuten aus dem mittleren Westen ein Anti-Opium-Elixier, ein kommerzielles Unternehmen, welches im Streit endet.

1869

Ludlows Tuberkulose verschlimmert sich; er beeilt sich, sein letztes Buch zu vollenden.

1870

Reist in der Hoffnung auf Genesung mit seiner Frau und seiner Schwester Helen in die Schweiz. *The Heart of the Continent,* sein Reisebericht über Kalifornien, illustriert von Bierstadt, wird veröffentlicht. Stirbt am 12. September in seinem Hotelzimmer in Genf, einen Tag nach Vollendung seines vierunddreissigsten Lebensjahres.

M. H.

LUDLOW UND DER HASCHISCH-ESSER EIN BIOGRAPHISCHER UND KRITISCHER KOMMENTAR

LUDLOW MIT 20

«... ein schlanker, aufgeweckter junger Mann mit strahlenden Augen, der kaum den Kinderschuhen entwachsen schien, sprach eines Morgens vor (bei einem der Redakteure von *Harper's Monthly*) und erklärte auf eine offene, gewinnende Art, er sei Mr. Ludlow, der Verfasser der Abhandlung über «Haschisch» und er sei hierher gekommen, um Rechtswissenschaft zu studieren, ein Anwaltsbüro zu eröffnen und auf literarischem Gebiet sein Glück zu versuchen ... Einige Zeit später bemerkte Ludlow, er habe ein Büro eröffnet, und mit fröhlichem Lachen meinte er, dass er erfundene Fälle schreibe, bis die wirklichen kämen, und dass er, da es an Entgelt aus seiner juristischen Tätigkeit fehle, sich mit dem Honorar aus seinem literarischen Schaffen begnüge, woran kein Mangel sei; denn sein Stil war von einer Leichtigkeit und Anmut, die deutlich das funkelnde, kindliche Strahlen seines Verhaltens widerspiegelten.»[1]

LUDLOWS BILDUNG

«Ludlow ... war, wie sich erwarten lässt, in der Bibel bestens unterwiesen, hatte sich aber auch, wie es dem Geiste seiner Zeit entsprach, in das klassische Studium des Lateinischen und des Griechischen vertieft. Er war ein höchst phantasievoller, intelligenter junger Mann mit einer ausgesprochenen Neigung zu philosophischen Gedankengängen.»[2]

LUDLOW DER PYTHAGORÄER

«Aufgrund seines Studiums der frühen griechischen Denker und Naturwissenschaftler entschied er sich für die Grundsätze und die Weltanschauung wie sie die Schule des Pythagoras vertrat, die vor 2700 Jahren in Griechenland ihre Blütezeit erlebte. Da sie an die Existenz der Seele und an Seelenwanderung glaubten, zogen die Pythagoräer es vor, Vegetarier zu sein. Ihre Auseinandersetzung mit Arithmetik und Tonleitern vermittelte ihnen, als Philosophen, den Eindruck, dass Zahlen und Grössenverhältnisse das Vorhandensein und die Harmonie aller Dinge zu erklären vermochten. Pythagoras, der Wanderer – Arzt, Thaumaturg (Wundertäter) und auch Weiser – soll sich in Ägypten und Indien aufgehalten haben. Ludlow gelangte aufgrund seines eigenen gesteigerten Verständnisses des pythagoräischen Systems, das niemals deutlicher schien, als wenn er Haschisch nahm, zu der Ansicht, dass sein philosophischer Mentor ein Haschisch-Esser wie er selbst gewesen sein muss.»[3]

LUDLOW AN DER HOCHSCHULE

«Von seinen Kollegen wird er als glänzender Gesprächspartner geschildert, genial, grosszügig bei Fehlern anderer, von drahtigem Körperbau, mit fein gemeisselten Gesichtszügen und sehr ausdrucksvollen Augen.»[4]

ZEITGENÖSSISCHE KRITIK DES HASCHISCH-ESSERS

«In seiner Leidenschaft für philosophische Überlegungen, in der Offenheit seiner persönlichen Enthüllungen und in der aussergewöhnlichen Brillanz seines Vorstellungsvermögens braucht der Autor keinerlei Vergleich zu scheuen (etwa den mit Thomas De Quincey, dem Verfasser von *Bekenntnisse eines englischen Opium-Essers*). Was nun Dichte und Aufbau seiner Erzählungen anbelangt, so ist er ganz entschieden besser als De Quincey. Welches die jeweiligen Vorteile von Haschisch und Opium sind – als Stimulans des Intellekts und als Quelle wilder, phantasievoller Träume –, lässt sich am besten aus dem Vergleich der beiden Bücher feststellen. Doch möge sich niemand dazu verführen lassen, die Genauigkeit der Darstellung – in beiden Fällen – anhand eines persönlichen Versuches nachzuprüfen. Der Genuss einer solchen Zauberdroge ist von allen teuflischen Illusionen wohl eine der vernichtendsten... Die Erfahrung des Autors über den Genuss der Droge wird hier offen und eingehend geschildert, in einer Erzählung, die reich ist an psychologischer Darstellung wie auch an phantasievoller Einbildungskraft.»[5]

CROWLEY ÜBER LUDLOW

«Da diese Droge viel stärker auf die Seele als auf den Körper wirkt, waren bislang alle streng medizinischen Abhandlungen, soweit ich davon Kenntnis habe, sowohl dürftig als auch irreführend. Ein tieferer und klarerer Einblick lässt sich aus den glänzenden Untersuchungen Baudelaires gewinnen, die in ihrem Scharfblick und ihrer Unparteilichkeit unübertroffen sind, sowie aus den Erzählungen Ludlows, die lediglich durch die Bewunderung für De Quincey und die Sentimentalisten etwas beeinträchtigt wird.»

Die sich verflüchtigende aromatische Wirkung. Dieses erste, fast unmerkliche Anzeichen führt zu dem ‹Erschaudern›, von dem Ludlow berichtet, das gleich einem neuen Pulsschlag ist, der in den Körper eindringt. Psychologisch gesehen führt dies dazu, dass man in einen absolut vollendeten Zustand der Innenschau geschleudert wird. Man nimmt seine Gedanken wahr und nichts als seine Gedanken, und man nimmt sie als Gedanken wahr.»[6]

ANSICHTEN EINES PHARMAKOLOGEN

«Den bemerkenswertesten Beitrag leistete jedoch Ludlow mit seiner Schilderung von der Wirkung des Haschisch. Nicht nur beschreibt er die jeweilige Haschischepisode mit grosser Intensität und Glaubwürdigkeit, er zeichnet auch die Entwicklung einer Sucht auf und den daran anschliessenden Kampf, um von dieser Sucht wieder loszukommen. Als Autobiographie eines Drogensüchtigen ist er in mancherlei Hinsicht den Bekenntnissen De Quinceys überlegen.»[7]

VOM STANDPUNKT DES LITERATURHISTORIKERS AUS

«Angeregt durch Bayard Taylors Experimente mit Haschisch, glaubte er, der einzige amerikanische Haschischesser zu sein; das Gefühl der Einsamkeit, das daraus erwuchs, verstärkte noch seine Schrecken und Ängste, denn er hatte eine Sucht entwickelt, von der er nicht mehr loskam. An keiner Stelle, so sagte er, sei die Schilderung des *Haschisch-Essers* übertrieben, sie ist jedoch ganz offensichtlich beeinflusst von Poe und De Quincey, an deren grossartige Gabe der Traumdarstellung Ludlow mit seiner weniger eindrucksvollen, aber durchaus nicht unschönen Prosa ab und zu herankommt. Er hatte stets eine besondere Vorliebe für die *Märchen aus 1001 Nacht*; er liebte sie wegen ihrer Kraft und ihrer ungeheuren Phantasie, und er erklärte, ob das nun stimmt oder nicht, im bezug auf Haschisch, dass die Träume, die die Droge auslöste, fast immer orientalische Formen annahmen. In seiner Phantasie vermischten sich Gesichte von China und Gärten des Ostens mit Bildern aus Amerika, den Niagara-Fällen und dem Hudson-Fluss, dann wieder durchlebte er eine Doppelexistenz, wurde vom Delirium geschüttelt, fühlte sich mächtig wie ein Riese oder ein Gott, durcheilte Unendlichkeiten von Raum und Zeit, verspürte unaussprechliche Ruhe.»[8]

REFLEXIONEN EINES LITERATURPROFESSOR

«Sein bestes Werk ist zweifelsohne *Der Haschisch-Esser*. Hier finden wir eine solche Echtheit, eine solche Realität, wie er sie niemals heraufzubeschwören vermochte, wenn er Geschichten zu schreiben versuchte, die lediglich seiner Phantasie entsprangen. Ein grosser Teil seines Buches ist der Beschreibung seiner durch die Droge ausgelösten Halluzinationen gewidmet. Dieser Beschreibung sind sowohl klinische wie dichterische Qualitäten zu eigen. Ludlow weiss die erstaunliche Schärfung der Wahrnehmung, hervorgerufen durch die Droge, überzeugend zu schildern, die ungeheure Weitung von Raum und Zeit. Er findet lyrische Worte für die überirdische Schönheit seiner Visionen und für das unheimliche Grauen seiner Phantasie des Bösen, welche auf sein Glück folgt. Er ist ein berauschter Dante, der den Pfad in umgekehrter Richtung wandelt und vom Paradies zur Hölle hinabsteigt. Seine Schilderung, die ein seltsames Gemisch von Erhabenem und Groteskem aus dem Unterbewusstsein heraufbeschwört, gemahnt oft an das Werk Dalis und anderer Surrealisten. Die Leidenschaft des Autors verleiht dem Werk eine Intensität, die für den Leser spürbar wird und ihn mitfühlen lässt. Es ist eine beachtliche literarische Leistung.»[9]

LUDLOW IN KALIFORNIEN

«Wenn die Leute in San Francisco erwartet hatten, *Der Haschisch-Esser* wäre blasiert und verdorben, mit allen Wassern gewaschen bis zur Liederlichkeit, dann wurden sie überrascht. Vor ihnen stand nämlich ein schlanker, knabenhaft wirkender Mann mit flinken, strahlenden Augen, die alles ringsum in sich aufnahmen und Freude daran hatten. Wenn sie sein Buch aufmerksam gelesen hätten, dann hätten sie eigentlich wissen können, dass er sensibel und nervös gespannt war; während der langen Reise mit der Postkutsche war er dem Kutscher Tag und Nacht zur Seite gesessen, keineswegs ängstlich, aber zu nervös, zu sehr angeregt von all den neuen Eindrücken, Erlebnissen, Empfindungen, als dass er hätte schlafen können – bis ihn Erschöpfung zwang, die Fahrt zu unterbrechen. Sie hätten um seine Belesenheit wissen können. Sie stellten fest, dass sein lebhafter Geist über ein ungeheuer vielseitiges und nicht alltägliches Wissen in Geologie, Zoologie, Botanik, Geschichte, Mineralogie und Literatur verfügte, von dem er in seiner Unterhaltung uneingeschränkt Gebrauch machte. Ganz offensichtlich erachtete er es als seine Aufgabe, für Darwins Werk *Die Entstehung der Arten* zu missionieren, das erst vier Jahre zuvor begonnen hatte, das neuzeitliche Denken zu revolutionieren. Sein Wissen beschränkte sich jedoch keineswegs auf die allgemein anerkannten Gebiete, er kannte auch den Hokuspokus von Astrologie, Geisterbeschwörung und anderen schwarzen Künsten. Falls sie jedoch irgendeine Sündhaftigkeit erwarteten, wurden sie wohl enttäuscht, denn er versicherte, dass ihm der Anblick von zwei Ehefrauen eines Mormonen in trautem Beisammensein das Blut in die Wangen triebe.»[10]

MARK TWAIN ÜBER LUDLOW

«Und wenn Sie Fitz Hugh Ludlow begegnen sollten, seien Sie freundlich zu ihm. Denn er hat, in einer San Franciscoer Zeitschrift, eine wahre Lobeshymne über Mark Twain veröffentlicht (welche ungeheuer zutreffend und glaubhaft ist, dessen seien Sie auf's Eindringlichste versichert). Wenn eine so angesehene Persönlichkeit meine köstlichen Talente in aller Öffentlichkeit preist, meinte Artemus Ward, sollte auch ich ihnen Anerkennung zollen, das Dunkel des Unterholzes verlassen und nach New York reisen...»[11]

LUDLOW MIT 30

«Betrübliche Gerüchte umhüllten das Leben des jungen Mannes wie eine Wolke. Viele waren ohne Zweifel falsch, wie stets in solchen Fällen, viele aber waren nach Ansicht jener, die ihn gekannt hatten und die sich des Gefühls nicht erwehren konnten..., dass die traurige alte Sage sich an ihm bewahrheitet hatte und er sich zu Beginn seines Lebens einer unerträglichen und doch unabänderlichen Tyrannis hingegeben hatte, die seine Kräfte anzuregen schien, sie in Wirklichkeit jedoch erschöpfte und gleichzeitig seine moralische Haltung schwächte und seinen Willen zerstörte, nur allzu begründet. Ein ernsteres Buch mit dem Titel *Die Opiumsucht* – auch die Frucht bitterer Erfahrung – hatte er in der menschenfreundlichen Absicht geschrieben, seine Leidensgenossen zu warnen und ihnen zu helfen. Es schmerzte zu sehen, wie sehr sich das jungenhafte, aufbrechende, lächelnde Strahlen verändert hatte und sein Gesicht gezeichnet war von den ersten grimmigen Verwüstungen der Krankheit. Sein Werk *Die Opiumsucht* hatte eine Flut von Briefen zur Folge, und er versuchte, wie er später einmal sagte, sich medizinisch zu bilden, um all die Fragen, die an ihn herangetragen wurden, sinnvoll beantworten zu können... Damals war er bereits nur noch ein Schatten seiner selbst und schwerkrank. Aus einer privaten Notiz geht klar hervor, dass er bereits ahnte, dass er von der Reise nach Europa, zu der er sich eben rüstete, nicht wiederkehren würde.»[12]

LUDLOWS OPIUMBEHANDLUNG

«In einem Artikel ‹Hauptpunkte einer Opiumbehandlung› sprach Fitz Hugh Ludlow die Hoffnung aus, dass sich die Wirkstoffe von Cannabis indica extrahieren liessen und daraus ein Alkaloid hergestellt werden könnte, das sich zu Cannabis indica so verhalten würde wie Morphium zu rohem Opium; sein ganz entschieden wirklichkeitsfremder Plan für eine ärztliche Behandlung von Opiumkranken sah offensichtlich eine umfangreiche Verwendung der Droge vor.»[13]

LUDLOWS VERDIENST

«Einer der besten Berichte, die es gibt, aufgrund seines Umfangs und der scharfen Beobachtungsgabe und weil er schildert, wie sich Cannabis bei chronischer Einnahme und seelischer Abhängigkeit auswirkt... Ludlow war ein intelligenter, empfindsamer und phantasievoller Junge von sechzehn Jahren, als er Cannabis in der Apotheke des Ortes entdeckte, wo er auch schon früher mit Äther, Chloroform, Opium und einer ganzen Palette von merkwürdigen Wirkstoffen experimentiert hatte, soweit sie ihm zugänglich waren.

Ludlow schilderte die Wirkung des Haschisch mit ähnlichen Worten wie sie von den Verfechtern psychedelischer Drogen heute verwendet werden. Er hatte den Eindruck, dass die Droge unbekannte Regionen des Denkens zugänglich machte, oftmals in Symbolen verschlüsselt, und dass sie Einsichten gewährte, die sonst unmöglich wären.

Ludlow spricht beständig von ‹Haschisch›, in Tat und Wahrheit nahm er jedoch einen Extrakt von Cannabis indica in fester Form zu sich, der etwa zweimal so wirksam war wie Marihuana. Grob gerechnet entsprach dies pro Dosis etwa sechs bis sieben Marihuana-Zigaretten, das heisst, er befand sich eher in einem halluzinatorischen als einem euphorischen Zustand, wie er im damaligen Amerika grösstenteils üblich war...

Bei eingehender Lektüre des *Haschisch-Essers* wird klar, dass Ludlow mit bemerkenswertem Scharfblick die meisten typischen Wirkungsweisen von Cannabis auf den Einzelnen erkannt hat. Ebensowenig blieben ihm pharmakologisch wichtige Fakten wie die Beziehung von Dosis und Wirkung, die unterschiedlichen Reaktionen jedes Einzelnen selbst und seiner zwischenmenschlichen Beziehungen und der Einfluss von eigener Befindlichkeit und Umgebung verborgen. Doch was vielleicht das Wichtigste ist – er zeichnete den Verlauf seiner wachsenden Abhängigkeit von Cannabis mit einer Genauigkeit und Brillanz auf, wie es bis anhin noch niemand gelungen war. Die Beweggründe zu Anfang – einschliesslich gewisser Züge seiner eigenen Persönlichkeit und seines Temperamentes – die beständige Rationalisierung, der zwanghafte Genuss trotz offen zutage tretender unangenehmer Folgen, der Rauschzustand, in dem er in immer kürzer werdenden Abständen lebte, die Unfähigkeit, seine Dosis allmählich zu verringern, das gierige Verlangen und die Niedergeschlagenheit nach plötzlichem Entzug, all das wird ganz durchsichtig dargestellt. Ludlow registrierte auch das Fehlen körperlicher Symptome während des Entzugs und stellte fest wie anders sich in dieser Hinsicht ein Entzug von Opium auswirkte.

In der Retrospektive sind wir sogar in der Lage, dem Bericht Ludlows eine Reihe anderer Fakten zu entnehmen, die sich mit dem Wissen unserer Zeit decken, die aber nicht einmal den Wissenschaftlern seiner Zeit bekannt waren. Zum Beispiel die anfängliche Veränderung der Widerstandskraft, die stets wiederkehrende Aufeinanderfolge von Euphorie und Halluzinationen, die Unterscheidung zwischen dem halluzinatorischen Geschehen und den damit verbundenen Gefühlsreaktionen, der Zusammenhang zwischen spontanen und durch die Droge ausgelösten Veränderungen der Wahrnehmung, die Ähnlichkeit in der Wirkung von Cannabis und von anderen Halluzinogenen, die Versuche einer Therapie mit Ersatzdrogen (Opium, Tabak), die Bedeutung der Psychotherapie und des abreagierenden Schreibens, sie alle entsprechen unserem heutigen Denken. Dies ermöglicht es dem Leser von heute, wachsendes Vertrauen in die ausserordentliche Genauigkeit und Einsicht von Ludlows Bericht zu haben.

Ludlows Buch umfasst mehr als 35 000 Worte, die zu einer lebendigen Darstellung von ungekünstelten Bildern, Phantasie und vom transzendentalen Wesen seiner Drogenerfahrungen werden... Es sind die wahrnehmungsfähigen, nach innen schauenden, scharf formulierenden schöpferischen Schriftsteller, wie Ludlow, Baudelaire und Huxley, die ein solches Erlebnis am anschaulichsten weiterzugeben vermögen. Ihre Schriften als allzu phantasievoll und atypisch abzutun, würde bedeuten, bedeutendes Material zu verschwenden, das es Wert wäre, im Lichte neuzeitlicher Neurophysiologie, Psychologie und Psychiatrie untersucht zu werden.»[14]

M. H.

BIBLIOGRAPHIE

1. Nachruf auf Ludlow in *Harper's New Monthly Magazine* (Dez. 1870)
2. David Solomon, Einleitung zu *The Marijuana Papers* (1966)
3. David Ebin, Einleitung zu *The Drug Experience* (1960)
4. *Dictionary of American Biography*, Bd. VI (1933)
5. Rezension von *The Hasheesh Eater* in *Harper's New Monthly Magazine* (Nov. 1857)
6. Aleister Crowley, «The Psychology of Hashish by Oliver Haddo» in *Equinox* I, 4 (1910)
7. Robert P. Walton, *Marijuana: America's New Drug Problem* (1938)
8. Van Wyck Brooks, *The Times of Melville & Whitman* (1947)
9. Morris Bishop, *Eccentrics* (1954)
10. Franklin Walter, *San Francisco's Literary Frontier* (1939)
11. Samuel L. Clemens («Mark Twain») in einem Brief an seine Mutter aus dem Jahre 1864, zitiert in Albert Paine, *Mark Twain* (1910)
12. Nachruf auf Ludlow in *Harper's New Monthly Magazine* (Dez. 1870)
13. Leslie E. Keeley, Dr. med., *The Morphine Eater* (1881)
14. Oriana Josseau Kalant, «Ludlow on Cannabis: A Modern Look at a 19th-Century Drug Experience», in *The International Journal of the Addictions* (1971)